攻略！共通テスト

国語

購入者限定特典冊子

CONTENTS

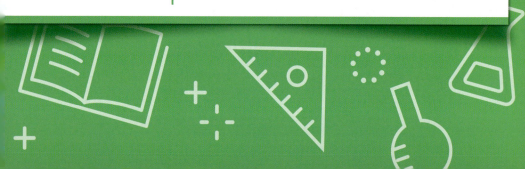

攻略！共通テスト

入試制度の変革が行われる中，大学入試に向けて，どのような対策を，いつから始めればよいのか，皆さんの不安も大きいのではないかと思います。

共通テストは，大学への入学志願者を対象に，高校段階における基礎的な学習の達成の程度を判定し，大学教育を受けるために必要な能力について把握することを目的としています。そのため，教科書レベルの知識を正確に習得した上で，**傾向に合わせた，アウトプット学習の演習をすることが**必要になります。

本特典冊子では，共通テストの攻略に向けて，Z会からいくつかアドバイスをお伝えしていきます。

CONTENTS

Next

Point 1

共通テストとは

2021年度入試から，センター試験に代わって大学入学共通テスト（以下，共通テスト）が実施されました。センター試験においても，共通テストにおいても，各教科・科目の基礎力の積み上げが必須であることに変わりはありません。あわせて，すべて客観式（マーク式）であることはセンター試験と同様ですが，これからの社会で必要な力を見据えて，より深い思考力・判断力・表現力が求められる問題，学習の過程を意識した場面設定がなされた問題が出題されています。

◆共通テストの特徴

① 大学教育の基礎力となる知識・技能や思考力，判断力，表現力

高等学校学習指導要領を踏まえ，知識の理解の質を問う問題や，思考力，判断力，表現力等を発揮して解くことが求められる問題が出題されます。

② 「どのように学ぶか」を踏まえた問題の場面設定

授業において生徒が学習する場面や，社会生活や日常生活の中から課題を発見し解決方法を構想する場面，資料やデータ等を基に考察する場面など，学習の過程を意識した問題の場面設定が重視されます。

（「令和４年度大学入学者選抜に係る大学入学共通テスト問題作成方針」（大学入試センター）より）

◆共通テスト出題教科・科目の出題方法

下の表の教科・科目で実施されます。なお，受験教科・科目は各大学が個別に定めているため，各大学の要項にて確認が必要です。

※解答方法はすべてマーク式。

※以下の表は大学入試センター発表の『令和４年度大学入学者選抜に係る大学入学共通テスト出題教科・科目の出題方法等』を元に作成した。

※「 」で記載されている科目は，高等学校学習指導要領上設定されている科目を表し，『 』はそれ以外の科目を表す。

教科名	出題科目	解答時間	配点	科目選択方法
国語	『国語』	80分	200点	
地理歴史・公民	「世界史Ａ」，「世界史Ｂ」， 「日本史Ａ」，「日本史Ｂ」， 「地理Ａ」，「地理Ｂ」 「現代社会」，「倫理」，「政治・経済」，『倫理，政治・経済』	1科目60分 2科目120分	1科目100点 2科目200点	左記10科目から最大2科目を選択（注1）（注2）
数学①	「数学Ⅰ」，『数学Ⅰ・数学Ａ』	70分	100点	左記2科目から1科目選択
数学②	「数学Ⅱ」，『数学Ⅱ・数学Ｂ』，『簿記・会計』，『情報関係基礎』	60分	100点	左記4科目から1科目選択（注3）
理科①	「物理基礎」，「化学基礎」，「生物基礎」，「地学基礎」	2科目60分	2科目100点	左記8科目から，次のいずれかの方法で選択（注2）（注4） Ａ：理科①から2科目選択 Ｂ：理科②から1科目選択 Ｃ：理科①から2科目および理科②から1科目選択 Ｄ：理科②から2科目選択
理科②	「物理」，「化学」，「生物」，「地学」	1科目60分 2科目120分	1科目100点 2科目200点	
外国語	『英語』，『ドイツ語』，『フランス語』，『中国語』，『韓国語』	『英語』 【リーディング】80分 【リスニング】30分 『ドイツ語』，『フランス語』，『中国語』，『韓国語』 【筆記】80分	『英語』 【リーディング】100点 【リスニング】100点 『ドイツ語』，『フランス語』，『中国語』，『韓国語』 【筆記】200点	左記5科目から1科目選択（注3）（注5）

（注１）地理歴史においては，同一名称のＡ・Ｂ出題科目，公民においては，同一名称を含む出題科目同士の選択はできない。

（注２）地理歴史・公民の受験する科目数，理科の受験する科目の選択方法は出願時に申請する。

（注３）数学②の各科目のうち『簿記・会計』『情報関係基礎』の問題冊子の配付を希望する場合，また外国語の各科目のうち『ドイツ語』『フランス語』『中国語』『韓国語』の問題冊子の配付を希望する場合は，出願時に申請する。

（注４）理科①については，１科目のみの受験は認めない。

（注５）外国語において『英語』を選択する受験者は，原則として，リーディングとリスニングの双方を解答する。

Point 2

先輩の共通テスト学習法

共通テスト対策について，先輩はいつから，どのように始めたのでしょうか。先輩の成功体験を参考にしてみましょう。

◆共通テスト対策を始めた時期

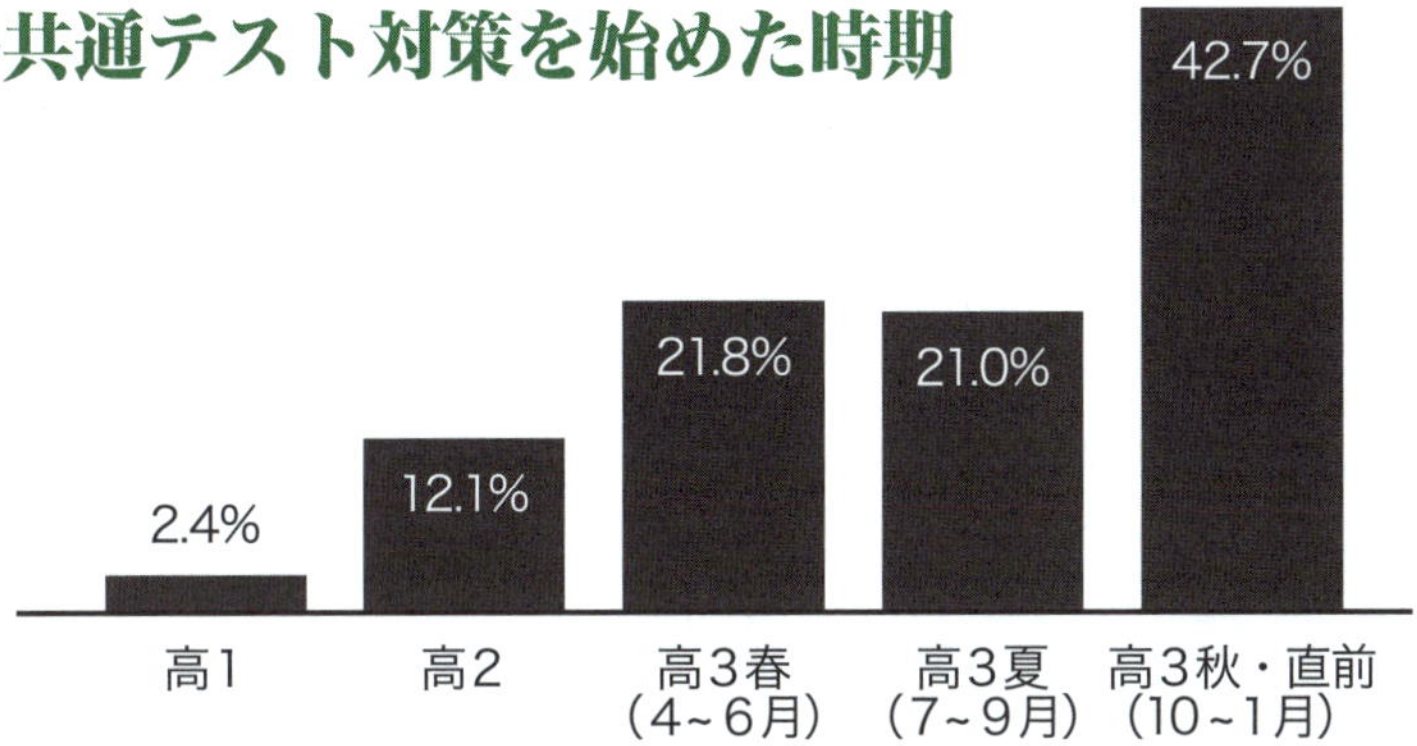

◆共通テスト対策として最初にやったこと

1）教科書や参考書を見直す

単元別問題集を一周したあとは，間違いの多かった苦手分野を集中的に解き直し，共通テストで点を失わないように何度も復習しました。**(数学)**

学校でやった問題を家で再度復習しました。わからない単語は徹底的に調べ，自分だけの単語帳を作っていました。授業の隙間時間，登下校のバスの中で見て，効率的に単語を覚えました。**(英語)**

現代文は参考書で読み方，解き方を学び，古文は文法と単語を覚え，漢文は句形を覚えました。**(国語)**

共通テストを意識して，知識だけでなく教科書・資料集に掲載されている図表やグラフを重点的にチェックし，思考力の強化を図ることから始めました。**(地歴公民)**

2) 共通テストの過去問を解く

とりあえず過去問を解き，共通テストの「クセ」をつかむことから始めました。解いたあとは時間配分や解く順番など，次への作戦を立てます。

時間を気にせずに解答根拠となる場所に線を引きながら，過去問を解きました。答えが合っていても必ず解説を隅々まで読んで，自己流の解法ではやらないこと。古文漢文は文法，単語などの基礎事項を頭に詰め込みました。

時間を計りながら解くことで，自分に足りないのは英文を読む速さであることに気がつきました。

3) 共通テスト模試を受ける・復習する

模試を受けるときはわからないところに三角印を書いておき，終わったあとにその部分と間違えた問題を復習しました。

共通テスト模試を受験したあとは一度解き直し，それでも解けなかった問題を中心に解説をじっくり読み，ノートを作りました。

模試でできなかったところについて，専用のノートに解説を貼り付けたり，自分で図を書いて，それを通学の電車の中などで見ていました。

間違えた問題をコピーして自分なりの解答法を作り，それをルーズリーフに貼ったり挟んだりして自分だけの問題集を作るようにしていました。

（「【Z会の本】共通テスト体験アンケート」（Z会）より）

Point 3

共通テストではここが問われる！

国語

◆出題内容 2021年度共通テスト本試：第1日程

大問	設問数	配点	出典
第1問	5問	50	香川雅信『江戸の妖怪革命』 【資料】芥川龍之介「歯車」
第2問	6問	50	加能作次郎「羽織と時計」 【資料】宮島新三郎「師走文壇の一瞥」
第3問	5問	50	『栄花物語』 【資料】『千載和歌集』
第4問	6問	50	問題文Ⅰ：欧陽脩『欧陽文忠公集』「有馬示徐無黨」 問題文Ⅱ：韓非『韓非子』

◆問われる力・特徴的な出題

1) 第１問 論理的文章
正確な読解力と，文章全体を見渡す力が必要

共通テスト初年度は，日本の中世から近代にかけての「妖怪観」の変遷を論じた文章が扱われました。文章自体の難易度は標準的でしたが，新しい傾向として，**本文の内容をまとめた「ノート」の空欄を補充する問題**が出題されました。この「ノート」形式の問題では,【ノート 1】～【ノート 3】で資料がそれぞれ提示され,(iii) では【ノート 3】で引用された芥川龍之介「歯車」の一節を，本文中の「私」のあり方も踏まえて考察することが求められました。

▼注意したい設問

問５	N さんが本文の内容を整理した【ノート 1】～【ノート 3】(いずれも空欄補充問題) ・(i) 本文の内容を段落ごとに整理する ・(ii) 本文の内容を要約する ・(iii) **芥川龍之介「歯車」の一節を，本文中の「私」のあり方も踏まえて考察する**

▼問５

(ii) Nさんは、本文で述べられている近世から
る語句として最も適当なものを、後の各
11 。

【ノート2】
近世と近代の妖怪観の違いの背景には、「
近世には、人間によって作り出された、
うになったことで、近代の妖怪は近世の妖怪

Ⅲ に入る語句 10
① 恐怖を感じさせる形象としての妖怪
② 神霊からの言葉を伝える記号としての
③ 視覚的なキャラクターとしての妖怪
④ 人を化かすフィクショナルな存在とし

(iii) 【ノート2】を作成したNさんは、近代の
ト3】を作成した。空欄 Ⅴ に入る最

【ノート3】
本文の 17 には、近代において「私」が私
係して、本書第四章には、欧米でも日本で
されたとあり、芥川龍之介の小説「歯車」（
第二の僕、――独逸《どいつ》人の所謂《いわゆる》Doppelg
画俳優になったK君の夫人は第二の僕
もしませんで」と言われ、当惑したこ
のある煙草《たばこ》屋に第二の僕を見かけてい

2) 第２問 文学的文章
複合的な文章読解・選択肢の丁寧な吟味に注意

大正期の小説とそれに関する批評文が出題されました。新しい傾向として，**作者の意図と，【資料】に提示された評者の見解の違いとを比較して考察する問題**が出題されました。これは，**一つの作品に対する複数の見方が存在する**，という「文学的文章」の性質を体現した出題といえるでしょう。ただ，文章も批評文も読みやすい内容だったので，新しい形式にまどわされず，丁寧に本文を読み進めることが大切です。

▼注意したい設問

問６	批評文を踏まえた作品鑑賞 ・(ⅰ)【資料】内における評者の意見の根拠を，本文から読み取る ・(ⅱ) 評者との見解の違いを，本文から読み取る

▼問６

問6 次に示す【資料】は、この文章（加
郎、原文の仮名遣いを改めてある）の一

【資料】

今までの氏は生活の種々相を様々な
し、又そうすることに依《よ》って作品の
描写する――其処に氏の有する大き
『小話《こはなし》』作家の面影は有《も》っていなかっ
それが『羽織と時計』になると、作
に伴う思い出を中心にして、ある一
う所の小話臭味の多過ぎた嫌いがあ
なかったら、そして飽くまでも『私』

(ⅰ) **【資料】**の二重傍線部に「羽織と時計とに
品の効果を増す力にはなって居ない。」と
次の ①～④ のうちから一つ選べ。解

① 多くの挿話からW君の姿を浮かび
② 実際の出来事を忠実に再現しよう
③ 強い印象を残した思い出の品への
④ 挿話の巧みなまとまりにこだわっ

(ⅱ) **【資料】**の評者が着目する「羽織と時計」は
いられている（43行目、53行目）。この線
次の ①～④ のうちから一つ選べ。解

① 「羽織と時計――」という表現がそ
には W君を信頼できなくなっていく

3) 第３問 古文
語彙・文法知識を確実に固め，文脈を正確に把握する

和歌の説明をした【文章】を用いて３首の和歌を解釈する問題が新しく登場しました。和歌のやりとりについて，他の作品を引用して解釈し，複数の文章の内容を照合して解く形でした。また，３首の和歌を正確に解釈する必要もあったため，**正しい文法知識をもとに，和歌が詠まれた状況を踏まえながら解釈を行う**ことが求められました。

▼注意したい設問（古文）

問５	【文章】の内容を踏まえ，３首の和歌についてそれぞれ解釈する

4) 第４問 漢文の特徴
句法・重要漢字を身につけて取りこぼしを避ける

同一のテーマを扱った二つの文章から出題され，新傾向の問6は，**それぞれの文章の共通性を抽出して題意を読み取り，選択肢を吟味する問題**でした。問1～問6はいずれも，それぞれの文章をきちんと読解できていれば無理なく取り組める内容だったため，句法・重要漢字を確実に理解しておくことが求められたといえるでしょう。また，今後は様々なジャンルからの出題が予想されるため，**漢文の句法・重要漢字のほか，漢詩の形式や表現技法の対策もしっかり積み**，漢文に対する慣れを作っておきましょう。

▼注意したい設問

問6	【問題文Ⅰ】【問題文Ⅱ】を踏まえた内容読解問題

▼古文　問５

問5　次に示す【文章】を読み、その内容を
⑥のうちから二つ選べ。ただし、解

【文章】
『栄花物語』の和歌Xと同じ歌は、
状況も同一である。しかし、『千載和
Z　誰もみなとまるべきにはあ
となっており、同じ和歌Xに対する
『栄花物語』では、和歌X・Yのやり

①　和歌Xは、妻を失った長家の悲
り忘れなさい」と安易に言ってしま
②　和歌Xが、世の中は無常で誰し
容をあえて肯定することで、妻に

▼漢文　問６

問6　【問題文Ⅰ】と【問題文Ⅱ】を踏まえ
解答番号は［38］。

①　「御術」においては、馬を手厚
にしなければ、馬を快適に走ら
②　「御術」においては、馬の心の
考えながら鍛えなければ、千里
③　「御術」においては、すぐれた
に気をとられていては、馬を自
④　「御術」においては、馬を厳し
識しながら馬を育てなければ、

Point 4

Z会おすすめ！共通テスト攻略法

論理的文章・文学的文章

第1問の論理的文章では，これまでセンター試験や共通テストで出題されたような論説文のほかに，今後は実生活に基づいた文章や資料が出題される可能性もあります。社会論や哲学論といった論説文だけではなく，身近な話題について述べた文章や資料を読む機会も増やし，資料の中で重要な箇所をすばやく読み取る力を養っていきましょう。 また，今年度の共通テスト第2問のように，複数の文章それぞれを読解した上で，文章間における共通点・相違点が問われることも考えられます。ある文章を読んだら同じ話題を扱った他の文章を読み，読んだあとは，文章間での相違点や共通点について考える...という訓練を積むのも効果的です。

STEP 1

共通テストの中身を知る！

共通テスト初年度の問題を解いてみて，スタート地点を確認しましょう。勉強をしたほうがよい箇所はどこか，演習が必要な問題はどのような問題か，意識をもつことが大切です。『ハイスコア！共通テスト攻略 国語 現代文』も解き，弱点を発見しましょう。

STEP 2

分野ごとに，足りない力を補強！

<用語>『現代文 キーワード読解』では，評論文でよく扱われる現代文用語を掲載しています。科学・哲学・近代などのテーマ別に個々の語を解説しているので，用語の意味とともにテーマ知識も身につきます。小説に登場する単語も収録しているので，第2問の対策にも有効です。

<読解法>『現代文の解法 読める！解ける！ルール36』では，「接続語」「指示語」などの着眼点に応じた読み方ごとに36のルールを紹介しています。現代文が苦手で，どのように読めばいいかわからない…という場合に，読解の基礎を固めるのに最適です。

STEP 3

多くの文章に触れる！

長めの文章に慣れるためのトレーニングを積みます。さまざまなジャンルの文章に触れる機会を作り,「分量の多い文章を読むこと」に慣れていきましょう。

STEP 4

いざ，実戦トレーニング！

高３の夏以降は，本番形式に近い問題をこなしていきましょう。時間配分にも工夫が必要です。塾で開催される模試や，書店で販売されている模試タイプの問題集も活用しましょう。

Z会おすすめ！共通テスト攻略法

＜古文・漢文＞

古文・漢文は，これまでと同様に，文章の内容把握問題・人物の心情把握問題・文章の構成を問う問題…といった出題が予想されます。そのため，文章の丁寧な読解をもとに解答する，という基本姿勢に変わりはありません。ただし，今年度の共通テスト第４問のような，複数の文章を比較して解くという新しい出題形式も予想されるため，その準備もしておきましょう。

複数の文章を比較して解く問題には，現代文の文章と同様に，ある文章を読んだら同じ話題を扱った他の文章を読む・読んだあとは，文章間での相違点や共通点について考える…という訓練が役立ちます。ただしこの訓練も，単語や文法の確かな基礎知識があってこそ。古文単語や文法・漢文句形をしっかり身につけなければ，〈何となく文章を読んで，雰囲気や勘で選択肢を選ぶ…〉といったことになってしまい，正確な文章読解から遠のいてしまいます。単語や文法の土台固めが最優先です。

STEP 1

共通テストの中身を知る

現代文と同様に，共通テストを解いてみて，どのような問題が出題されているのかを知りましょう。わからない古文単語や句形を見つけたら，『ハイスコア！共通テスト攻略 国語 古文・漢文』で意味を確認しましょう。

STEP 2

単語＆文法で，読解の基礎を固める！

＜古文単語＞『速読古文単語』では，共通テスト必修の 300 語をイラストとともに掲載しています。短い例文でも単語の意味が確認できるので，イラストと例文を通して記憶に定着しやすくなります。

＜古典文法＞正確な古文の読解には文法知識が欠かせません。『必携 古典文法ハンドブック』では文法の基礎から入試に必要な知識までわかりやすく解説しているので，この1冊で古典文法は完璧です。

＜漢文句形＞『文脈で学ぶ 漢文 句形とキーワード』では，漢文の読解に欠かせない重要句形の意味とはたらきが学べます。また，置き字・前置詞などの重要語の解説や用例も充実しています。

STEP 3

いざ，実戦トレーニング！

高３の夏以降は，本番形式に近い問題をこなしていきましょう。古文・漢文は，単語・文法の基礎固めを終えたらとにかくたくさんの実戦演習を積むこと。文章や設問の中で，単語や文法のさらなる強化や読解力のアップをはかりましょう。塾で開催される模試や，書店で販売されている模試タイプの問題集も役立ちます。

Z-KAI

Z-KAI

ハイスコア！

共通テスト攻略

国語 古文・漢文

新装版

Z会編集部 編

■はじめに

共通テストは、大学入学を志願する多くの受験生にとって最初の関門といえる存在である。教科書を中心とする基礎的な学習に基づく思考力・判断力・表現力を判定する試験であるが、**教科書の内容を復習するだけでは高得点をとることはできない**。共通テストの背景にある大学入試改革において、**各教科で育成を目指す資質・能力を理解した上で対策をしていくことが必要である**。

本書では、古文・漢文それぞれについて、設問形式ごとに**「目のつけどころ」**を示している。文法や句形の基礎知識についてもコーナーとしてまとまっているので、例題とその解説を通して、**〈どこに目をつけて設問に取り組めばよいのか〉**、必要となる知識や考え方を身につけていこう。本書を十分に活用して、共通テスト本番に備えてほしい。

Z会編集部

※本書は、２０１９年7月発刊の『ハイスコア！共通テスト攻略　国語 古文・漢文』と同じ内容です。

目次

第1章　古文

第2章　漢文

■第3章　模擬試験

【別冊解答】

■本書の利用法

共通テストで出題される古文・漢文には、ある程度決まった出題のされ方――設問のパターンがあります。本書では、その設問のパターン別に有効な解法《目のつけどころ！》をそれぞれ示し、それをどのように使い、解いていけば確実に正解に至るのかを《ステップ1・2・3》を押さえることで解決できるようにしました。

正解に至る《ステップ1・2・3》とは……

古文・漢文ともに、解法に特徴があります。その特徴を踏まえたプロセスが《ステップ1・2・3》です。

《ステップ》＝
- ・1《目のつけどころ！》のチェック
- ・2 こう解いていこう
- ・3 各選択肢を検討する

このように段階を踏んで解いていくことで、確実に正解を選ぶことができるようになるのです。例題を解くことで訓練を積んで下さい。

◎《ステップ1・2・3》**学習の流れ**

例題を解いていくことで、ステップを踏んだ学習法を身につけていきます。

○ステップ1……《目のつけどころ！》のうち、この例題ではどのポイントを押さえるべきか、必要となる知識や考え方などをまず洗い出します。

※《目のつけどころ！》――解き方の手順やコツ、着眼点、押さえておくべき知識などを、各設問パターン別に示しています。

○ステップ2……ステップ1を踏まえて、具体的に解いていく過程を示してあります。ステップ1で押さえた内容の詳しい掘り下げ、問題文の読解を行い、正解に至るまでの考え方がわかるようにしています。

⬅

○ステップ3……各選択肢の検討・比較を行います。選択肢それぞれについて、誤りである根拠・正解として選ぶポイントなどを示し、理解を確実にします。また、その例題を解く上でポイントとなる簡単なアドバイス**（弱点とアドバイス・ワンポイントアドバイス）**も掲載していますので、学習の参考として下さい。

※その他**《プラス1》**——その例題に関連する重要な文法事項や句形の知識などを解説したものです。
このような学習の流れに沿って、例題に取り組んでください。

◎本書の構成

第1章　古文／第2章　漢文……設問パターン別に、例題（センター試験過去問題）を使って解説してあります。

第3章　模擬試験……古文・漢文各3題のオリジナル問題。第1・2章で学んだ成果を試して下さい。
※1　第1～3章の問題文は、作問上の都合により一部改めた箇所があります。
※2　漢文の書き下し文の振り仮名は歴史的仮名遣いにしてあります。

章末資料……共通テストの対策には欠かせない文法事項などをまとめて示しました。
（古文）**紛らわしい語の識別**／（漢文）**漢文訓読の基本・必修句形・必修語**

※本書には、解答用紙はついていません。

第1章 古文

大学入学共通テストの古文とはどういうものか

□共通テスト古文の問題

古文の問題文は、年度によって多少の増減はあるものの、字数にして約**千五百字**前後の文章の出題が予想される。**四百字詰原稿に換算すると四枚弱**の分量で、設問数は**六問**（過去のセンター試験では七問の年もあった）である。

試験時間は「国語」全体で百分。古文に当てることのできる時間はわずか二十分ほどとなるが、現代文の分量が多いことから、実際はもうすこし少ないと考えておくほうが無難である。

□共通テスト古文のための読解力

古文の問題は、文法や文学史といった**「知識問題」以外はすべて「読解問題」である。**知識問題に手間はかからないが、読解問題が難物である。「読解力」の養成は一朝一夕でできるものではないし、共通テストでしか古文を必要としない受験生（とくに理系志望者）にとっては、たとえ時間がたっぷりあったとしても、その時間を古文の読解力養成のために費やすことにためらいを感じるのは当然のことであろう。

しかし、「読解力」を熟成させている時間がないからといって、古文を捨ててしまうのはあまりにももったいない。共通テスト古文には「共通テスト古文のための必要最小限の読解力」さえあれば、それで十分なのである。それは**「設問のタイプを把握し、それに応じて問題文から読解すべき箇所を見つけ出して解釈し、正解選択肢を確定する能力」**と言い換えてもよい。この必要最小限の「読解力」を身につける努力は惜しんではならない。

□共通テスト古文の設問のタイプ

●**語句問題**（ｐ12〜）→比較的短い傍線部を解釈させる設問。例年、古文の第１問はこのタイプ。
●**文法問題**（ｐ22〜）→出題されない年もまれにあるが、基本的に必出。
●**解釈問題**（ｐ44〜）→傍線部の「解釈」を問うもの。口語訳（直訳）をしてみることによって正解を導ける。
●**内容説明問題**（ｐ60〜）→傍線部の意味する「内容」の説明を求めるもの。広範囲を理解する必要が生じる。
●**大意把握問題**（ｐ68〜）→傍線部の指定がなく、全体把握を要求する設問。最終問で出題されることが多い。
●**和歌問題**（ｐ80〜）→和歌に関連した問題。解釈が中心。和歌を論じた文章の出題も見られる。

□受験生がするべきこと

古文の問題に取り組むに際して、受験生がするべきことを以下に列挙する。①**リード文や後注がある場合は、設問のヒント**になるため、問題文を読み始める前にしっかりチェックする。②問題文の内容と直接には関わらない**知識問題は、早めに片付ける。**③全体把握の設問がある場合は、問題文を漠然と読み進めることはせず、**問題文を読む前に選択肢の文章を読み、ポイントを把握してから問題文を読み始める。**④引歌や贈答歌の解釈などの和歌問題があったら、和歌は苦手だからと放棄せずに、**和歌問題といえども読解問題である**ことを意識すること。和歌を独立したものとして考えるのではなく、あくまでも作品の中に位置付けて解釈する。⑤問題文に書かれていないことを類推したり想像したりせず、**正解の根拠は問題文の記述に求める。**

以上の諸注意を踏まえて、古文の問題の対策にあたってほしい。

1 語句問題

比較的短い傍線部について解釈させる問題。傍線部に、キーとなる単語や重要文法事項が含まれている。

正解へのプロセス

1 キーとなる単語の知識

↓知識を欠いて文脈だけに頼って選ぶと、ひっかかりやすい選択肢があることが多い。

2 文脈からの意訳

↓単に単語知識ということではなく文脈があわせて問われることが多い。ただし、意訳ではあっても語義を踏まえることが前提。

3 指示内容の把握

↓指示語「かかる・さり・さ・かく・しか」などの指示内容を文脈からつかむ。

4 文法事項

↓呼応の副詞（疑問・反語の副詞など）・助動詞・助詞がポイントになることが多い。

例題 1

（隣家の「松子」が筆者に和歌の詠み方を教えてほしいと請う場面）

詠みがたしとはいふものの、歌といふものはいかにして詠み出《いだ》さんといふ、その山口の道を知らねば、幸ひの折からなり、今日教へてたべ」といへるまま、「いとやさしき心かな。……」

問　傍線部の語句の解釈として最も適当なものを、次の①～⑤のうちから一つ選べ。

やさしき心
- ①　熱心で、殊勝な心
- ②　親切で、思いやりのある心
- ③　優雅で、洗練された心
- ④　ひかえめで、つつましい心
- ⑤　自由で、しなやかな心

ステップ１　目のつけどころをチェック

1　キーとなる単語

やさし

- a　辛い・耐えがたい
- b　恥ずかしい・気が引ける
- c　つつましやかだ・控えめだ
- d　優美だ・上品だ・風流だ
- e　けなげである・感心だ

ステップ2　こう解いていこう

ステップ1で押さえたキーとなる単語のうち、〈辛さ〉を表すaと、〈恥ずかしさ〉を表すbに相当する選択肢はない。〈つつましさ〉を表すcに相当するのは④、〈優美さ〉を表すdに相当する選択肢は③、〈けなげさ〉を表すeに相当するのは①である。この①と③と④のうちのどれかが正解であると推測される。

語義にあてはまる選択肢が複数あるので、それだけでは正解を確定することはできない。単純な知識問題ではないということになれば、**文脈を確認して語義を確定しなければならない**。ここで問題文を見てみよう。

傍線部は筆者の言葉。直前に隣家の**松子の言葉**がある。

←

「歌といふものはいかにして詠み出さんといふ、その山口の道を知らね[※1]**ば**[※2]**、幸ひの折からなり、今日教へてたべ**[※3]**」**

※1　「ね」は打消の助動詞「ず」の已然形。

※2　已然形＋接続助詞「ば」は「原因・理由（〜ので）」を表す確定条件。

※3　「たべ」は尊敬の補助動詞「たぶ（賜ぶ・給ぶ）」の命令形（動詞の連用形に助詞「て」が付くものに接続することが多い。ここは「教ふ」の連用形「教へ」に助詞「て」が付き、「たぶ」が続いている）。

↓

「歌の詠み方を知らないので教えてください」

「山口の道」は、「山の登り口」の意で、物事の「きっかけ・端緒」になることをいうが、そうした意味はわからなくても、「その山口の道」とあり、ここは、「そ」が「歌の詠み方」を指すのだとわかればよい。

「松子」が筆者に敬語を使っている点（＝筆者の方が立場が上）、松子が「歌の詠み方を知らないので教えてください」と言っている点、これらのことから、筆者が歌の詠み方も知らない松子に対して③のように「優雅で、洗練され」ていると評するとは考えられないから、③は文脈上不適切と判断できる。また、「教えてください」という積極的な姿勢を示している松子に対して、筆者が④のように評するのも不自然。

ステップ3　選択肢を検討する

○　①「やさし」のe〈けなげさ〉に相当し、文脈に合う。

×　②「やさし」に「親切で思いやりのある」の意味はない。

×　③・④　文脈から、筆者が「松子」に対して言うのはおかしい内容。

×　⑤「やさし」に「自由で、しなやか」という意味はない。

正解［①］

弱点とアドバイス

②・⑤→キーとなる単語の語意をしっかり押さえよう。

③・④→敬語の用いられ方や文脈から、登場人物の立場を読み取るように。

全訳

……（和歌を）詠みにくいとはいうものの、和歌というものはどのようにして詠み出すべきなのか、その（和歌をたしなむための）端緒を知らないので、ちょうどよいタイミングです、今日教えてください」と（松子が）言うので、「たいそう熱心で、殊勝な心だなあ。……」

プラス1

■打消の助動詞「ず」

特殊な活用なので要暗記。

未然形	連用形	終止形	連体形	已然形	命令形
(ず)	ず	ず	ぬ	ね	○
ざら	ざり	○	ざる	ざれ	ざれ

※未然形接続。意味は現代語の「ない」に当たる。

※「めり」「なり」に続く際には撥音便を生じて「ざんめり」「ざんなり」となる。

例題2

今は、なおぼしへだてそ。

問　傍線部の語句の解釈として最も適当なものを、次の①～⑤のうちから一つ選べ。

なおぼしへだてそ

① いいかげんだと思わないでください
② あまり思い詰めないでください
③ もっと寄りそってください
④ そんなに動揺しないでください
⑤ うちとけて接してください

ステップ１　目のつけどころをチェック

1　キーとなる単語

おぼしへだつ

《意味》　心の中で距離をおきなさる・分け隔てなさる
《用法》　心理的な距離をおく意の「思ひ隔つ」の尊敬表現（「おぼす」は「思ふ」の尊敬表現）。

4　文法事項

な〜そ

《意味》　〜しないでください・〜するな
《用法》　願望を含んだやわらかい禁止を表す（「な」は呼応の副詞）。
※「な」と「そ」の間には動詞の連用形（カ変・サ変は未然形）が入る。

ステップ２　こう解いていこう

傍線部「なおぼしへだてそ」を品詞分解すると次のようになる。

な＋おぼしへだて＋そ

今回は、ステップ1であげたキーだけで、自分で直訳を作ることができる。

1 心の中で距離をおき 4 なさらないでください

この直訳を「～してください」の形に直すと、「心の中で距離をなくしてください」となる。

ステップ3 選択肢を検討する

× ① 「おぼしへだつ」が「いいかげんだ」と訳出されている。
× ② 「おぼしへだつ」が〈思い詰める〉と訳出されている。
× ③ 「おぼしへだつ」は〈寄りそう〉というような実際の距離ではなく、心の距離を表す。
× ④ 「おぼしへだつ」が〈動揺する〉と訳出されている。
○ ⑤ 「うちとけて接してください」は「心の中で距離をなくしてください」（ステップ2）と同意と考えられる。

⬇正解 ［⑤］

弱点とアドバイス

①・②・④➡「な～そ」の直訳だけで正解を選んでいる。ここは「おぼしへだつ」もキーとなる設問。正解が文脈に即した意訳になっていることに注意。

③➡「おぼしへだつ」の意味が押さえられていない。

例題 3

（続く歌は筆者が詠んだもの。「松子」はそれを声に出して読む。「　　」はそれに続く「松子」の言葉である。）

軒近き梢《こずゑ》をすぎて夕風の誘ふもゆるくにほふ梅が香

「松はよき折節とひまゐらせし。さあることに心移さんよりも、手習ひせよ、琴弾けよと父母の仰せゆゑ、詠みがたしとはいふものの、歌といふものはいかにして詠み出《いだ》さんといふ……」

問　傍線部の語句の解釈として最も適当なものを、次の①～⑤のうちから一つ選べ。

さあること
① 梅の花をめでること
② 梅の花が香ること
③ 歌を詠むこと
④ 隣の人を訪ねること
⑤ 書をたしなむこと

ステップ1　目のつけどころをチェック

3 指示内容の把握

さ……《意味》そう・そのように
《用法》指示副詞。前文中のある事柄・状態を指示する。

ステップ2　こう解いていこう

指示語が含まれている際は直前の読解だけにとどまらず、傍線部を含む段落の文意を大局的に把握しなければならない場合や、指示語のあとの段落まで広げて読解しなければならない場合がある。

問題文を見ると、傍線部は「松子」の言葉の中にある。直前には筆者の歌があるので、「さ」はそれを受けていると見当をつけなければいけないが、さらに文脈を見ると、「さあることに心移さんよりも、手習ひせよ、琴弾けよと父母の仰せゆゑ、詠みがたし……」とあり、次のことがわかる。

・**「さあること」と〈「手習ひ」・「琴」をすること〉とが比較されている。**
・**「詠みがたし」とある。**

以上より、やはり最初の見当通り「さ」の指示内容は「歌に関すること」であるとわかる。「松子」は「さあること（歌を詠むこと）」よりも習字や琴の稽古をしろと父母に言われているのである。

ステップ3　選択肢を検討する

× ①・②「さ」の指示内容を「梅の花」としている。
○ ③「さ」の指示内容が「歌」であり、正しい。
× ④「さ」の指示内容を「隣の人」としている。
× ⑤「さ」の指示内容を「書」としている。

↓正解［③］

弱点とアドバイス

①・②・④・⑤↓丁寧に文脈を追い、指示内容を正確に押さえよう。誤答となる選択肢は、いずれも本文中にその根拠となる記述は見出せない。

全訳

軒近き……〈軒に近い梢を過ぎて夕風がゆるやかに誘うのに（つられて）ほのかに匂う梅の香りよ〉

「（私）松子はちょうどよい時にお訪ねいたしました。『和歌を詠むことに気を取られるよりも、習字をしなさい、琴を弾きなさい』という父母の仰せ言があるために、（和歌を）詠みにくいとはいうものの、和歌というものはどのようにして詠み出すべきなのか……

プラス1

■呼応（陳述・叙述）の副詞

打消・疑問・反語・仮定・禁止・推量・希望など、ある表現と呼応することで、特定の意味を表す副詞のことを「呼応（陳述・叙述）の副詞」という。

意味	呼応の副詞	受ける語
打消 打消・推量	あへて「少シモ」・いさ「サアドウダカ」・よに「決シテ」 え「～デキナイ」・さらに「マッタク」・よも「決シテ」 たえて「マッタク」・つゆ「マッタク」・をさをさ「少シモ」	↓じ・まじ・ず・なし
禁止	な「～ナ」・かまへて「決シテ」・ゆめゆめ「決シテ」	↓そ・な
希望	いかで「ナントカシテ」・いつしか「ハヤク」 （例）いつしか梅咲かなむ。（訳）早く梅が咲いてほしい。	↓なむ・ばや・がな・てしか
疑問・反語	いかが「ドノヨウニ」・いかで「ドウシテ」 いかに「ドンナフウニ」・いづくんぞ「ドウシテ」 など「ナゼ」・なに「ナゼ」・なんぞ「ナニカ」	↓む・べし・らむ・けむ

2 文法問題

古典文法に関連する問題。文脈と関わる複合問題（＝読解問題）であることも多い。

正解へのプロセス

1 品詞分解

⬇まず文節に切ってから単語に分けるようにする。

例 竹を―取りつつ―よろづの―ことに―使ひけり。

※例えば、「竹を」とある文節の「を」は、「竹の」のように「の」と置き換えることができる。これは、一つの文節が「竹」と「を」の二つの単語から成っていることを意味する。このように、単語に分ける際は、文節ごとに他の語と置き換えが可能かどうかをチェックすればよい。

2 品詞の識別

⬇同形で異なる品詞の語「る」「にて」「し」「に」「ぬ」「なむ」「らむ」などに注意。

3 助動詞の意味の識別

⬇多くの意味をもつ助動詞、とくに「る・らる」「す・さす」「む」「べし」などに注意。

4 敬語

⬇《尊敬》・《謙譲》・《丁寧》の違い、敬意の方向に注意（文脈把握・解釈問題でも敬語の知識は不可欠）。

5 助詞の意味と用法

⬇係助詞・終助詞（願望・疑問・反語・詠嘆）に注意。

例題 1

ⓐ「かの人の入りにし方に入れば、」
ⓑⓒ「あなおそろし。音し給へ」
ⓓ「かうあさましき住まひし侍れば、」
ⓔ「『うときより』としもいふなれば、」
ⓕ「おぼつかなきこそ頼もしかなれ。」
ⓖ「『……誰と聞こえし』などのたまふ。」
ⓗ「いとほのかにかき鳴らしてゐたれば、」

問　傍線部ⓐ～ⓗの「し」のうち、サ行変格活用動詞・形容詞の一部・過去の助動詞、の**いずれでもないもの**が二つある。それはどれか。正しい組合せを、次の①～⑤のうちから一つ選べ。

①　ⓐとⓓ　②　ⓑとⓔ　③　ⓒとⓕ
④　ⓓとⓖ　⑤　ⓔとⓗ

ステップ1　目のつけどころをチェック

2　品詞の識別

「し」の識別

① サ行変格活用動詞（サ変）「す」の連用形
② 過去の助動詞「き」の連体形
③ 副助詞「し」
④ 形容詞の一部
⑤ サ行四段活用動詞の一部

ステップ2　こう解いていこう

この問は、「し」の識別を問うものである。設問により、ⓐ～ⓗのうち六つはサ行変格活用動詞・形容詞の一部・過去の助動詞のいずれかであり、それ以外のものは③副助詞「し」、または⑤サ行四段活用動詞の一部ということになる。→**設問がヒントとなっている。**

★「し」を識別する方法

①サ行変格活用動詞「す」

	未然形	連用形	終止形	連体形	已然形	命令形
す	せ	し	す	する	すれ	せよ

○「連用形」が「し」となる。

例　かしこの漢詩作りなどしける。（土佐日記）

②過去の助動詞「き」

	未然形	連用形	終止形	連体形	已然形	命令形
き	（せ）	○	き	し	しか	○

○「連体形」が「し」となる。

活用語の連用形（カ変・サ変には未然形にも）に接続する。

例　三笠の山に出でし月かも（古今集）

③強意の副助詞の「し」

省いても意味が通る場合は副助詞。多くは「しも」「しぞ」の形を取る。

例　はるばる来ぬる旅をしぞ思ふ（古今集）

④形容詞の一部

形容詞の終止形は「し」で終わる。また、活用語尾に「し」が含まれる。

（形容詞の活用）

	未然形	連用形	終止形	連体形	已然形	命令形
ク活用	く から	く かり	し	き かる	けれ	かれ

シク活用

しく しから	しく しかり	し	しき しかる	しけれ	しかれ

例　うつくしきもの　瓜にかきたる稚児の顔（枕草子）

⑤サ行四段活用動詞の一部

未然形	連用形	終止形	連体形	已然形	命令形
さ	し	す	す	せ	せ

例　夕日のさして山の端いと近うなりたるに（枕草子）

ステップ3　各傍線部を検討する

ⓐ 体言「方」に続いていることから「し」は過去の助動詞「き」の連体形である。

ⓑ 感動詞「あな」＋「おそろし」。「おそろし」はシク活用の形容詞の終止形で、〈ああおそろしい〉という意味。

ⓒ「給へ」は用言（動詞）。よって用言を修飾している「（音）し」は連用形ということになる。終止形は「音す」。「音す」はサ変動詞「す」が「音」と結び付いたサ変の複合語である。

ⓓ「侍れ」も用言なので、「し」はサ変動詞「す」の連用形。「住まひ」は体言。

ⓔ「し＋も」「し＋ぞ」で記憶しておくべき強意の副助詞。

ⓕ「頼もしかなれ」は「頼もしかるなれ」が撥音便化して「頼もしかんなれ」になり、「ん」が表記されない形。「し」は形容詞「頼もし」の連体形「頼もしかる」の一部。

ⓖ「聞こゆ」の連用形に接続しているので、連用形接続の助動詞「き」の連体形。
ⓗ「かき鳴らし＋て」と品詞分解される。「かき鳴らす」はサ行四段活用の動詞。その連用形「かき鳴らし」の一部。

正解はⓔⓗの組合せの〔⑤〕

全訳

ⓐ→その人が入っていった所に入っていくと、
ⓑⓒ→ああ恐ろしい。返事をなさってください
ⓓ→このように見苦しい暮らしをしておりますので、
ⓔ→「初めは疎遠でも次第に関係が深まっていくものだ」ともいうので、
ⓕ→心もとない出会いこそあてになるものです。
ⓖ→（親は）何と申し上げた方ですか。
ⓗ→たいそうほのかにかき鳴らしていたので、

プラス1

■「ん」が省略される形

形容詞の連体形「〜かる」が「なり」「めり」に続く場合、撥音便を生じて「〜かんめり」「〜なんめり」となるが、「ん」は表記されないことが多い。
○撥音便を受ける「なり」は「伝聞・推定」の助動詞「なり」である。

例 若きなり→断定の助動詞「なり」
若か（ん）なり→伝聞・推定の助動詞「なり」

※連体形の撥音便「ん」の無表記の形＝あなり・あめり・ななり・なめり・たなり・ためり・べかなり・ざなり・ひとしかなり　など

■形容詞の語幹用法（シク活用の語では、終止形がク活用の語幹と同じ働きをもつ）

a　接尾語「み」がついて原因・理由を表す。普通「～を……み」の形を取り、「～が……なので」と訳す。

例 潟を無み（干潟が無くなるので）

→「無（な）」はク活用「なし」の語幹。

例 藤波の花なつかしみ（藤波の花が惜しいので）

→「なつかし」はシク活用「なつかし」の終止形。

b　感動詞を伴う。例 あらたふと（あら＋たふとし）

また、感動の助詞を伴う。例 をさなや（をさなし＋や）

c　「の」を伴い、連体修飾語となる。例 をかしの御髪や

例題２

（次の文章は香川景樹『桂園遺文』の一節である。以下は筆者と幼子との「歌を詠む」ことについての会話の場面）

をとつ年のころより、「月に花に触れて歌詠め」と言へば、「いづれの歌をか詠まむ」と言ふ。こは、百人一首・三十六人（注）の古歌など、詠み出づることなりと思へるなり。「我が思ふことを詠むなり」と教ふれど、とかく心得かねて、人の詠める歌など、かたはらに聞きおぼえて、誦しなどしてありしなり。

（注）三十六人――主に平安時代に活躍した三十六人のすぐれた歌人。

問　傍線部「いづれの歌をか詠まむ」の「か」と「む」についての文法的説明として最も適当なものを、次の①～⑤のうちから一つ選べ。

①「か」は係助詞で反語、「む」は助動詞の連体形で勧誘の意を表す。
②「か」は係助詞で疑問、「む」は助動詞の連体形で意志の意を表す。
③「か」は係助詞で反語、「む」は助動詞の終止形で意志の意を表す。
④「か」は係助詞で疑問、「む」は助動詞の連体形で推量の意を表す。
⑤「か」は係助詞で反語、「む」は助動詞の終止形で推量の意を表す。

ステップ1　目のつけどころをチェック

3 助動詞の意味の識別

助動詞「む」

a　推量（～だろう）
b　意志・希望（～しよう・～したい）※主語が一人称の場合に多い。
c　勧誘・適当（～するのがよい）
d　婉曲（～のような）
e　仮定（～したとして・～ならば）

5 助詞の意味と用法

係助詞「か」

a　疑問（～か）
b　反語（～だろうか、いや～ではない）
※「係り結びの法則」により、文末を連体形で結ばせる働きがある。

ステップ2　こう解いていこう

選択肢はすべて「か」を係助詞とし、「む」を助動詞としているから、この点については問題はない。ステップ1で押さえたように係助詞「か」は文末を連体形で結ばせるので、「む」を連体形としている①・②・④が残ることになるが、選択肢だけでは意味が決まらないので、問題文を見ていく。

傍線部の直前直後の内容から、会話の流れをとらえよう。

（筆者）「月に花に触れて歌詠め」と言へば｜（主語が変わる）
↓
（幼子）「いづれの歌をか詠まむ」と言ふ

はじめの「月に花に……」は、「月や花に触れて歌を詠め」という意味なので、「幼子」ではなく筆者の言葉である。接続助詞「ば」のあとは主語が変わることが多いが、ここも傍線部は「詠め」と言われた「幼子」の返事と押さえる。「か」を反語に取るか疑問に取るかで、傍線部の意味が変わる。

「か」＝反語の場合……「どの歌を詠もうか、いや、**詠まない**」
「か」＝疑問の場合……「（知っている）どの歌を詠もう**か**」

どちらの意味かを見極めるために、傍線部の直後を確認しよう。

傍線部の直後は「百人一首・三十六歌仙の古歌などを詠み出すことであると（「幼子」は）思っていたようだ」という意味である。そこで筆者はまた「自分が思ったことを詠むように」と教えたが、「幼子」は意味がわからずに、他人の詠んだ歌などを口ずさんでいた、というのである。

「幼子」は《「詠む」＝「人の歌を口ずさむ」》ことと理解していて、「詠め」と言われて人の詠んだ歌を口ずさんで詠み出しているのだから、ここでの「か」は反語の意味ではないはず。選択肢は②と④に絞られる。

ここで「む」の意味を確認する。「歌をか詠まむ」は幼子自身（一人称）の動作だから、「む」は「意志」の意と考えるのが適当。

ステップ3　選択肢を検討する

× ①「か」を反語と取ると、傍線部は「詠まない」という意味になるが、実際には幼子は歌を詠み出しているので文脈に合わない。

○ ②「か」「む」それぞれの意味と働きを押さえることができている。

× ③・⑤ ①と同様に「か」を反語と取っている、また係り結びの法則に反している。

× ④ 傍線部の主語は一人称（幼子）なので「む」は意志の意味で押さえるのが妥当。

⬇正解［②］

弱点とアドバイス

①➡傍線部前後の文脈を把握できていない。

③・⑤➡「係り結びの法則」をきちんと押さえていない。

④➡「一人称＋む」の「む」は、意志の意であることが多いと押さえる。

全訳

一昨年の頃から、「月や花に触れて歌を詠め」と言うと、（幼子は）「どの歌を詠もうか」と言う。これは、百人一首・三十六歌仙の（有名な）古歌などを、詠み出すことであると思っているようだ。「自分が思うことを詠むのだよ」と教えるが、まったく理解しかねて、人が詠んだ歌などを、（私の）傍らで聞き覚えて、口ずさんだりなどしていたのである。

プラス
1

■む・むず

a　推量（〜だろう）……　三人称＋「む・むず」。
→推量の「む」は疑問・反語・仮定などを伴うと「可能」の意味を含み、文意は「可能推量」のようになる。
例 春日野の飛ぶ火の野守出でて見よいま幾日《いくか》ありて若菜摘みてむ〈＝もう何日したら若菜を摘むことができるだろうか〉

b　意志・希望（〜しよう・〜するつもりだ・〜したい）……　一人称＋「む・むず」。

c　勧誘・適当（〜するがよい）……　相手に対して言う場合の「む・むず」。
→「こそ〜め」「てむや」「なむや」の形が多い。

d　婉曲（〜のような）……　「む＋体言や連体形」（体言や連体形は省略されることもある）。

e　仮定（〜したとして・〜ならば）……　「む＋に・む＋は・む＋も」。

※ゴロで覚える→「む！　むずむずするときは、蕁麻疹《じんましん》だと推量し、医師（意志）は婉曲に仮定して、入院が適当だと勧誘する。」

例題 3

次の文章は、荒木田麗女『五葉』の一節で、妻に先立たれた式部卿《きょう》の宮（親王《みこ》）が后《きさい》の宮に預けた子どもたちのもとを訪れた場面である。

やうやうほど近うなり給《たま》ひては、さすがに君たちの恋しさもひとかたならずおぼえ給ひ、后の宮まだ里におはしませば、参り給へり。若君はそそき歩《あり》き給へるが、はやう見つけ給ひ、上に申さんとて走りおはして、「式部卿の宮、参りたり」と(a)聞こえ給ふを、宮うちほほゑみて見たてまつり給ひ、「こなたに」とのたまはす。

〈中略〉

若君、「宮のちご見ん」とて寄りおはしたるに、親王、「これをばらうたくおぼすや」とのたまへば、かしらふりて、「いな。このちご得給ひてのちは、宮の常に抱き持ち給ひ、まろをばありしやうに抱き給はず」とものしげにのたまへば、親王もうち笑ひ給ひ、「いつまで抱かれ給はんとおぼす。このかみにおはすれば、今からおとなびてこそもてない給はめ。なむつかりそ」と(b)聞こえ給へば、「あらず。まろは宮の子、ちごはこのごろ養はせ給へるなり。……」

【人物関係図】

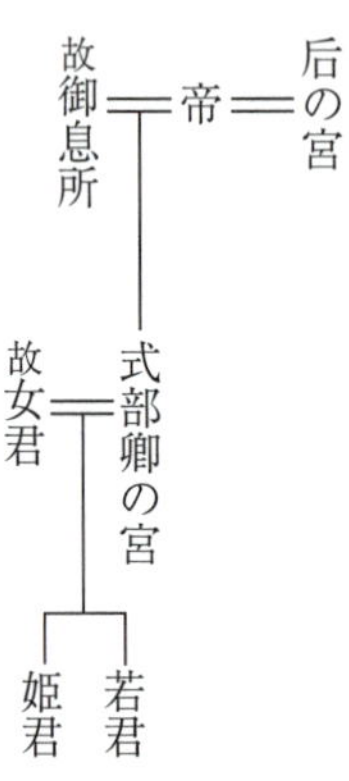

問　傍線部(a)・(b)の敬語について、それぞれの敬意の対象の組合せとして正しいものはどれか。次の①～⑥のうちから一つ選べ。

	(a) 聞こえ	(a) 給ふ	(b) 聞こえ	(b) 給へ
①	后の宮	若君	若君	后の宮
②	若君	后の宮	姫君	后の宮
③	后の宮	若君	姫君	后の宮
④	若君	后の宮	若君	式部卿の宮
⑤	后の宮	若君	若君	式部卿の宮
⑥	若君	后の宮	姫君	式部卿の宮

ステップ１　目のつけどころをチェック

4　敬語（敬意の方向）

聞こえ給ふ……謙譲の動詞「聞こゆ」の連用形＋尊敬の補助動詞「給ふ」
《訳》申し上げなさる

○**謙譲語**→動作・行為の及ぶ相手（「誰を（に・から）」に当たる人物）を高める働きがある（＝客体尊敬）。
○**尊敬語**→動作・行為の主体（「誰が」に当たる人物）を高める働きがある（＝主体尊敬）。

※このような「謙譲＋尊敬」の形は、行為の及ぶ相手を高めつつ（謙譲語）、同時に行為の主体も高める（尊敬語）働きをする（二方面への敬意）。

例　帝（かぐや姫に）文奉り給ふ。

・謙譲語「奉る」＝〈差し上げる〉の意で、「（作者から）かぐや姫」に対する敬意。

※作者が「帝」の動作の対象「かぐや姫」を高めている。

・尊敬の補助動詞「給ふ」＝〈お〜になる・なさる〉の意で、「（作者から）帝」に対する敬意。

※作者が動作の主体である「帝」を高めている。

※その他

○リード文―「妻に先立たれた式部卿の宮（親王）が后の宮に預けた子どもたちのもとを訪れた場面」

○後注（系図）―リード文の「子どもたち」＝若君と姫君（若君の妹）

ステップ2　こう解いていこう

敬意の対象を問われたら、謙譲語は客体尊敬、尊敬語は主体尊敬だから、**「〜に・〜を」に当たる人（謙譲語の敬意の対象）と「〜が・〜は」に当たる人（尊敬語の敬意の対象）に注意**しながら読解する。

(a)の「聞こえ給ふ」は謙譲語＋尊敬語の組合せであるから、「（誰が）（誰に）申し上げ／なさる」のかに注意して読解する。《①**誰が動作の主体か**　②**誰が動作の対象か**》である。

《①動作の主体》→傍線部が含まれる一文を見ていこう。接続助詞「て」の前後では主体は変わらないことが多いので、「若君は……はやう見つけ給ひ」「上に申さんとて走りおはして」と「聞こえ給ふ」と続く、これら傍線を付した動作の主体は同じである可能性が高い。

ステップ1の「リード文」で押さえたように、ここは父親の式部卿の宮（親王）が子どもたちのもとを訪れる場面であるから、「見つけて」そして「上」に申し上げようとして走って行き、「式部卿の宮、参りたり」と「聞こえ（申し上げ）」ているこの一連の動作の主体は「若君」であると確定してよいだろう（＝(a)「聞こえ給ふ」は「若君」が「上」に申し上げなさっている）。

《②動作の対象》→この「上」が誰なのかであるが、傍線部(a)の直後に「宮」は微笑んで、とあり、選択肢には「帝」がないので、「上」は「帝」ではなく「宮」（＝后の宮）と決まる。

ここで「若君」が「后の宮」に（「式部卿の宮（親王）、参りたり」と）「申し上げ／なさると」と、より内容が具体的に明らかになり、選択肢は「給ふ」が「若君」への敬意、「聞こゆ」が「后の宮」への敬意、となっている❶・❸・❺に絞られる。

(b)も同様に見ていく。「聞こえ給へ」は〈申し上げ／なさる〉と訳す。

《①動作の主体》→「親王もうち笑ひ給ひ」とあるので「いつまで抱かれ給はんとおぼす……なむつかりそ」の話し手は「親王」であることがわかる。

《②動作の対象》→「聞こえ給へば」の接続助詞「ば」のあとで主語が変わって、「あらず。まろは宮の子、ちごはこのごろ養はせ給へるなり」と答えているのは「若君」である。よって、「聞こえ」の敬意の対象は若君であるとわかる。ちなみに「なむつかりそ」は「な〜そ」で柔らかい禁止を表し、「むずかりなさるなよ」と相手を諭しているのである。

ステップ3　選択肢を検討する

× ①(b)の動作の主体が「后の宮」となっていて誤り。

× ②・④・⑥(a)の動作の主体が「后の宮」となっている。「后の宮」は動作の対象である。

× ③(b)の動作の主体が「后の宮」、さらに対象が「姫君」となっていて誤り。

○ ⑤(a)は「若君」が「后の宮」に「申し上げなさる」のだから、「聞こえ」は「后の宮」を高め、「給ふ」は「若君」を高める。(b)は「式部卿の宮」が「若君」に「申し上げなさる」のだから、「聞こえ」は「若君」を高め、「給ふ」は「式部卿の宮」を高める。

正解［⑤］

弱点とアドバイス

②・④・⑥→文中の会話の主体（話し手）を明確にして読解するように。本文読解の最初に主語を取り違えてしまうと、あとあとの読解に大きく影響してしまうことになるので要注意。

①・③→文中の会話が、誰と誰の会話なのかを明確にして、大きく全体の内容をつかむようにしよう。

全訳

だんだんその時が近くなりなさると、（親王は）やはり子供たちへの恋しさも並々でないものに思われなさり、后の宮はまだ里にいらっしゃるので、（親王はそこに）参上なさった。若宮はせわしなく動き回っていらっしゃったが、（父親王の姿を）早速見つけなさり、宮に申し上げようというので走りなさって、「式部卿の宮が、参上しました」と申し上げなさるのを、宮は微笑んで見申し上げなさり、「こちらへ」とおっしゃる。〈中略〉

若君は、「宮の（抱いている）赤ちゃんを見よう」と言って近寄りなさったので、親王は、「この子をかわいいとお思いなのか」とおっしゃると、（若君は）頭を振って、「ううん（違うよ）。この赤ちゃんを手に入れなさってからは、宮はいつも抱いていらっしゃって、僕を以前のようには抱いてくださらないんだ」と面白くなさそうにおっしゃるので、親王もお笑いになって、「いつまで抱かれなさろうとお思いなのか。兄でいらっしゃるのだから、これからは大人らしくお振る舞いなさい。すねてはいけません」と申し上げなさると、（若君は）「そうじゃない。僕は（前から）宮の子で、赤ちゃんは最近（になってから）お育てになっているんだ。……」

プラス 1

■敬語表現

a　**敬語の種類**

１　尊敬語
２　謙譲語
３　丁寧語

b　**敬意の主体**（誰からの敬意なのか）→文の種類で決まる。

・地の文……作者・書き手（＝その語を選択して用いている人）からの敬意が表される。
・会話文……発言者からの敬意が表される。
・手紙文……手紙の書き手からの敬意が表される。
・心中思惟《しい》……思っている人からの敬意が表される。

c　**敬意の対象**（誰に対する敬意なのか）→敬語の種類で決まる。

・尊敬語（＝主体尊敬）……動作・行為・状態の主体に対する敬意が表される（主体とは訳

して「〜が・〜は」となる人）。

・謙譲語（＝客体尊敬）……行為の及ぶ相手（客体）に対する敬意が表される（客体とは訳して「〜に・〜を」となる人）。

・丁寧語（＝対者尊敬）……対面している相手（地の文→読者／会話文→会話の相手・聞き手）に対する敬意が表される。

【注意すべき敬語】

○**絶対敬語**（＝敬意の対象が確定している）

・奏す（サ変）→《訳》（天皇に）申し上げる

・啓す（サ変）→《訳》（皇太子、皇后・皇太后などに）申し上げる

○天皇・中宮・大臣などが、「発言部分」において用いる。

・**自敬表現**→自己（または引用者が発言者になりかわって）の動作・行為・状態に尊敬語を使うこと。

・**尊大表現**→「参れ」「参らせよ」など、相手の行為に謙譲語を使うこと。

○**最高敬語**

「せ給ふ・させ給ふ」→地の文では天皇など最高の位の人にしか原則として使われないが、会話文・手紙文では、最高位以外の人にも使われる。普通の敬語と同じに訳して構わないが、「〜あそばします」などとしてもよい。

○**尊敬語「奉る」「参る」**
・奉る→《訳》お召しになる・召し上がる・お乗りになる
・参る→《訳》お召しになる・召し上がる・なさる
※衣類関係の語・「酒」「物」「くだもの」など食べ物関係の語・「牛車」「御輿」など車関係の語などがある時は尊敬語と取って考えてみるとよい。

○**補助動詞の「給ふ」**
・四段活用→尊敬
・下二段活用→謙譲
※謙譲の「給ふ」は、会話文・手紙文で、一人称（話し手・手紙の書き手など）の際に使われ、おもに「見る・知る・覚ゆ・聞く・思ふ」などに付く。〈～です・～ます〉と訳す。客体尊敬の機能がないため、「丁寧語」とする説もある。

○接頭語の「御」、接尾語の「殿」なども「尊敬語」。

○二方面（客体と主体）に対する敬意を表す。
→謙譲語＋尊敬語、の形を取る。謙譲語によって客体を、尊敬語によって主体を高める。

なお、二〇一八年度センター試験本試験では、**一文に含まれる文法事項について適当でないものを選ぶ、という形式での出題がみられた**。次のような問題である。

問2　波線部「身にしむばかり細やかにはあらねばにや」についての文法的な説明として**適当でないもの**を、次の①〜⑤のうちから一つ選べ。

① 打消の助動詞「ず」が一度用いられている。
② 断定の助動詞「なり」が一度用いられている。
③ 仮定条件を表す接続助詞「ば」が一度用いられている。
④ 疑問を表す係助詞「や」が一度用いられている。
⑤ 格助詞「に」が一度用いられている。

「身／に／しむ／ばかり／細やかに／は／あら／ね／ば／に／や」のように品詞にわけ、選択肢①から⑤までを丁寧に吟味していけばよい。ここでは**「ば」が、〈順接の仮定条件〉と〈順接の確定条件〉のどちらになるかを見分けるのがポイント**であり、助動詞の識別では頻出事項である。目新しい形式だが標準的な難易度の出題であるため、文法の基礎を固めて確実に得点に結びつけよう。

3 解釈問題

ある程度の長さをもつ傍線部の解釈問題。各選択肢も、必然的にやや長めの文章になるため、選択肢自体の吟味も有効となる。

正解へのプロセス

★ 傍線部がある程度の長さをもっているので、まず傍線部の意味を取ることが必須

1 傍線部末尾の「述語」に着目し、その「主語」を押さえた上で、各選択肢を検討する。

⬇選択肢の吟味では**グループ分け**が有効。傍線部の主語や述語が各選択肢でどう訳出されているかを見極めることが、グループに分けるヒントとなる。

⬇「誰（何）がどうした」という**「主語―述語」の関係を文脈から押さえる**ことがきわめて重要（古文では主語が省略され、文脈から押さえるしかないことが多い。そのためには接続助詞や敬語の用法をマスターすることが不可欠）。

⬇接続助詞前後での主語の変化―「て」―前後の動詞の主語は変わらない。
「ば・が・に・を」など―前後の動詞で主語が変わることが多い。

➡「条件句」の訳出に注意。順接（〜ので）／逆接（〜のに・〜けれども）／単純接続（〜が・〜けれども）

➡人物関係を把握する際、傍線部に敬語が用いられていれば判断のヒントになる。

2 キーとなる単語

➡各選択肢をチェック。キーとなる単語には、異なる意味が複数当てられていると考えてよい。

3 指示語

➡かかる〈＝このような〉・さ・かく・しか〈＝そう・そのような・こう・このような〉

➡古文では、ほとんどが直前の内容を受ける。まずは、傍線部分から順に前文をたどるとよい。

4 文法事項

➡呼応の副詞（疑問・反語の副詞など）・助動詞などの正確な訳出が欠かせない。

例題1

次の文章は『宇津保物語《うつほものがたり》』「俊蔭《としかげ》」の一節である。あるとき、太政大臣が大勢のお供を連れて賀茂社《かものやしろ》に参詣《さんけい》した。それに参加した四男の若小君《わかこぎみ》は、ある邸《やしき》の中から行列を見ていた女に気づく。女は琴の名手であった俊蔭の娘で、父の死後没落し、ひとり寂しく暮らしていたのだった。夕方、その女に逢うために邸を訪ねた若小君は歌を詠みかけたが、女は逃げるように建物の奥へ入っていった。以下の文章は、それに続くものである。これを読んで後の問いに答えよ。

……いと思ひまさりて、「まことは、かくてあはれなる住まひ、などてし給ふぞ。誰《た》が御族《ぞう》にかものし給ふ」とのたまへば、女、「いさや、何かは聞こえさせむ。かうあさましき住まひし侍《はべ》れば、立ち寄り訪《と》ふべき人もなきに、あやしく、おぼえずなむ」と聞こゆ。

問　傍線部「立ち寄り訪ふべき人もなきに、あやしく、おぼえずなむ」の解釈として最も適当なものを、次の①～⑤のうちから一つ選べ。

① この邸を訪れる者もない境遇ですので、あなたの御訪問が思いもよらぬことで戸惑っています。
② 通ってくる男がおらずひとりですごしていますが、私のことを変だと思わないでください。
③ 訪ねてくる身内の者もいない身の上ですが、意外なことだとは思ってほしくありません。
④ この邸に立ち寄ってくれる知り合いもいませんが、私は特に気にせずに暮らしております。
⑤ 訪ねてくる者もありませんので、私のことを身分が低く自分にふさわしくないとお思いでしょう。

ステップ1　目のつけどころをチェック

1 「述語」に着目し、その主語を押さえる。

「立ち寄り訪ふべき人もなきに、あやしく、**おぼえずなむ**《述語》」

※「**おぼえずなむ**」→「おぼえ」＋「ず（打消）」＋「なむ（係助詞で、係り結びの結びの省略）」

○各選択肢の主体がどう訳出されているか

「私」と解釈――①・④
「あなた」と解釈―②・③・⑤
――選択肢をグループ分けできる

2 キーとなる単語

(1) **あやし** ……
a　不思議だ・神秘的だ
b　異常だ・妙だ
c　身分が低い・みすぼらしい

(2) **おぼゆ** ……
a　自然と思われる
b　思い浮かぶ
c　似る
d　思い出す
e　記憶する

ステップ2　こう解いていこう

まず傍線部の意味を取ることが必須である。傍線部は、前にたどっていくと、「女」の発言部分であることが確認できる。ここで、「おぼえずなむ」の主体は、敬語が用いられていないことからも、発言者である「女」自身であるとわかる。ステップ1の**1**から、正解は①・④のうちのどちらかとなる。このように、**末尾の述語とその主語を正確に押さえれば、それだけで選択肢を二～三つに絞り込める**ことがよくある。

再び選択肢①・④を見る。「あやし」の解釈として①は「思いもよらぬこと（で戸惑っています）」、④は「特に気にせずに」となっている。「あやし」に④の意味はないので、〈不思議だ〉という意味に近い①が正解となる。

ステップ3　選択肢を検討する

これまで見てきたように、この場合、選択肢をグループ分けすることができたので、グループごとに検討できる。また最終的にはキーとなる単語の知識が解釈に関わる。

○　①「おぼえずなむ」の主体、「あやし」の語義ともに適当。

×　②・③・⑤「おぼえずなむ」の主体を若小君としている。

×　④「あやし」の語義からはずれる。

⬇正解［①］

弱点とアドバイス

②・③・⑤→傍線部の動作の主体が取れていない。会話文の場合は、それが誰が話している言葉なのかもしっかり確認しよう。

④→基本単語である「あやし」の意味が押さえられていない。

全訳

（若小君は）ますます思いがつのって、「本当に、このような気の毒な暮らしをどうしてなさっているのですか。どなたのご一族でいらっしゃるのですか」と（若小君が）おっしゃると、女は、「さあ、何と申し上げましょうか（、申し上げることはありません）。このように見苦しい暮らしをしておりますので、（この邸を）訪れる者もない（境遇）で、あなたのご訪問が思いもよらぬことで戸惑っています」と申し上げる。

プラス1

■動詞以外のもの＋「なむ」

この場合の「なむ」は係助詞。文末の「てなむ・になむ・となむ・ずなむ・をなむ」「とか・とぞ」「にぞ・にか・にや・にこそ」は係り結びの結びが省略された形。解釈する時は「あり」「侍り」「思ふ」などの語を補って訳す。

例 静かになむ〈＝静かでございます〉／おもしろくなむ〈＝興味深く思う〉

例題 2

今日は日影もあたたかに、四方《よも》の空霞《かす》みわたり、東風《こち》吹く風のこころよく誘ふ夕べ、軒に咲きたる梅の深くかをるをめでて、ただひとりながめ居たるに、隣の松子の来りて、「今日はいとさびしう、なほ日も永きやうなり。硯《すずり》を寄せて何を書かせ給《たま》ふ」と問ひ侍《はべ》るに、「軒の梅の風にかをれるに、歌をつづりて筆染めたり」といへば、「その歌を見せ給へ」と取りて、くり返しくり返し吟ず。

軒近き梢《こずゑ》をすぎて夕風の誘ふもゆるくにほふ梅が香

「松はよき折節とひまゐらせし。さあることに心移さんよりも、手習ひせよ、琴弾けよと父母の仰せゆゑ、詠みがたしとはいふものの、歌といふものはいかにして詠み出《いだ》さんといふ、その山口の道を知らねば、幸ひの折からなり、今日教へてたべ」……

問　傍線部「松はよき折節とひまゐらせし」の解釈として最も適当なものを、次の①～⑤のうちから一つ選べ。

① あなたはよい機会をとらえてご質問なさいました。
② 私はちょうどよい季節を選んで質問いたしました。
③ あなたは梅の美しい時によくいらっしゃいました。
④ 私はちょうどよい時にお訪ねいたしました。
⑤ あなたはよい頃《ころ》あいを見計らってお越しになりました。

ステップ１　目のつけどころをチェック

1 「述語」に着目し、その主語を押さえる。

「松はよき折節**とひまゐらせし**《述語》」

※「**とひまゐらせし**」→「とひ」＋「まゐらせ」〈補助動詞〉＋「し」〈過去の助動詞「き」の連体形〉

○各選択肢の主体がどう訳出されているか

「あなた」と解釈――①・③・⑤
「私」と解釈――②・④
――選択肢をグループ分けできる

4 文法事項

まゐらす
《謙譲語》

a　差し上げる・献上する
b　〜し申し上げる・〜して差し上げる〈補助動詞〉
※「とふ」という動詞に付いているので、ここではbの用法。「とひまゐらせし」で〈お訪ね申し上げた〉という意味になる。

ステップ２　こう解いていこう

傍線部の「松」は「隣の松子の来りて」とあるため、「松子」のこと。傍線部は会話文の中にあるので、この発言者が松子自身か筆者かを次に考える。傍線部に至るまでの発言者を追い、発言内容から人物関係を把握しよう。

松子の来たりて|
↑「て」の前後は**主体が変わらない**ことが多い
（松子は）「今日はいとさびしう……硯を寄せて何を書かせ給ふ（尊敬語）」と問ひ侍るに|
↑「に」の前後では**主体が変わる**ことが多い
（筆者は）「軒の梅の風に……筆染めたり」といへば|
↑「ば」の前後では**主体が変わる**ことが多い
（松子は）「その歌を見せ給へ（尊敬語）」と取りて|
↑「て」の前後は**主体が変わらない**ことが多い
（松子は）くり返しくり返し吟ず
→松子が吟じた筆者の歌＝「軒近き梢をすぎて夕風の誘ふもゆるくにほふ梅が香」

傍線部はこれに続く「　　」の中にある。さて、松子の発言の「硯を寄せて何を書かせ給ふ」「その歌を見せ給へ」から、松子が筆者に敬語を使っていることがわかる。対して「軒の梅の風にかをれるに、歌をつづりて筆染めたり」という筆者の発言には敬語がない。

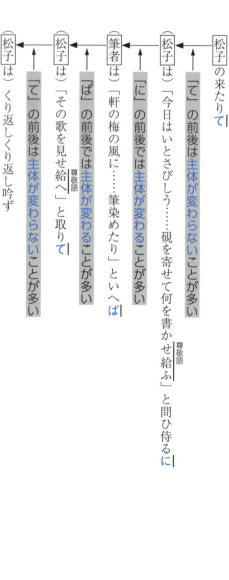

傍線部発言の中にある謙譲語は、松子が筆者に対して敬意を払っていることを示すので、**傍線部の発言者は松子**であるとわかる。ここで「とひまゐらせし」の主語を「私」としている②・④に絞られる。

また、「よき折節」の解釈であるが、傍線部を含む松子の発言の最後に「今日教へてたべ」とあり、歌を詠んで書きつづっている筆者に「歌の詠み方を教えてください」と言っているのがわかる（→**語句問題**ｐ14）。筆者の歌を吟じた直後の松子の言葉であり、歌を習いたい松子にとってみれば、筆者が歌を書きつづっていたことが、「よき折節（＝グッドタイミング）」である、という意味になる。

ステップ3　選択肢を検討する

× ①・③・⑤　発言の主体を「あなた」としている。

× ②「よき折節」を「よい季節」としているが、とくに季節を限定している訳ではない。

○ ④　筆者が歌を書きつづっていた時に、筆者のもとを訪れた松子の発言として適当。

正解［④］

弱点とアドバイス

①・③・⑤→会話文の発言者を把握していない。

②→松子は季節については触れていない。文脈を押さえきれていない。

全訳

今日は日の光も暖かく、四方の空も一面に霞み、東風が吹き風が快く誘う夕方、軒に咲いている梅が深く薫るのを愛し、ただ一人ぼんやりと眺めてもの思いにふけっていたところ、隣の松子が来て、「今日はたいそうもの足りない思いがして、まだ日も長いようです。硯を寄せて何をお書きになっているのですか」と問いましたので、「軒の梅が風に薫っているので、歌をつづって書き付けていた」と言うと、「その歌をお見せください」と（松子が和歌を）取って、繰り返し繰り返し口ずさむ。

軒近き……〈軒に近い梢を過ぎて夕風がゆるやかに誘うのに（つられて）ほのかに匂う梅の香りよ〉

「（私）松子はちょうどよい時にお訪ねいたしました。『和歌を詠むことに気をとられるよりも、習字をしなさい、琴を弾きなさい』という父母の仰せ言があるために、（和歌を）詠みにくいとはいうものの、和歌というものはどのようにして詠み出すべきなのか、その（和歌を詠むための）端緒を知らないので、ちょうどよいタイミングです、今日教えてください」……

例題3

……そのかみ、このぬし病によりて仕へをかへし奉り、いたはりおこたりなば、今は心やすうはかなき楽しみをもせむ、とものせられしかど、そのいたつきつひにおこたらで、篤《あつ》しうなれるほど、かくてはえ生くべくもあらず、いかにかせまし、とて憂ひ嘆かれしを、かたへに聞く心地、え堪へがたかりしが、かの昔の人も「きのふ今日とは」(注)と詠めりしごと、たれもかぎりとなり、心地たがひて人事を知らざらばこそあらめ、さなからむには、これにまさる悲しさもあはれさも、えあるまじければ、ことわりと思ふものから、……(『井関隆子日記』による)

(注)「きのふ今日とは」——『伊勢物語』百二十五段の、「昔、男、わづらひて、心地死ぬべくおぼえければ」に続く歌。「つひに行く道とはかねて聞きしかどきのふ今日とは思はざりしを」。

問　傍線部「さなからむには、これにまさる悲しさもあはれさも、えあるまじければ」の解釈として最も適当なものを、次の①～⑤のうちから一つ選べ。

① この世に執着があるならば、死ぬことにまさる悲しく耐えがたいことはありえないので
② 死の覚悟がないとしたら、この世との別れにまさる悲しくさびしいことはありえないので
③ 人生経験が浅ければ、死別にまさる悲しく心の痛むことはありえないので
④ 意識がはっきりとしているならば、死にまさる悲しくせつないことはありえないので
⑤ 信仰心がなかったら、死を迎えることにまさる悲しくわびしいことはありえないので

ステップ1　目のつけどころをチェック

1 「述語」に着目し、その主語を押さえる。

「さなからむには、これにまさる悲しさもあはれさも、**えあるまじければ**《述語》」

※末尾の述語「えあるまじければ」は、いずれの選択肢も「ありえないので」で共通している。

2 キーとなる単語

あはれなり

a　しみじみと感動的だ
b　深い趣がある・情趣がある
c　いとおしい・かわいい
d　気の毒だ・不憫だ・悲しい

※「あはれさ」は「あはれ（形容動詞語幹）」＋「さ（形容詞・形容動詞の語幹について名詞化させる接尾語）」

3 指示語

(1)　**さ**　――「さなからむには」＝そうでないなら　→「そう」の内容は？
(2)　**これ**　――「これにまさる」＝これにまさる　→「これ」の内容は？

4 文法事項

(1) **え〜（打消）** ……〜できない

※傍線部は、〈え＋「まじけれ」（打消推量の助動詞「まじ」の已然形）〉

(2) **なからむには** ……「む」の下に「は・に・も」などの助詞がある場合、多く仮定表現になる。「なから」は形容詞「無し」の未然形で、全体で〈（もし）〜ないとしたら〉の意となる。

ステップ2 こう解いていこう

ステップ1で目のつけどころを押さえた。このように注意しなければならないポイントが複数ある場合、どれに絞って重点的に読解すればよいのかをつかむために、問題文を見る前に選択肢を確認する。

それぞれ傍線部に対応する選択肢の部分を、目のつけどころ別に見ていこう。

2

「あはれなり」→

① 耐えがたいこと
② さびしいこと
③ 心の痛むこと
④ せつないこと
⑤ わびしいこと

→ すべて、dの意味としてとらえることが可能
（決定のポイントにはならない）

3

(1) さ→
① この世への執着のなさ
② 死ぬ覚悟
③ 深い人生経験
④ もうろうとした意識（意識がはっきりしていない）
⑤ 信仰心
→ 解釈が多様

(2) これ→
① 死ぬこと
② この世との別れ
③ 死別
④・⑤ 死
→ すべて「死ぬこと」を意味する解釈

4

(1)「えあるまじければ」→①〜⑤「ありえないので」で共通。
(2)「なからむには」→①〜⑤いずれも仮定の条件句になっている。文法事項も決定のポイントにはならない。

「さ」の解釈だけが①〜⑤まで多様なものとなっている。つまり**この問は「さ」が何を指しているのかを問う問題**なのである。他のポイントに関しては明らかに間違いといえる選択肢はないのだから、「さ」にポイントを絞って、「そうでない場合には、死にまさる悲しく『あはれ』なことはあり得ないので」と把握してから問題文読解に入るとよい。

「さ」は前文中のある事柄・状態を指示するので（→**語句問題**ｐ19）、直前の「たれもかぎりとなり」から文脈を追っていこう。「たれもかぎりとなり、心地たがひて人事を知らざらばこそあらめ、さなからむには……」とある。「心地たがひて人事を知らない状態であればともかく、そうでない場合には……」という意味であることがわかる。

つまり、

「さ」（そうである状態）＝「かぎり」となって「心地たがひて人事を知ら」ない状態

※「かぎり」＝臨終
「心地たがひて人事を知らざる」＝様子が混乱して意識がはっきりしない状態

「さなからむ」は「『さ』でないとしたら」なので、「さ」と反対の内容（＝意識がはっきりしている）となる。

ステップ3 選択肢を検討する

× ①・②・③・⑤「さ」が指示する内容が誤っている。

○ ④「さ」＝「臨終となって、様子が混乱して意識がはっきりしない状態に陥る」という内容に合っている。

⬇正解［④］

弱点とアドバイス

①・②・③・⑤→「さ」が指示する部分は文中のどこか、また、その部分の意味内容を明確に。「～こそあらめ」で〈～よい（まし）だろうが〉の意。「こそ―已然形」で文が切れないで、さらに下の文に続く時には逆接の意で続く。ここは、文脈から意訳されているのでわかりにくかったかもしれない。

全訳

その昔、亡き夫が病気によって仕えを辞退申し上げ、「病気が治ったならば、その時は安心してちょっとした楽しみごとでもしよう」とおっしゃっていたけれども、その病気がついに治らず、重くなった頃に、「このようでは生きていることもできないだろう、どうしようか（、どうしようもない）」と悲しみお嘆きになったのを、傍らで聞く心地は、耐えがたかったが、あの（『伊勢物語』の）「昔男」も「（死はいつか来るものとは思っていたが、昨日今日（のように早く来るとは思いもしなかった）」と詠んだように、誰しも死に際となり、様子が正常でなく意識不明になってしまえば（ともかく）、そうでない場合には、死にまさる悲しくせつないことはあり得ないので、（夫の嘆きは）もっともだとは思うものの、……

4 内容説明問題

傍線部の内容の説明を求める問題。選択肢は傍線部を意訳していることも多いので、傍線部を含む広範囲を読解すること。

正解へのプロセス

1 設問文の吟味・傍線部の逐語訳・リード文や注にも、人物関係や文脈を押さえる上でのヒントがある。

➡傍線部の内容を具体的に絞り込んでいくための材料となる。

2 理由・心情把握

➡前文をたどり、〈～ので〉の意になる「已然形＋ば」、及び、接続助詞「が・に・を」に着目する。

※古文では「理由」が明記されていることが多いので、現代文に比べるとずっと押さえやすい。

3 「解釈問題」と同様に、「誰（何）がどうした」という「主語―述語」の関係を文脈から押さえる。とくに人物関係の把握が鍵になることが多い。

4 その他……敬語・文法事項・単語

例題

次の文章は、『源氏物語』「手習」の巻の一節で、横川《よかわ》の僧都《そうず》の妹である尼君のもとへ、尼君の亡き娘の夫であった中将が訪れた場面である。尼君のもとには、薫の妻でありながら、匂宮《におうみや》との恋に悩み入水《じゅすい》しようとして僧都に助けられた浮舟が身を寄せている。これを読んで、後の問いに答えよ。

……姫君は、我は我と思ひ出づるかた多くて、ながめ出だし給へるさまいとうつくし。白き単衣《ひとへ》の、いと情けなくあざやぎたるに、袴《はかま》も檜皮色《ひはだいろ》にならひたるにや、光も見えず黒きを着せたてまつりたれば、「かかることども、見しには変はりてあやしうもあるかな」と思ひつつ、こはごはしういらぎたるものども着給へるしも、いとをかしき姿なり。御前なる人々、「故姫君のおはしまいたる心地のみし侍るに、中将殿をさへ見たてまつれば、いとあはれにこそ。同じくは、昔のさまにておはしまさせばや。いとよき御あはひならむかし」と言ひあへるを、「あないみじや。世にありて、いかにもいかにも人に見えんこそ。それにつけてぞ昔のこと思ひ出でらるべき。さやうの筋は、思ひ絶えて忘れなん」と思ふ。

問　傍線部「世にありて、いかにもいかにも人に見えんこそ」にこめられた浮舟の心情についての説明として最も適当なものを、次の①～⑤のうちから一つ選べ。

①　自分の置かれた境遇の変化に驚いて、今のみすぼらしい身なりを人に見られたくないと考えている。

②　女房たちの会話を聞きながら、高貴な人にまたお仕えするなど思いもよらないことだと感じている。

③　中将の来訪によって、都での生活が思い出され、二度とみんなに注目されたくないと思っている。

④　つらい過去を思い出すことによって、俗世にとどまって結婚するなどとんでもないと考えている。

⑤　尼君と中将との対話を耳にして、山里での生活を続け、人との交わりを避けたいものだと思っている。

ステップ1　目のつけどころをチェック

1 設問文の吟味

→「浮舟の心情についての説明」が問われていることを把握する。

リード文から得られる情報

→「浮舟」の人物設定を確認する。リード文には「尼君のもとには、薫の妻でありながら、匂宮との恋に悩み入水しようとして僧都に助けられた浮舟……」とある。浮舟は自殺しようとしたところを助けられて尼君のもとにいるのである。

4 キーとなる単語・文法事項

(1) 見ゆ…………
a　見える・感じられる
b　対面する
c　（女性が）妻となる

(2) こそ………
強意を表す係助詞。「見えんこそ」と結びの言葉が省略されている形であることに注意。

ステップ2　こう解いていこう

まずは、心情把握問題であることを踏まえつつ、傍線部の逐語訳から手をつける。

「世にありて、いかにもいかにも人に見えんこそ」

＝「世にあり」て、どのようにも人に ｛a 見られる／b 対面する／c 妻になる｝ のこそ［　］（～だ）。

「見ゆ」の意味や「こそ」以下の省略の内容が、ここではまだわからないために、逐語訳だけでは意味がつかめない。そこで次に「人に見えん」の意味を絞り込むためと文末に省略されている内容を把握するために、傍線部近辺にまで視点を広げて読解する。

傍線部が含まれる「あないみじや……忘れなん」全体を見てみよう。これは浮舟の心中語である。

「あないみじや[※1]。世にありて、いかにもいかにも人に見えんこそ。それにつけてぞ昔のこと思ひ出で[※2]らるべき[※3]。さやうの筋[※4]は、思ひ絶えて忘れなん[※5]」

※1「いみじ」は〈a程度が甚だしい・非常に／bすばらしい・優れている・とてもうれしい／cひどい・恐ろしい〉という意味の多義語であるが、現段階では「よくも悪くも程度が甚だしい」ぐらいに押さえておく。反対の二つの意味をもっていることに注意。

※3「思ひいでらる」の「らる」は自発の「らる」。
※2・4「それにつけて」の「それ」、「さやうの筋」の「さ」は指示語。どちらも「人に見えん」を受ける。
※5「忘れなん」の「な」は強意の助動詞「ぬ」の未然形、「ん」は推量の助動詞「む」の終止形（ここでは一人称についているので「意志」の用法）。

ここまで確認したら大まかに逐語訳してみる。

「ああ『いみじ』であることよ。『世にあり』て、どのようであっても『人に見えん』であるのこそ。「それ」（「人に見えん」こと）につけて、昔のことが思い出されるにちがいない。「さやうの筋」（「人に見えん」のような方面のこと）は、思うのをやめて絶対に忘れてしまおう」

ここで以下のことがわかってくる。

i　「人に見えん」は、「昔のこと」と関わりのあることで、忘れてしまいたいことである。
ii　「こそ」以下に省略されているのは「いみじ」である（浮舟は、傍線部を指して「いみじ」と思っている）。**また、iだから「いみじ」は悪い方の意味で用いられている。**

「忘れたい辛い過去」というのは「薫の妻でありながら、匂宮との恋に悩み」ということを指す（ステップ1 1）。すなわち男女の恋愛関係といった方面のことにはもう関わりたくないと浮舟が思っている、というふうにニュアンスが限定されてくる。ここで「人に見えん」の「見ゆ」が、単に〈見る〉や〈対面する〉という意味ではなく、〈妻となる〉という恋愛に関する意味で使われていることが特定できる。

ステップ3　選択肢を検討する

×　①「人に見えん」の解釈が、単に「人に見られる」となっている。

×　②「人に見えん」を「高貴な人にお仕えする」と解釈しているが、文脈に照らして飛躍しすぎ。

×　③「人に見えん」の解釈が、「注目される」（↓見られる）となっている。

○　④「人に見えん」の解釈が、傍線部直後の「昔のこと」の解釈とともに文脈に沿っている。

×　⑤「人に見えん」の解釈が、「人との交わりをもつ」といったものになっている。

弱点とアドバイス

①・③・⑤↓選択肢の吟味が不足。また、直訳にとどまらず、文脈から単語の適切な意味を選び出す訓練を。

②↓リード文を押さえ、傍線部前後の文脈を正確に読み取る。

⬇正解［④］

全訳

姫君（＝浮舟）は、自分は自分なりにと思い出すことが多くて、ぼんやりと外を眺めていらっしゃる様子がとてもかわいらしい。白い単衣で、とても風情がなくごつごつしたものに、袴も檜皮色が（この宇治の地では）習わしなのだろうか、光沢も見えず黒いのをお着せ申し上げているので、「このような（着物の）ことども、見慣れているものとは違って変な感じのものよ」と思いつつ、ごわごわして肌触りの悪いものを着ていらっしゃるのが、たいそう美しい姿なのである。お側に仕える人々は、「ただもう故姫君がいらっしゃるような気持ちがしますのに、中将様までを見申し上げると、もう胸がいっぱいです。同じことなら、昔と同じようにして（中将様が）おいでになるようにして差し上げたいものよ。とてもよいご縁でありましょうよ」と言い合っているのを、「まあとんでもないこと。この世に生きていて、どのようであっても人の妻となるのこそ（とんでもないこと）。それにつけても昔の（男女関係の悩みの）ことが思い出されてくるにちがいない。そのような（男女の愛情の）方面のことは、考えるのをやめてもう忘れてしまいたい」と思う。

プラス1

■完了の助動詞「ぬ」「つ」の確述用法

完了を表す「つ」「ぬ」は、「む・べし・らむ」など推量の助動詞に続く時は、確述用法となる。確述用法は完了の意味合いを含まない場合が多く、強意を表す。〈きっと・必ず・今にも・ぜひ・絶対・いかにも・まさに・本当に〉などをつけて強めて訳すとよい。

例つべし・ぬべし・てむ・なむ・つらむ・ぬらむ・てまし・なまし・てけむ・にけむ・ぬらし・ぬめり

（訳）きっと・必ず～だろう・今にも～しそうだ・ぜひ～したい・絶対～にちがいない・いかにも～だろう

■自発・可能・受身・尊敬の助動詞「る・らる」

○自発……一人称＋「る」「らる」の場合が多い。〈つい・思わず～してしまう〉〈自然と～される〉という意味。心情に関する語（「思ふ・嘆く・泣く・待つ」など）に付くことが多い。

○可能……〈～できる〉の意だが、打消や反語の語を伴って文意全体では〈不可能〉の意になる用法が多い。自発か可能か区別ができない場合は、打消や反語を伴わないものを〈自発〉と考えるとよい。
○受身……〈～れる・～られる〉の意。
○尊敬……〈お～になる〉の意。

5 大意把握問題

傍線部の指定がなく問題文全体から問われる問題。本文と合致する内容や、本文から読み取れる筆者の考え方などが出題される。

正解へのプロセス

1 何が問われているのかを的確につかむ。

- 全体の内容・要旨……最後の設問に頻出。問題文を読む前にまず設問をよく読んで、チェックするポイントやキーワードをつかむ。本文を読む際に、正解を選ぶ根拠となりそうな箇所に傍線を引いておくようにする。
- 短時間で長文を読まなければならないので、設問に関わる箇所から先に内容を押さえる。
- 選択肢それぞれが何について言及しているのかを確認する。

2 問われているポイントを本文からどう読み取るか。

- 場面や時間の流れに留意して、登場人物の言動・心情を確認していく（会話の「　」や、心中思惟の「……と思ふ」など。心情を表す形容詞や形容動詞に注意）。
- 具体例（「たとへば……」とある部分など）と筆者の見解（「〜とは〜なり」などの部分）を区別して整理する。

例題

題しらず　　　　　　　　　　　　　　　　　　　　　　　　　壬生忠岑《みぶのただみね》

有明のつれなく見えしわかれより暁ばかりうきものはなし

これは、女のもとに行きながら、閨《ねや》へも入らず、立ちながら門より帰り来にけるよしに言ひたるにて、「有明」は有明の月をいへるなり。さて、ここには月を省き、四句の「暁」に月を兼ねたり。二句「つれなく見えし」とは、いまだ夜《よ》は明くまじきほどに明けて、月の我を帰らしめたるやうに思へるよしにて、すべてつれなしとは、あるまじく思はるる事のあながちにあるを言ふ言葉なり。たとへば、これより思へばかれよりも必ず思ふべき理《ことわり》なるに、かれはあながちに背きて思はざるを、つれなき人ともつらき人とも言ふが如《ごと》し。今ここは、有明の月はいつも女に逢《あ》ひて帰るさの時に出《い》でつるを、今宵《こよひ》はいまだ閨へも入らず門に立ちけるほどなれば夜は深かるべきに、有明の月のあながちにいそぎ出でて我を帰しし趣に言ひなせり。「つれなく見えし」とは、思はれしよしなり。常にも、云々《しかじか》思はるる事を云々見ゆると言ふに同じ。三句は、閨に入りてより別れたるならねど、たとひ門に立ちながらにても、有明の月におどろかされて帰りしかば、世の常の如く、「わかれより」とは言へるなり。結句の「うき」は、恨めしと言ふ意なり。常にも、恨めしき人をうき人ともうかりける人とも言ふにて知るべし。

一首の意は、いまだ門に立ちながら、夜も深かるほどとこそ思ふに、月の空に白《しら》みて見えしが、いといと恨めしくあさましくて、この月だにかからずは逢ひ語らはんよしもあるべきものをと思ひ入りたる心にて、ただ月の我を帰すぞと恨めしかりしなり。さるから、その後はその事身にしみ果てて、いつもさらぬ時にも、世に暁がたの月より恨めしく思はるる物はなしと言へるなり。かく後までも忘れざらんには、ましてその時の心、いかばかりなりけん。さて、この二句「つれなく見えし」と言へるを、恨めしく思はれたる事と誰《たれ》も心づかぬゆゑに、近き世の人さらにこの歌解きたるはなし。

さて、二句「つれなく見えし」はつらく恨めしく思はれたる事、五句の「うきものはなし」も恨めしきものは

なしと言へるなる事、これを本歌にて詠める歌、(注)続後撰恋五、右近中将忠基、

　来ぬ宵もつらからぬかは月かげを暁ばかりなにうらみけむ

これにて知るべし。一二句は、来ぬ宵にとく更けゆくもつれなからぬかは。さる時も月はつれなく恨めしきものなるを、暁にのみはいかで恨みたりけんと言へるなり。この歌にも暁に恨みたるよしに言へるは、「つれなく見えし」はつらく恨めしく思はれたることなればなり。

また、かの歌を本歌にて、新古今に、定家卿《きやう》、

　帰るさのものとや人のながむらん待つ夜ながらの有明の月

これにても、門より入らで立ち帰りし事を知るべし。かかるに、後の世の人、「わかれより」と言へるに泥《なづ》みて、こはかならず逢ひて後の歌ぞと思ふは、いまだ至らぬ僻事《ひがこと》なり。さては、「つれなく見えし」と言ひ、「暁ばかりうきものはなし」と言へる、何のかひかある。たとひ逢はずて門より帰りたりとも、月ゆゑにかかる憂き別れをするぞと言へる、何の妨げかあらん。かく別れによそへたればこそ、月のつれなく思はれしさまもことにあはれなれ。また、「わかれより」と言ひて逢はぬよしはなくとも、一二句と四五句の様にて、逢はざりし事は著《いちじる》きものをや。

（長野義言《よしこと》『歌の大むね』による）

（注）続後撰恋五――第十代の勅撰和歌集『続後撰和歌集』の恋の部の五巻目に収められているということ。

問　本文からうかがえる筆者の和歌についての考え方と合致するものを、次の①～⑤のうちから一つ選べ。

①　和歌は実景を詠むのが原則であるが、実際には門より中へ入らなかったという現実を「わかれより」と詠んだ、言葉の選び方の妙味を味わうべきである。

② 和歌は、その意味するところが相手に正確に伝わるように詠むべきであり、忠岑の「有明の」の歌はまさにそのように詠まれた、完成度の高い名歌である。

③ 和歌は、細部まで丁寧に読み解くべきで、本歌取りをした後世の和歌なども解釈の参考にするのがよく、無条件に通説に従うべきでない。

④ 和歌の解釈は、どれほど正確を期したとしても結局曖昧《あいまい》な点が残ってしまうものだが、多様な解釈ができることは名歌の条件となる場合もある。

⑤ 和歌の解釈は、個々人の学識や経験に左右されるものであるが、論拠を示すことで、より正しい解釈に到達することができる。

ステップ1　目のつけどころをチェック

1 何が問われているのか。

→筆者の和歌についての考え方

「優れた和歌」にまで言及する内容――①・②・④

「和歌の解釈」に関する言及にとどまる内容――③・⑤

2 問われているポイントを本文からどう読み取るか。

「筆者の考え」を問う設問→大きく意味段落ごとに「具体例」と「筆者の見解」を整理しつつ内容をつかむ。

第一段落＝冒頭〜「近き世の人さらにこの歌解きたるはなし」まで

第二段落＝「さて、二句『つれなく見えし』は」〜最後まで

ステップ2　こう解いていこう

選択肢から見出せるキーワードは、①「実景」、②「正確な伝達」、③「本歌取りをした後世の和歌を解釈の参考にする」、④「多様な解釈＝名歌」、⑤「個々人の学識や経験」といったところ。最初に本文を読む時に、これらの語句、あるいは関連しそうな言葉が出てきたら傍線を引いてチェックしておくと、再読の時により早く文脈を追うことができる。

■第一段落（「有明の〜」の歌について、筆者の解釈を述べた部分）

冒頭の歌に対する筆者の解釈

a　**これは、女のもとに行きながら、閨へも入らず、立ちながら門より帰り来にけるよしに言ひたるにて、「有明」は有明の月をいへるなり。**

→**この歌の作者の状況は「女と逢っていない」**

※「言ひたるにて」の「に」は断定の助動詞「なり」の連用形で、「これは」を受け、〈これは〜である〉という形。現代文で論理的文章を読む際に、筆者の主張が表れた形として注意を要するのと同様、古文でも筆者の考えを述べているような文章では、断定形は筆者の主張部分として要チェック。

b

すべてつれなしとは、あるまじく思はるる事のあながちにあるを言ふ言葉なり。

a同様、断定表現は筆者の主張部分としてチェックする。

※「つれなし」とは起こってほしくないことが意に反して起こることをいう言葉。

c

今ここは、有明の月はいつも女に逢ひて帰るさの時に出でつるを、今宵はいまだ閨へも入らず門に立ちけるほどなれば夜は深かるべきに、有明の月のあながちにいそぎ出でて我を帰しし趣に言ひなせり。

→**前述した解釈の補強――筆者の解釈**

今この歌の眼目である第二句は、有明の月はいつも女に逢って帰る時に出てきたのだが、今夜はまだ閨にも入らずに門に立っていた時なので夜深い時分であるはずなのに、有明の月がわざわざ急いで出てきて自分を帰したという趣に作ってある。

d

一首の意は、いまだ……恨めしく思はるる物はなしと言へるなり。

→**一首を通した筆者の全体的解釈が示された部分。**

e

さて、この二句「つれなく見えし」と言へるを、恨めしく思はれたる事と誰も心づかぬゆゑに、近き世の人さらにこの歌解きたるはなし。

→**解釈上の問題点である「つれなく見えし」に対する筆者の解釈を最後に繰り返した部分。**

■第二段落（「有明の〜」の歌を本歌にして詠まれた後世の和歌について述べた部分）

・さて、二句「つれなく見えし」はつらく恨めしく思はれたる事、五句の「うきものはなし」も恨めしきものはなしと言へるなる事、これを本歌にて詠める歌、続後撰恋五、右近中将忠基、
来ぬ宵もつらからぬかは月かげを暁ばかりなにうらみけむ
これにて知るべし。
・また、かの歌を本歌にて、新古今に、定家卿、
帰るさのものとや人のながむらん待つ夜ながらの有明の月
これにても、門より入らで立ち帰りし事を知るべし。
→本歌取りをした後世の和歌を、本歌の「つれなく見えし」に対する筆者の解釈を補強する例証としてあげている。

以上のことから、本文は、冒頭にあげた歌に関して多くの証拠をもち出して自説を展開し、「近き世の人」の考えを批判した文章だとわかる。実は、ここまで細部を検討しなくとも、問題文では①・②・④のような「優れた和歌とは」といったことについてはまったく触れられていないことはすぐにわかるだろう。比較的容易に③か⑤に絞れたはずだ。

ステップ3　選択肢を検討する

× ①「和歌は実景を詠むのが原則であるが」とは書かれていない。

× ②問題文は通説に対する筆者の見解を述べたもの。②を正解とするなら問題文自体が成立し得ない。

○ ③和歌は、細部まで丁寧に読み解くべきで（＝句ごとに解説を加えている問題文の記述と適合する）、本歌取りをした後世の和歌なども解釈の参考にするのがよく（＝第二段落の趣旨と合致している）、無条件に通説に従うべきでない（＝「かかるに、後の世の人、……いまだ至らぬ僻事なり」と合致している）。

× ④「多様な解釈ができることは名歌の条件となる場合もある」とは書かれていない。

× ⑤「和歌の解釈は、個々人の学識や経験に左右されるものである」とは書かれていない。

⬇正解［③］

弱点とアドバイス

①・②・④・⑤⬇本文を読む際には、漠然と文脈を追うのではなく、選択肢から正誤判定のキーポイントとなりそうな語句に着目しつつ本文を読解するようにしよう。

全訳

題知らず　　壬生忠岑

有明の……〈私の訪問に素知らぬ体で逢ってくれない冷たいあの人の元から帰る暁に、(通常は女と契り交わしたあとに帰途につく時に出ているものであるはずの)有明の月が空にかかっていて、(女のもとからの帰途を促す「有明の月」が空にあったために)月をうらめしく思いながら帰途についた。あの時の(むなしい)別れ以来、暁(の月)ほど恨めしいものはない(と思うようになった)。〉

この歌は、女のもとに行ったのに、寝所にも入らず、立ったまま門から帰ってきてしまったということとして詠んだもので、「有明」は「有明の月(＝夜明け方になお空に残っている月)」を言っているのである。さて、ここでは「月」を省いて、第四句目の「暁」で「(暁の)月」(の意)を兼ねている。第二句目「つれなく見えし」というのは、まだ夜が明けるはずがない時分に明けて、月が自分を帰らせたように思ったということで、およそ「つれなし」とは、起こってほしくない事が意に反して起こるのを言う言葉である。例えば、こちらから思えばあちらからも必ず思うはずなのが道理なのに、向こうは意に反して(こちらのことを)思ってくれないのを、「つれなき人」とも「つらき人」とも言うのと同じである。今ここでは、有明の月はいつも女に逢って帰る時に出たものなのに、今宵はまだ寝所にも入らず門に立っていた時なので夜は更けているはずなのに、有明の月がわざわざ急いで出てきて自分を帰らせたという趣向に作ってある。「つれなく見えし」(とある「見えた」)というのは、「思われた」という意である。通常でも、「これこれと思われる」ということを「これこれと見える」と言うのと同じである。第三句目は、寝所に入って(女と逢って)から別れたのではないが、たとえ門に立ったまま(で女と逢わないまま)でも、有明の月に気づかされて帰ったので、普通の言い方のように、「わかれより」と(「別れ」という言葉を使って)言っているのである。結句の「うき」は、恨めしいという意味である。通常でも、恨めしい人を「うき人」とも「うかりける人」とも言うことによって(そのことが)わかるだろう。

一首の意は、まだ門に立ったままで、夜も更けている時分だと思うのに、月が空に白々と見えたのが、まったくひどく恨めしくあきれたことで、この月さえ（空に）かかっていなければ（女と逢って）語らうようなこともあるに違いないのにと思い込んだ気持ちで、ただ月が自分を帰らせるのだと恨めしかったのである。であるから、そのあとはそのことがすっかり身にしみて、女に逢えずに帰る暁に限らずいつでも、世の中に暁方の月より恨めしく思われるものはないと言っているのである。このようにあとまで（その時の思いを）忘れないのだから、ましてその時の気持ちは、どれほどのものであったことだろうか。さて、この第二句目「つれなく見えし」と言っているところを、恨めしく思われたということであることと誰も気づかないために、近頃の人でこの歌を（正しく）理解している人は皆無である（＝「近き世の人」はこの歌を「女と一夜を過ごし心を引かれつつ帰っていく男が、有明の月を見上げている」と、「逢ったあとの別れ」と解釈している＝「つれなし」を「（月が）素知らぬ体で空にかかっている」、と解釈している。しかし、この歌は「つれなし」を「恨めしい」と解釈して「女と逢わずに帰った別れ」と解釈すべきである）。

さて、第二句目「つれなく見えし」が辛く恨めしいと思われたことであることと、第五句目の「うきものはなし」も恨めしいものはないと言っているのであるということは、この歌を本歌として詠んだ歌、『続後撰和歌集』恋五、右近中将忠基の次の歌、

来ぬ宵も……〈暁ばかりでなく〉あの人が来てくれない宵も辛くないことがあろうか（、とても辛いものである）。
月の光を暁ばかりどうして恨んだのだろう（、宵の月も十分に恨めしいことだ）〉

これによってわかるだろう。第一句目第二句目は、「（恋人が）やって来ない宵に（夜が）早く更けていくのも恨めしくないことがあろうか（、いや、恨めしいものだ）。そのような時も月は冷淡で恨めしいものであるのに、暁にばかりどうして恨めしいと思ったのだろう」と言っているのである。この歌でも「暁に恨んだ」というふうに言っているのは、（本歌の）「つれなく見えし」が「辛く恨めしく思われた」ということであるからである（＝本歌取りの歌が本歌をどのように理解しているかを見ると本歌の趣意を知ることができる）。

また、例の歌を本歌として、『新古今和歌集』に、（藤原）定家卿（が詠んだ歌があるが）、

帰るさの……〈(有明の月というのは女と逢ったあとの帰途につく時のものであるというので)あの人は(誰か他の女性と契り交わして)帰途につき、この月を眺めているのだろうか。私はあの人を夜通し待って(あの人と逢えないまま)暁のこの月を眺めているというのに。〉

この歌によっても、(件の忠岑歌の解釈は、男は女の)邸の門から入らずに立ち帰ったことがわかるだろう。それなのに、後の世の人は、「わかれより」と言っているのにこだわって、(「別れ」とは「女と逢ってからの別れ」であるというので)この歌は間違いなく女と逢ったあとの歌であると思うのは、まだ考えの浅い間違いである。そのような解釈では、「つれなく見えし」と言い、「暁ばかりうきものはなし」と言っているのは、どういう効果があろうか(、いや、ありはしない)。たとえ逢わずに門から帰ったとしても、「(有明の)月のせいでこのような憂鬱な別れをするのだ」と言っていることに、何の妨げがあろうか(、いや、ありはしない)。このように別れを月と関連づけているからこそ、月が恨めしく思われた様子も格別に趣深いのである。また、「わかれより」と言って「逢わない」という内容は明示されていなくても、二句と四五句の解釈によって、逢わなかったことは明白なものではないか。

プラス1

■「にて」の識別

助動詞の「に」に接続助詞の「て」が接続した「にて」と、格助詞の「にて」との識別は紛らわしいが、〈～であって〉と訳出でき、そこで文意が切れたり、「に」を「なり」に置き換えて、そこで文を切ることができる場合は「に（断定の助動詞「なり」の連用形）＋て（接続助詞）」と考えてよい。

例（かぐや姫は）月の都の人にて（であって）、父母あり。

↓

（かぐや姫は）月の都の人なり。（そこに）父母あり。

6 和歌問題

和歌または引歌《ひきうた》表現が直接対象となっている問題。和歌に込められた心情を問う問題や、本歌取りを問う問題などが出題される。

正解へのプロセス

1 和歌の表現技法・形態

○**掛詞**―和歌の表現技法の一つ。同音異義語を利用して、一つの語に二つの意味をもたせたもの。

「表面上の意味」と、そこに隠された「裏の意味」を掛詞に注意しながら読み取る。

表の意味……植物などの自然物・地名・歌枕など。
裏の意味……人事。こちらに歌の主題がある。

例 音にのみきくの白露夜はおきて昼は思ひにあへず消《け》ぬべし（古今集）

（表）　菊　置き　日
（裏）　聞く　起き　思ひ

（あなたのことを噂で聞くだけの私は、白露が夜には菊に置き、昼には日の光に耐えられずに消えてしまうように、夜は（眠れずに）起き、昼は恋しい思いに耐えられずに消え入ってしまいそうです。）

○**本歌取り**―和歌の表現技法の一つ。古歌の一部を自分の歌に取り入れて、重層的な表現効果をねらったもの。

○**引歌**―散文の表現技法の一つ。散文の中に特定の和歌を踏まえて情趣的効果を高める技法のことをいう（引かれている和歌そのものをいうこともある）。解釈に際しては、引かれている和歌全体の意を汲んで考えなければならない。

○**枕詞**―和歌の表現技法の一つ。ある特定の言葉を引き出すための慣用的、固定的な言葉。五音から成る。訳す必要はない。

例　**あしひきの**（山・峰）／**あをによし**（奈良）／**うつせみの**（命・身・人・世）／**くさまくら**（旅・露・結ぶ）／**しろたへの**（衣・袖・たもと・雪）／**たらちねの**（母・親）／**ちはやぶる**（神）／**ひさかたの**（光・天《あめ》・雨・空・月）など

○**序詞**―和歌の表現技法の一つ。働きは枕詞と同じ。受ける言葉は一定していない。七音以上のものをいい、二句または三句までの場合が多い。

★訳し方↓　意味上から下の語句を引き出す場合……〈～のように〉
音の連想から下の語句を引き出す場合……〈～ではないが〉

★序詞を判断するポイント↓歌の前半と後半で表現内容に違いがある。普通、自然風物が序詞となり人事心象にかかっていく形。

○**贈答歌**―Aが相手に向けて和歌を詠み、Bがそれに対して応答の和歌を詠むこと（三人以上で詠み合う場合は「唱和歌」という）。

★贈答歌は二首セットで考える。
↓二首に共通する語がキーワード
↓答歌の解釈のヒントは贈歌にある

○**独詠歌**―贈答や唱和関係の和歌と異なり、相手を意識しない、純粋に自己自身の心を吐露するための歌のことをいう。日記文学や物語で、作者や作中人物の置かれている状況と不可分に結びついてくる。詠者の孤独感・疎外感・悩みなど、負の感情の表れであることが多い。

○**題詠**―あらかじめ題を設け、それを主題として歌を詠むこと。

2 解釈

➡単に修辞法を問うのではなく、意味・主題を押さえさせる問題が多い。和歌を正確に解釈するためには、「句切れ」や「倒置」に注意することも大切。

★「句切れ」を押さえるポイント

a　活用語の終止形・命令形のあるところ
b　終助詞が用いられているところ
c　係り結びが成立しているところ
d　体言止めになっているところ

3 選択肢相互で共通要素・相違点があるか。

4 本文の文脈をつかむ〈＝誰が詠んだ歌か、歌を詠むに至ったいきさつ・心情などをつかむ〉。

➡人物関係や状況設定はどうなっているか➡**リード文**や**後注**でまず確認する。

例題1

次の文章は、荒木田麗女『五葉』の一節で、妻に先立たれた式部卿《きょう》の宮（親王《みこ》）が、后《きさい》の宮に預けた子どもたちのもとを訪れた場面である。これを読んで、後の問いに答えよ。

やうやうほど近うなり給《たま》ひては、さすがに君たちの恋しさもひとかたならずおぼえ給ひ、后の宮まだ里におはしませば、参り給へり。若君はそそき歩《あり》き給へるが、はやう見つけ給ひ、上に申さんとて走りおはして、「式部卿の宮、参りたり」と聞こえ給ふを、宮うちほほゑみて見たてまつり給ひ、「こなたに」とのたまはす。親王、御前に参り給ひ、御物語こまやかに聞こえさせ給ふ。姫君は、宮、御ふところはなたで抱きいつくしみ給へるを、父親王はいとかたじけなく見たてまつり給ふ。このごろにいみじうおよすげて笑みがちにうつくしう見え給ひ、親王のさし寄らせ給へば、たかやかに物語し給へる御顔の匂《にお》ひなどは、ただ母君のそのままにうつしとり給へるを見給ふには、えたへ給はず、かきくらされ給ふ。宮も「『見るに心は』とつゆけうのみおぼえ侍《はべ》る」とておしのごはせ給ふ。

【人物関係図】

問　傍線部「『見るに心は』」は、ある和歌を踏まえた表現である。その和歌はどれだと考えられるか。次の①～⑤のうちから一つ選べ。

① 女郎花《をみなへし》見るに心は慰までいとどむかしの秋ぞ恋しき
② 女郎花見るに心は慰まで都のつまをなほしのぶかな
③ よそにても見るに心は慰まで立ちこそまされ賀茂の川波
④ しのぶ草見るに心は慰まで忘れがたみに漏る涙かな
⑤ かたみぞと見るに心は慰まで乱れぞまさる妹《いも》が黒髪

ステップ1　目のつけどころをチェック

1　表現技法

設問文「ある和歌を踏まえた表現である」→この問いは引歌について問うものである。

3　選択肢相互の共通要素・相違点

・「見るに心は慰まで」（①～⑤共通）
・「女郎花」（①・②）（「をみな」という音を含むことから和歌では女性をたとえる言葉）
・「妹」（⑤）（男性から、妻・恋人・姉妹などを親しんで呼ぶ語。年齢は上下どちらでもよい）
・「かたみ」（④・⑤）（昔の思い出となるもの、遺品）

4 本文の文脈をつかむ〈＝誰が詠んだ歌か、歌を詠むに至ったいきさつ・心情などをつかむ〉。

○人物関係と状況設定の確認
《リード文》―式部卿宮（親王）は妻に先立たれ、后の宮に子どもたちを預けている。
《後注（系図）》―子どもたちというのは若君（兄）と姫君（妹）である。

ステップ2　こう解いていこう

第一段落はリード文によって示唆されている場面から始まっているので、第一段落中にある傍線部もリード文と密接に関連をもっている。

「宮も」とあるので傍線部の発言者は宮。直前の親王の言動に対して「宮も」とあるのだから、親王と宮の言動は同内容のものだとわかる。では親王の言動から確認しよう。

ただ母君のそのままにうつしとり給へるを見給ふには、えたへ給はず、かきくらされ給ふ。
↓姫君が亡き母君に生き写しであるのを見て、耐えることができずに「かきくらされ給ふ」という状態。

宮も同様の気持ちで、「見るに心は」と和歌の一部を口ずさんで「つゆけうのみ〈＝涙がちにばかり〉」思われ、涙を「おしのごはせ給ふ」という状態である。「かきくらす」「つゆけし」「おしのごふ」と、**涙を意味する表現が続いている**ことに注意する。この場面は、亡き母親にそっくりな娘を見ることによって、母君が亡くなったことを再認識し、悲しみが改めて蘇ってきている場面なのである。

この場面で踏まえられている和歌（引歌）はどれだろうか。まずは、各選択肢の和歌の解釈が必要となる。「句切れ」にも注意して見てみよう。

① 女郎花を見ても心は慰められないで、いよいよ昔の秋が恋しく思われることだ。
② 女郎花を見ても心は慰められないで、都の妻をやはり偲《しの》ぶことだよ。
③ よそながら姿を見たが心は慰められず、いよいよ恋しさが増してくることだ。ちょうど賀茂川の川波のように。※「こそ—已然形」で係り結びが成立し、四句目で文意が切れる（四句切れの歌）。
④ しのぶ草を見ても心は慰められず、忘れ形見を見るにつけても涙が流れることだ。
⑤ 恋人の形見である黒髪を見ても心は慰められず、黒髪が乱れるように私の心も一層乱れることだ。

①〜⑤までは、すべて「見るに心は慰まで〈＝見ても心は慰められないで〉」とある。これと傍線部前後の状況を勘案すると、后の宮は「母親生き写しの姫君を見て心が痛む」という意味で和歌の一部を引いていることがわかる。ここまで確認できたら、母親の死・残された娘（＝母に生き写し）・悲しみ、という要素をもつ④が正解と決まる。「忘れ形見」は遺児のこと、「漏る涙」は悲しみの表現、「しのぶ草」は亡き人を「偲ぶ」を響かせている。后の宮が口ずさんだのは「見るに心は」だけであるが、その背後に「心は慰まで」「忘れ形見」「漏る涙」が暗示されているのである。⑤が紛らわしいが、④が「忘れ形見」を見て悲しんでいるのに対して、⑤は亡くなった恋人の形見（＝黒髪）を見て悲しんでいる点で、④の方が適している。

ステップ3 選択肢を検討する

× ① 「姫君」・「悲しみ」の要素が欠ける。

× ② 「姫君」・「悲しみ」の要素が欠ける。

× ③ 「姫君」・「悲しみ」・「亡き母親」の要素が欠ける。

○ ④ 「姫君」・「悲しみ」・「亡き母親」の三要素が揃っている。

× ⑤ 本文は、「恋人の形見を見て悲しむ」という文脈ではない。

↓正解［④］

弱点とアドバイス

①・②・③↓歌が詠まれた際の状況をしっかり把握していない。「『つゆけうのみ……』……おしのごはせ給ふ」と、流れる涙を抑えかねている文脈をしっかり押さえること。

⑤↓「乱れぞまさる妹が黒髪」とある箇所と文脈との照合が不十分。

全訳

（「やうやう……のたまはす。」はp38参照）。親王は、宮の御前に参上なさり、お話をしみじみと申し上げなさる。姫君は、宮が、御ふところから離さずに抱いてかわいがっていらっしゃるのを、父である親王はたいそうもったいないことと見申し上げなさる。（姫君は）この頃はたいそう成長してにこやかにかわいらしく見えなさり、（父である）親王が近くにお寄りになると、大きな声でお話をなさるお顔の美しさなどは、ただ（故）母君の（御顔）そのままに生き写しでいらっしゃるのをご覧になると、（親王は涙を）こらえることがおできにならず、悲しみにくれていらっしゃる。宮も「『見るに心は』と（いう和歌が思い出されて）涙がちにばかり思います」と（涙を）押しぬぐっていらっしゃる。

例題2

（例題1問題文の続き）

……親王、

つみぬべき忘れ草さへうき身には人をしのぶの色に見えなん

とのたまふを、心苦しう見たてまつらせ給ひて、宮、

尋ねてもなどつまざらんなべて世のうきを忘るる草葉ばかりは

問　傍線部「尋ねてもなどつまざらんなべて世のうきを忘るる草葉ばかりは」の和歌に后の宮はどのような思いをこめているのか。その説明として最も適当なものを、次の①～⑤のうちから一つ選べ。

① 女君を失ったことは、式部卿の宮のみならず自分にとっても大きな悲しみであるので、一緒に忘れるための努力をしようと呼びかけている。

② 夫である帝が式部卿の宮を次の帝にと考えているので、早く女君のことを忘れて広く世間に目を向け、為政者としての徳を養うように促している。

③ 式部卿の宮が女君のことを忘れかねて世をはかなんでいるのに対し、女君を失った悲しみを忘れて前向きに生きるのがよいと勧めている。

④ 式部卿の宮が女君を忘れようと努めているのに理解を示しながらも、最愛の妻だったのだから存在そのものを忘れてしまわないでほしいと願っている。

⑤ 式部卿の宮が女君をいつまでも恋い慕っているのを恥じて、人目を忍びがちであるのに対し、妻を忘れないでいるのは恥ではないと諭している。

ステップ1　目のつけどころをチェック

1　表現技法

傍線部は、親王の「つみぬべき」の歌に応えたもの
→この問いは**贈答歌**の答歌について問うたものである。

ステップ2　こう解いていこう

例題1の引歌の設問では、本文に記述されているのは引かれている和歌の一部でしかないために、傍線部（引歌）の意味を取るには、選択肢そのものや、リード文や注などの周辺情報を、文脈理解のために活用する必要があった。この問では贈答二首を一組のものとして解釈する方法をとる。もちろん、ここでもリード文の確認は必須である。

傍線部は后の宮の和歌である。まず傍線部を可能なところまで逐語訳してみる。

〈尋ねてもどうして摘まないのだろうか。すべて世の憂いを忘れる草葉だけは〉

となる。〈世の憂さを忘れる草葉をどうして摘まないのか（＝摘みなさい＝世の憂さを忘れなさい）〉という趣旨であることが確認できる。

次に贈答歌の解釈法〈贈答歌は二首セットで考える〉を使う。

(1)　**二首に共通する語がキーワード**
(2)　**答歌の解釈のヒントは贈歌にある**

この二点を念頭におき、まず(1)を確認する。

二首に共通する語→「忘れ草＝忘るる草葉」を「つむ」
「うき身＝世のうき」

次に(2)を確認する。**傍線部は贈答歌の答歌であるから、ヒントは贈歌にある。**

親王の和歌→「**つみぬべき忘れ草さへうき身には人をしのぶの色に見えなん**」
＝きっと摘むべき忘れ草さえ、憂いに満ちた身にとっては、人を偲ぶ色にきっと見えるだろう

「偲ぶ」は〈人を懐かしむ・恋い慕う〉という意味である。リード文で親王は「妻に先立たれた」身であると示されているので、親王の言う「憂い」は妻に先立たれた悲しみのことを意味しているとわかる。親王は「妻に先立たれて悲しみの中にある自分にとっては、(憂いを忘れるという)忘れ草も、妻を恋い慕う偲ぶ(草の)色に見えるだろう」と言っているのである(「しのぶ」は亡き妻を偲ぶ意)。親王の和歌の解釈を通して、傍線部が《「世のうきを忘るる草葉」を摘む》＝「(妻を失った憂いを)忘れる」という意味であることがわかってくる。

ここで、親王の歌の訴えに対して宮の応え、という構図になっている③・④・⑤に絞られる。選択肢③・④・⑤はどれも文脈に即してこの和歌の比喩を戻して解釈しているが、贈答二首の意の核心は

親王＝亡き妻のことが忘れられない
宮＝亡き妻のことは忘れなさい

とシンプルにまとめることができ、正解は一つに絞られる。

ステップ3　選択肢を検討する

× ①　宮の歌から「自分にとっても大きな悲しみである」とは読み取れないし、親王の歌への答歌としてもおかしい。

× ②　「広く世間に目を向け、……養うように」は、親王の歌への答歌として見当違い。

○ ③　親王の歌の解釈を汲み、それに対する応えとなる。

× ④　親王の歌から女君を忘れようと努めている様子は読み取れない。親王の歌の解釈自体が誤り。

× ⑤　親王は女君を恋い慕っているのを恥じている訳ではない。親王の歌の解釈自体が誤り。

↓正解［③］

弱点とアドバイス

①・②↓贈答歌の基本的性質《答歌の解釈のヒントは贈歌にある》を押さえよう。
④・⑤↓リード文から状況を把握し、和歌を詠むに至ったいきさつを本文からしっかり読み取ることが先決。

全訳

……親王は、

つみぬべき……〈(亡き人を忘れるために)きっと摘むべき忘れ草さえ、(私のような)憂いに満ちた身にとっては、(亡き)人を偲ぶ色にきっと見えるだろう。〉

とおっしゃるのを、気の毒に拝見なさって、宮は、

尋ねても……〈訪ねていってどうして摘まないのだろうか、すべてこの世の憂いを忘れるという忘れ草の草葉だけは(＝憂いを忘れておしまいなさい)。〉

また、二〇一七年度試行調査では、和歌の大まかな内容・修辞法の基礎を問う出題があった。

問2　傍線部(イ)「尋ねゆく幻もがなつてにても魂のありかをそこと知るべく」の歌の説明として**適当でないもの**を、次の①～⑤のうちから一つ選べ。

① 縁語・掛詞は用いられていない。
② 倒置法が用いられている。
③ 「もがな」は願望を表している。
④ 幻術士になって更衣に会いに行きたいと詠んだ歌である。
⑤ 「長恨歌」の玄宗皇帝を想起して詠んだ歌である。

修辞法と和歌の主題の解釈、さらに助動詞の知識が組み合わさって問われたものであるが、難易度は高くない問題であるため、基礎知識を固めておけば対応できる。形式の目新しさにまどわされないようにしよう。

紛らわしい語の識別

語	文法的説明	用例	識別方法
し	①サ変動詞「す」の連用形	①若き人々は、まねを**し**笑へど、（枕草子） 訳若い人々〈＝女房〉は、まねをして笑うけれど、	①動作をするの意。
	②過去の助動詞「き」の連体形	②いといとほしくはべり**し**に、（大鏡） 訳本当に気の毒でございましたのに、	②連用形に（カ変・サ変動詞は未然形にも）接続。
	③副助詞（強意）	③うとき人に**し**あらざりければ、（伊勢物語） 訳疎遠な人ではなかったので、	③省いても意味が通じる。
せ	①サ変動詞「す」の未然形	①読書始《ふみはじめ》など**せ**させたまひて、（源氏物語） 訳読書始などおさせになったところ、	①動作をするの意。体言・助詞に接続。
	②過去の助動詞「き」の未然形	②夢としり**せ**ばさめざらましを（伊勢物語） 訳夢と知っていたならば目覚めなかったものを	②連用形に接続。「せば～まし」の形で反実仮想を表す。
	③使役・尊敬の助動詞「す」の未然形・連用形	③人目を思して夜の御殿《おとど》に入ら**せ**たまひても、（源氏物語） 訳人目をお考えになってご寝所にお入りになっても、	③四段、ナ変・ラ変動詞の未然形に接続。
な	①副詞（禁止）	①「物知らぬこと、**な**のたまひそ」とて、（竹取物語） 訳「わからぬことを、おっしゃるな」と言って、	①「な～そ」の形で用いられることが多い。
	②終助詞（禁止）	②主《あるじ》なしとて春を忘る**な**（拾遺和歌集） 訳主人がいないからといって春を忘れてはいけない	②終止形（ラ変型は連体形）に接続。
	③終助詞（詠嘆）	③かかること口馴れたまひにけり**な**。（源氏物語） 訳このようなことを口になさるようになったのだなあ。	③文末につく。

な	④完了の助動詞「ぬ」の未然形	④王のきびしうなり**な**ば、世の人いかが堪へむ（大鏡） 訳王たる者が厳しくなったならば、世間の人はどうして耐えられるだろうか	④連用形に接続。
	⑤断定の助動詞「なり」の連体形の撥《はつ》音便形（「ん」の無表記）	⑤あやしくあひ思ひたてまつりたる童**な**めり。（落窪物語） 訳妙に気の合い申す女の童のようだ。	⑤体言・連体形に接続。「な」の下に「る」を補える。
なむ	①係助詞（強意）	①雲の上も海の底も、同じごとくに**なむ**ありける。（土佐日記） 訳雲の上も海の底も（月が輝き）、まったく同じようであった。	①体言・連体形・助詞などに接続。文末の活用語は連体形になる。
	②終助詞（願望）	②衣など着ずともあら**なむ**かし（堤中納言物語） 訳着物など着ないでいればよいのに	②未然形に接続。
	③完了・強意の助動詞「ぬ」の未然形＋推量・意志の助動詞「む」の終止形・連体形	③かならず来**なむ**と思ふ人を、夜一夜起き明かし待ちて（枕草子） 訳必ず来るだろうと思う人を、一晩中起きて待ち明かして	③連用形に接続。
	④ナ変動詞の未然形活用語尾＋推量・意志・婉曲の助動詞「む」の終止形・連体形	④死**なむ**命も惜しからず（落窪物語） 訳死ぬ命も惜しくない	④上に「死」「住」「去」があり、「な」はその活用語尾。
なり	①ラ行四段動詞「なる」の連用形	①十月に**なり**て京にうつろふ。（更級日記） 訳十月になって京に移った。	①なる（状態の変化）の意。
	②断定の助動詞「なり」の連用形・終止形	②ありがたかりし事ども**なり**。（平家物語） 訳めったにない事どもである。	②体言・連体形に接続。
	③伝聞・推定の助動詞「なり」の連用形・終止形	③「かく男す**なり**」と聞きて、（大和物語） 訳「このように男と関係しているそうだ」と聞いて、	③終止形（ラ変型には連体形）に接続。

	④ナリ活用形容動詞の連用形・終止形活用語尾	④疎ましげもなくらうたげ**なり**。（源氏物語） 訳気味が悪い感じもなく心ひかれる思いがする。	④性質・状態を表す。上に連用修飾語、副詞「いと」などをつけることができる。
に	①格助詞	①御帳の内**に**入りたまひて、（源氏物語） 訳御帳の中にお入りになって、	①体言・連体形に接続。連体形に接続する場合、下に体言が補える。
	②接続助詞	②うち笑みたまへるがいとゆゆしううつくしき**に**、（源氏物語） 訳笑いなさるのが本当に恐ろしいほどかわいらしいので、	②連体形に接続。連体形の下に体言を補えない。
	③完了の助動詞「ぬ」の連用形	③おとなになり**に**ければ、（伊勢物語） 訳大人になってしまったので、	③連用形に接続。
	④断定の助動詞「なり」の連用形	④制しきこゆべき**に**もあらず。（和泉式部日記） 訳とめ申し上げられることでもない。	④体言・連体形に接続。下に「さぶらふ」「はべり」などを伴うことが多い。
	⑤ナリ活用形容動詞の連用形活用語尾	⑤髪ゆるるか**に**いと長く、（源氏物語） 訳髪がゆったりとしてとても長く、	⑤上に連用修飾語として副詞「いと」などをつけることができる。
	⑥副詞の一部	⑥たけき者も遂**に**はほろびぬ、（平家物語） 訳勇猛な者もついには滅びてしまう、	⑥上の部分とともに連用修飾語になり、活用しない。
ぬ	①打消の助動詞「ず」の連体形	①呼びにやりたる人の来**ぬ**、いとくちをし。（枕草子） 訳使いを出して呼んだ人が来ないのは、とても残念だ。	①未然形に接続。下に体言があるか、係助詞「ぞ」「なむ」などの結びとなっている。
	②完了の助動詞「ぬ」の終止形	②かくて四月になり**ぬ**。（蜻蛉日記） 訳こうして四月になった。	②連用形に接続。

ね	①打消の助動詞「ず」の已然形 ②完了の助動詞「ぬ」の命令形	①かく心のままにふるまふこそ、しかるべから**ね**。(平家物語) 訳このように思うままに振る舞うのは、よろしくない。 ②かの近き所に思ひ立ち**ね**。(源氏物語) 訳あちらの近い所に越す決心をしなさい。	①未然形に接続。下に「ば」「ども」がつくか、係助詞「こそ」の結びとなっている。 ②連用形に接続。
らむ・らん	①現在推量の助動詞「らむ」の終止形・連体形 ②ラ行四段・ラ変動詞の未然形活用語尾＋推量・意志の助動詞「む」の終止形・連体形 ③完了の助動詞「り」の未然形＋推量の助動詞「む」の終止形・連体形	①夜更けはべりぬ**らむ**。(蜻蛉日記) 訳夜も更けておりましょう。 ②げにさぞあ**らむ**かしとおぼせど、(和泉式部日記) 訳なるほどその通りだろうとお思いになるけれど、 ③心知れ**らむ**者を召して問へ。(源氏物語) 訳事情を知っているような者を呼んで尋ねよ。	①終止形（ラ変型は連体形）に接続。 ②「らむ」の上は動詞の語幹で、活用しない。 ③四段動詞の已然形（命令形）、サ変動詞の未然形に接続。
る	①完了・存続の助動詞「り」の連体形 ②自発・可能・受身・尊敬の助動詞「る」の終止形	①肩にかかれ**る**ほど、(枕草子) 訳（髪が）肩にかかっている様子が、 ②「仲よし」なども、人に言は**る**。(枕草子) 訳「仲がよい」などとも、人に噂される。	①四段動詞の已然形（命令形）、サ変動詞の未然形に接続。 ②四段・ナ変・ラ変動詞の未然形に接続。

第2章　漢文

大学入学共通テストの漢文とはどういうものか

□共通テスト漢文の問題

■**問題文**――問題文の文字数は約**百五十〜二百字**程度と予想される。一ページほどの分量で、長めである。

〔文章構成〕 試験によく出題される文章の構成は、主に二パターン。

パターン①＝**筆者の主張**と、それに関する**解説・分析・たとえ話**（抽象分析文）

典型①

筆者の主張

解説・分析 or たとえ話

まとめ

典型②

たとえ話

筆者の主張 & 解説・分析

まとめ

★文章全体のジャンルや、**中心テーマ・筆者の主張**を探り、**各段落の役割**を意識しながら読み進めよう。

★最後の「**まとめ**」は、その前で述べた「**筆者の主張**」を言い換えている場合が多い。

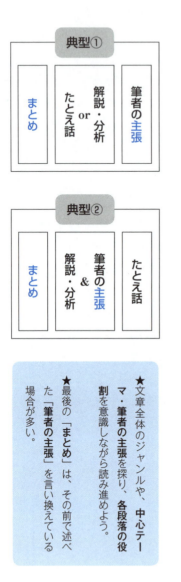

パターン②＝**ストーリー**中心の文章（人物エピソード）

典型

主要人物の設定	**エピソード**	**まとめ**

★人物の「**設定**」がエピソード全体に影響を及ぼしていることが多いので、まずは設定をしっかり意識しよう。

★「**まとめ**」では「この人は～な人だ」というオチが述べられることが多い。

〔内容〕 内容は、次の二点を説いたものが入試では多い。

①**国家の繁栄**＝〈国家を繁栄に導く〉〈民衆を幸福にする〉ための「**君主の役割**」や「**臣下の役割**」を述べたもの。

★「君主の役割」→　部下・外交・自分自身に対してどうあるべきか。

★「臣下の役割」→　上司・同僚・民衆に対してどうあるべきか。

②**個人の姿勢**＝「**学ぶ姿勢**」や「**さまざまな物事への対処法**」など、人の望むべきあり方を述べたもの。

★「学ぶ姿勢」→　何を・どのような意識で学ぶべきか。

★「さまざまな物事への対処法」→　欲望への対処の仕方やあるべき姿勢など。

■**設問**――設問数は基本的には五〜六問（ただし、解答数は八個前後）。
設問の種類は大別すると次の五種類となる。

①**語句**――a重要語句の意味・読みなど　b文脈による語句解釈　→p110〜
★aはその語の知識があれば解ける。
★bは知識だけでは解けず、**文脈判断**が重要なもの。

②**文法**――a返り点の付け方　b書き下し文　→p124〜
★aは句形や用言（動詞・形容詞・形容動詞）の理解が大切。
★bはaだけでなく、**接続**（送り仮名・接続詞など）も意識する（→p104）。

③**解釈**――傍線部の現代語訳　→p146〜
★主語と重要語句・句形、文脈をもとに考える。

④**内容読解**――a傍線部の内容把握　→p154〜
b傍線部の理由把握　→p188〜
c内容把握の変則型（空欄補充・主語判定・指示語把握など）　→p166〜
★文章全体のジャンルや中心テーマを踏まえた上で問われている内容を読み取ろう。
★単純に傍線部の内容や理由を問うだけでなく、cのようにさまざまな問われ方がされる可能性がある。

⑤**文章表現**――文章の構成・文章表現の役割などを問う問題　↓p204〜

★文章が**どのように表現されているか**を問うもの。ただの内容把握とは異なり、文字面を理解するだけでなく、その裏側に隠された**筆者の意図**を読み取る必要がある。

以上のような設問の特徴がある。年度によって多少の形式の変化はみられるが、どの問題も、しっかり内容や構成を押さえていればきちんと解けるので、あわてることなく冷静に対処しよう。

ちなみに「**典故**〈＝昔から言われている事実や物語〉」を踏まえた文章が過去のセンター試験では出題されている。

普段の授業で習う**故事成語**や**有名な人物の考え方**などには慣れ親しんでおくべきだろう（↓p165）。

□共通テスト漢文を解くために

ここまで見てきてわかるように、さまざまな形式での出題が予想される共通テスト漢文を解くためには、語句や句形の知識だけでなく、設問形式別のポイントをしっかり押さえる必要がある。次のページから、まずは「**漢文訓読の基本**」について簡単におさらいし、その上で、設問形式別のポイントを一つ一つ確認していこう。

基礎　漢文訓読の基本

(1) 返り点

「**返**《かえ》**り点**《てん》」は漢文訓読の基本中の基本。漢文を訓読する時の各語の読み順を示す記号のことで、語の左下に付く。返り点の付いていない語はそのまま下に続けて読んでいく。

正解へのプロセス ……目のつけどころをチェック……

1 「レ点《れてん》」は、直下の語から一文字分返って読む。

2 「一《いち》・二点《にてん》／上《じょう》・下点《げてん》」は、二文字以上離れた文字に返って読む。

⬇ 上・下点は**一・二点をまたぐ時**に用いる。

※上・下点をまたぐ時には「**甲**《こう》**・乙点**《おつてん》」を用いる。

【返り点の用法】

※書＝書き下し文

レ点　②レ①

例　以テレ肉ヲ為なスレ食ト。（②①④③）

書　肉《にく》を以《もつ》て食《しょく》と為《な》す。

一・二点

4二 1 2 3一

ここが二文字以上の時に使う。

例 乗《ズ》二其《そノ》空虚《ニ》一。 ④①②③

書 其《そ》の空虚《くうきよ》に乗《じよう》ず。

上・下点

6下 1 4二 2 3一 5上

一・二点をまたぐ時に使う。

例 謂《フ》下能《ク》求《ムル》二其《ノ》真《ヲ》一者《ト》上。 ⑥①④②③⑤

書 能《よ》く其《そ》の真《しん》を求《もと》むる者《もの》と謂《い》ふ。

熟語

3三 4二-1 1 2一

これで一つの語を表す。（文字と文字の間にハイフンを付ける）

例 不レ思《ハ》三所二-以《ゆゑんヲ》自《ラ》強《つとムル》一。 ⑥⑤③④①②

書 自《みづか》ら強《つと》むる所以《ゆゑん》を思《おも》はず。

※二点の付いた熟語から返って読む場合は、レ点ではなく三点を付ける。

〈レ点との組合せ〉

一レ点

5二 1 2 4一レ 3

〈レ点→一・二点〉という順で読む。

例 非《ズ》二君子《ノ》所《ニ》一レ尚《たつとブ》。 ⑤①②④③

書 君子《くんし》の尚《たつと》ぶ所《ところ》に非《あら》ず。

上レ点

6下 3二 1 2一 5上レ 4

〈レ点→上・下点〉という順で読む。

例 念《おもフ》下為《ために》二天下《ノ》一守《ルヲ》上レ財《ヲ》。 ⑥③①②⑤④

書 天下《てんか》の為《ため》に財《ざい》を守《まも》るを念《おも》ふ。

(2)送り仮名

漢字の「送《おく》り仮名《がな》」はカタカナにして、その語の右下に付ける。ここでは、その「送り仮名」のポイントを確認する。

正解へのプロセス……目のつけどころをチェック……

1 用言の送り仮名は「テ・シテ《順接》」「ドモ・ニ・モ《逆接》」「バ《条件》」など。

※本書で使う「用言」とは、「動詞・形容詞・形容動詞」に加え、「助動詞」も含むものとする。

2 接続詞「而」の読みは「而《しか(う)》シテ《順接》／而《しか》レドモ・而《しか》ルニ・而《しか》モ《逆接》」。

3 名詞の送り仮名は「〜ノ」「〜ヲ・〜ニ・〜ト・〜ヨリ」など。

⬇「〜ノ」は、〈**〜が**〉と訳して主語を表す《**主格**》の用法や〈**〜の**〉と訳して直後の名詞を修飾する《**連体修飾格**》の用法がある。

⬇「**〜ヲ・〜ニ・〜ト・〜ヨリ**」は**動詞や前置詞の下にくる語**に付く。上に読み上がる語に付くことが多いので、「鬼ト《ヲニ》会ったら返れ」と覚えるとよい。

4 文脈に応じてどのような送り仮名がくるかを考える。

【接続詞「而」の用法】

「而」の直前に句読点がない場合、直前の用言に接続詞の読みを与え、「而」そのものは読まない。

用言二……一而用言二……一

先に読み　　後に読む

《順接》例 法士悟リテ而芸進メリ。 書 法士《はふし》悟《さと》りて芸進《げいすす》めり。

《逆接》例 大聖人ナレドモ而不二自ラハ聖一トセ。 書 大聖人《だいせいじん》なれども自《みづか》らは聖《せい》とせず。

なお、「而」の直前に句読点がある場合は、2のように書き下すので注意。

【名詞と名詞のつながり】

用言二名詞ヲ（於）名詞一ニ・ヨリ　例 告二グ之ヲ人一ニ。 書 之《これ》を人《ひと》に告《つ》ぐ。

※「於」は直後の名詞に「ニ・ヨリ・ヲ」の送り仮名を与える前置詞で、「於」そのものは読まない。

用言二名詞ニ名詞一ヲ　例 賜二フ之ニ酒一ヲ。 書 之《これ》に酒《さけ》を賜《たま》ふ。

名詞ノ名詞　例 釣二ル川ノ上《ほとり》一ニ。 書 川《かは》の上《ほとり》に釣《つ》る。

例題

西施（注）非ザル二能ク亡《ほろ》ボスニレ呉ヲ也。而後世以二亡国之罪一帰二之西施一、過矣。

（注）西施――春秋時代、越の国の女性。越王句践《こうせん》の命によって呉の国に遣わされ、呉王の心を奪った。

問　傍線部「而後世以二亡国之罪一帰二之西施一、過矣」の書き下し文として最も適当なものを、次の①～⑤のうちから一つ選べ。

① 而《しか》るに後世亡国の罪を以て之《これ》を西施に帰《き》するは、過《あやま》てり。
② 而《しか》して後世亡国の罪を以て之《ここ》に西施を帰《かへ》すも、過《す》ぎたり。
③ 而《しか》して後世亡国の罪を以て之《これ》に西施を帰《とつ》がするは、過《あやま》てり。
④ 而《しか》れども後世亡国の罪を以て之《こ》の西施を帰《き》するは、過《くわ》なり。
⑤ 而《しか》るに後世亡国の罪を以て之《こ》れ西施に帰《かへ》るは、過《す》ぎたり。

ステップ1　送り仮名のポイントをチェック

2　接続詞「而」の読み

↓「而後世……」の「而」に着目。直前に句点（。）があるので「而」は**接続詞**とわかる。

3 名詞の送り仮名

↓「以㆓亡国**之**罪㆒帰㆓**之**西施㆒」の「**之**」の読み方がポイント。

4 文脈把握

↓傍線部直前の「西施非《ザル》㆓能《ク》亡《ボスニ》㆑呉《ヲ》也」をヒントにする。

ステップ2 こう解いていこう

2 「而後世」の「**而**」は接続詞。接続詞「而」の読み方を知るには、「而」が《順接》と《逆接》のどちらになるかを考える必要があり、そのためには文脈判断が必要。**4**で考えていこう。

3 「以㆓亡国之罪㆒帰㆓之西施㆒」では、「**之**」の読み方がポイント。

之

名詞 **之**《の》 名詞 ……「**の**」と読み、名詞の送り仮名と同じく《連体修飾格》の働きをする。

↓ 亡国（名詞）**之** 罪（名詞）　（亡国**の**罪）

動詞㆓**之**《これ》～㆒ ……「**これ**」と読む指示語で、動詞の目的語になる。

↓ 帰（動詞）㆓**之**西施㆒

※この場合、「之」は「亡国之罪〈＝国を滅ぼした罪〉」を指している。また、「帰㆓之西施㆒」の「帰」は、〈～のせいにする・～を負わせる〉という意味で、ここでは〈国を滅ぼした罪を西施に負わせる〉という意味。

4 それでは「而」が《順接》か《逆接》かを考えよう。傍線部直前に「西施非ザル㆓能ク亡ボスニ㆑呉ヲ也」とあるが、これは〈西施が呉を滅ぼしたわけではない〉という意味。一方、傍線部の「以㆓亡国之罪㆒帰㆓之西施㆒」は、〈国を滅ぼしたのを西施のせいにする〉という意味なのだから、この「而」は**《逆接》**だとわかるだろう。

西施非ザル㆓能ク亡ボスニ㆑呉ヲ也。　**而**　後世以㆓亡国之罪㆒帰㆓之西施㆒……

西施が呉を滅ぼしたわけではない。**《なのに》**後世では国を滅ぼした罪を西施に負わせる……

よって「而」は、「**而**《しか》**レドモ**・**而**《しか》**ルニ**・**而**《しか》**モ**」と読む。

また、傍線部の最後にある「過」は、〈①通り過ぎる（過《す》グ）／②度を超す（過《す》グ）／③誤っている（過《あやま》ツ）〉といった意味があるが、ここでは③が適切。〈西施が呉を滅ぼしたわけではないのに、後世でそうなっているのは誤りだ〉というわけだ。

ステップ3　選択肢を検討する

○　①「而」も二つの「之」も「過」もすべて正しい読み。

×　②「而《しか》して」は順接の読み。「之」を「ここ」と読み、「過」を〈過ぎる〉の意味としているのも誤り。

×　③「而《しか》して」が順接の読みなので誤り。

×　④後半の「之」を「之《こ》の」と読んでいるのが誤り。

×　⑤後半の「之」を「之《こ》れ」と読んでいるのが誤り。この読みは強調表現である。指示語の「之《これ》」は「れ」を送らない。「過」の読みも不適切。

↓正解【①】

ワンポイントアドバイス

○**「之」の主な区別の仕方**

今回の設問では「之」を正しく読めるだけで②・④・⑤を除外できる。それだけ大切な語なので、次の点をしっかり押さえておこう。

「の」…名詞＋**之**《の》＋名詞

「これ」…動詞二**之**《これ》ヲ・ニ～一／動詞レ**之**《これ》ヲ・ニ

「ゆク」…**之**《ゆク》二場所を示す語ニ一

書き下し文

西施《せいし》能く呉《ご》を亡《ほろ》ぼすに非《あら》ざるなり。而《しか》るに後世亡国《こうせいぼうこく》の罪《つみ》を以《もつ》て之《これ》を西施《せいし》に帰《き》するは、過《あやま》てり。

全訳

西施が呉を滅ぼすことができたのではない。なのに、後世では（呉の）国を滅ぼした罪を西施に負わせるのは、間違っている。

1 語句問題

語句の意味・読みの問題。重要語の意味・読みを知っていれば解けるものと、複数の意味・読みを文脈から判断するものとがある。

(1)語句の意味問題

正解へのプロセス……目のつけどころをチェック……

1 漢文特有の重要語の意味を押さえる。

(1)使われる意味がほぼ一つに決まっている語 ⬇知っていれば一発で解ける。

例 **動**《ややモスレバ》＝とかく・その度いつも（10年度・本）

(2)慣用表現 ⬇知っていれば一発で解ける。

例 **為**《なリ》レ**人**《ひとト》＝人柄・性格（05年度・本）

(3)複数の意味をもつ語 ⬇知識＋文脈判断が必要。

例 **所以**《ゆゑん》＝①原因・理由　②手段・方法　③目的（11年度・本）

2 それほど重要でない語は文脈重視で考える。

例 **政柄**《せいへい》＝政治の実権（05年度・本）　**相類**《あひるいス》＝互いに似ている（09年度・本）

漢文 1 語句問題

例題 1

此ノ言近レクシテ是ニ而非ナルハ、……

問　傍線部「是」の意味として最も適当なものを、次の①～⑤のうちから一つ選べ。

① このこと　② 似ていること　③ 離れていること
④ あらゆること　⑤ 正しいこと

例題 2

蘇(注1)文忠公自レリ出レデテ獄ヲ後、……不三宰(注2)殺セ一ノ生一ケルモノヲモ。自ラ謂ヘラク、「……因リテ下己ノ親経ルコト二患難ヲ一、無キニ上レ異ナル三鶏鴨《けいあふ》(注3)之在ルニ二庖厨《はうちう》ニ(注4)一、……」

(注)　1　蘇文忠公――北宋の文人、蘇軾《そしょく》のこと。政争により入獄していたことがある。
　　2　宰殺――食肉にするために動物を殺すこと。
　　3　鶏鴨――ニワトリやアヒル。　4　庖厨――台所。

問　傍線部「親」の意味として最も適当なものを、次の①～⑤のうちから一つ選べ。

① すべてに　② 近づいて　③ なれて　④ みずから　⑤ 両親が

ステップ1　目のつけどころをチェック

例題1

1　漢文特有の重要語

「是」＝(3)**複数の意味をもつ語**　↓　知識＋文脈判断が必要。

例題2

2　文脈重視

↓「親」はそれほど重要な語ではないので、前後の文脈から考えていく。

ステップ2　こう解いていこう

単語の意味は、傍線部だけではなく、文章の前後のつながりを意識して解答することが大切。

例題1

ここでは「**是**」という基本的な語が問われているが、よく知っていると思って軽く見てはいけない。「是」は品詞によって次のように読み方が異なる。

(1)　**［代名詞］**　**これ・ここ**　　(2)　**［名詞］**　**ぜ**

「ぜ」と読む時は〈**正しいこと**〉という意味で、この場合、その前後に対立語の「**非**《ひ》〈＝**誤り**〉」があることが多く、それが理解のヒントになる。今回も傍線部直後に「非」があるので、解答は明らかだろう。〈この言葉が正しいことのようで間違っているのは、……〉という意味の文である。

しかし、実際の入試では①「このこと」を選ぶ受験生が多かった。［代名詞］の読み方だと勘違いしたことが原因だろう。基本的な語といっても、複数の意味があることを踏まえて、前後の文脈をしっかりと確認するようにしよう。

なお、「是」は「**於**《おイテ》レ**是**「ここ」ニ」〈＝そこで〉」と「**是**「ここ」ヲ**以**《もつテ》」〈＝こういうわけで〉」の形で出てくることが多い。よく問われるので必ず覚えておくこと。

例題2

「親」は、現代語で〈親しくする〉〈両親〉などの意味でよく使われるために、何割かの受験生は、直前の「己ノ」と続けて「己の親〈＝私の両親〉」と解釈し、⑤「両親が」を選んでしまった。しかし、それまでの文脈に合わないし、その後両親が関係する展開にもなっていない。選択肢を選んだら再度の**文脈理解**を心がけるべきだ。

今回「親」は「経ルコト二患難ヲ一」の直前にある。語句問題で語順が「?+用言」の時は?が**副詞**であることが多い。副詞の「親」には現代語の「親展《しんてん》〈＝受取人自身が自分で封を開けること〉」「親政《しんせい》〈＝天皇がみずから政治を行うこと〉」のように〈みずから・自分から・自分で直接に〉という用法がある。また、ここは牢獄《ろうごく》での生活を経たあとの蘇文忠公のセリフ。傍線部直前の「己ノ」の「ノ」は、下の動詞「経ル」につながるので《主格》の用法。「私の」ではなく「私が」と訳す。「経ルコト二患難ヲ一」の「患難」は〈獄中生活における苦しみ〉を指していて、〈獄中での苦しみを経験して〉という意味になる。

①副詞の「親」の用法、②私（蘇文忠公）が獄中生活を経験したことの二点を踏まえれば、〈私が獄中生活の

苦しみを**みずから**経験することが……〉という意味だとわかる。

ステップ3　選択肢を検討する

例題1

× ①　「是」の意味ではあるが、直後の「非」との対比が押さえられていない。

× ②・③・④　「是」の意味にはない。

○ ⑤　「是」の意味であり、あとの「非」とのつながりとも合う。

↓正解〔⑤〕

例題2

× ①　「親」の意味にはないし、文脈にも合わない。

× ②・③　〈親しくする〉の意味で解釈した選択肢とも考えられるが、文脈に合わない。また、〈近づく・慣れる〉は動詞。

○ ④　「親」の意味であり、文脈にも合致。

× ⑤　この場合、「己ノ親」で〈自分の両親〉という解釈になるが、「患難」を経験したのは蘇文忠公自身。文脈に合わない。

↓正解〔④〕

ワンポイントアドバイス

問われている語の意味を考える時に、選択肢を単純に当てはめて、何となく意味が通ったものを選ぶというレベルでは、安定して得点することはできない。**正しい知識や文脈理解に基づいて解く**のが大切なのである。

漢文で必要とされる重要語はたった200語ちょっと。古文や英語に比べて、はるかに少ないのだから、嫌がらずに覚えよう。

※参考『漢文 句形とキーワード』（Z会）

漢文
1
語句問題

書き下し文

例題1

此《こ》の言是《げんぜ》に近《ちか》くして非《ひ》なるは、……

例題2

蘇《そ》文忠公獄《ぶんちゆうこうごく》を出《い》でてより後《のち》、……一《いつ》の生《い》けるものをも宰殺《さいさつ》せず。自《みづか》ら謂《い》へらく、「……己《おのれ》の親《みづか》ら患難《くわんなん》を経《ふ》ること、鶏鴨《けいあふ》の庖厨《はうちう》に在《あ》るに異《こと》なる無《な》きに因《よ》りて、……」

全訳

例題1

この言葉が正しいことのようで間違っているのは、……

例題2

蘇文忠公は牢獄《ろうごく》を出たあと、……一匹の生き物も食肉にするために殺さなかった。自分から言うことには、「……自分がみずから苦しみを経験したこと〈＝思い〉は、ニワトリやアヒルが台所にいること〈＝思い〉と異なるところがないのだから、……」

(2)語句の読み問題

目のつけどころ！……目のつけどころをチェック……

1 漢文特有の重要語の読みを押さえる。

(1)読み方がほぼ一つに決まっている語　➡知っていれば一発で解ける。

例 **固**＝もとヨリ（08年度・本）　**乃**＝すなはチ（07年度・本）　**窃**＝ひそカニ（08年度・追）

★中でも副詞はよく問われる。読み方が決まっている副詞を確認しておこう。

↓プラス1（p122）

(2)複数の読みがある語　➡知識＋文脈判断が必要。

例 **且**＝①かツ　②しばラク　③まさニ（～ントす）（07年度・追）

安＝①いづクンゾ　②いづクニカ（07年度・本）

負＝①そむク　②おフ　③たのム（05年度・本）

2 それほど重要でない語は文脈重視で考える。

例 **度**＝はかル（06年度・本）　**借**＝かス・かリル（06年度・追）　**質**＝ただス（05年度・本）

例題1

遂命ジテ二（注）童子ニ一起キテ而逐《お》ハシムレ之ヲ。

（注）童子――召使いの少年。

問　傍線部「遂」の読み方として最も適当なものを、次の①～⑤のうちから一つ選べ。

①　つひに　②　すでに　③　さらに　④　ことに　⑤　ただちに

例題2

隋《ずい》ノ田《でん》（注1）・楊《やう》与二鄭《てい》法《はふ》士《し》（注2）一倶ニ以テレ能クスルヲレ画ヲ名アリ。

（注）1　田・楊――田僧亮《でんそうりょう》と楊契丹のこと。ともに隋代の画家。

2　鄭法士――隋代の画家。

問　傍線部「与」の読み方として最も適当なものを、次の①～⑤のうちから一つ選べ。

①　あづかりて　②　より　③　くみして　④　と　⑤　あたへて

ステップ1　目のつけどころをチェック

例題1

1　漢文特有の重要語

(1) **読み方がほぼ一つに決まっている語**

↓「**遂**」は直後に動詞「命《ジテ》」があるので**副詞**。副詞なら基本的には読みは一つに決まっている。

例題2

1　漢文特有の重要語

(2) **複数の読みがある語**

↓「**与**」は複数の読みをもつ重要語。**文脈**から最適な読み方を考えよう。

ステップ2　こう解いていこう

例題1

副詞の読みはよく問われる。ここで問われている「**遂**」も、直後に「命《ジテ》」という動詞が使われているので副詞。「**つひニ**」という読みになる。漢文では頻出の基本語なのでしっかり押さえておこう。

なお、もし「遂」が動詞なら「遂《と》ぐ」と読み、〈やり遂げる〉という意味になる。

例 **遂**《とグ》レ意《いヲ》。 訳 思いを**遂げる**。

例題２

「**与**」は複数の読みをもつ最重要語。主に次の四つの用法がある。

a **与**レ〜動詞／**与**二〜一動詞　読み＝**と**　…「―」と「〜」は**並列**の関係。

b **与**動詞　読み＝**ともニ**　…副詞の用法。aと違って「与」に返り点は付かない。

c **与**レ〜／**与**二〜一　読み｛**あたフ**　…〈与える〉の意味の時。／**あづかル**　…〈関係する〉の意味の時。／**くみス**　…〈肩入れする・味方する〉の意味の時。｝

d **与**二其ノ〜一、…　読み＝**よりハ**　…選択の句形。下に「寧《むしロ》―」といった形がくることが多い（↓p224）。

ここでは、「隋ノ田・楊**与**二鄭法士一倶ニ以テレ能クスルヲレ画ヲ名アリ」と返り点が付いているので、aとcの形にあたる。さらに、直前の「田・楊」と直後の「鄭法士」が同じ画家で**並列**の関係なので、aの「**と**」の読みだと考えよう。訳してみると、〈隋の田僧亮・楊契丹は鄭法士**と**ともに絵をうまく描けることで名声があった〉となり、自然な現代語訳である。よってaの読みだとわかるだろう。

ステップ3　選択肢を検討する

例題1

○ ①「遂」の副詞の読み方として正しい。
× ②「遂」ではなく「已・既」の読み。
× ③「遂」ではなく「更」の読み。
× ④「遂」ではなく「殊〈＝格別だ〉」の読み。
× ⑤「遂」ではなく「直」の読み。

➡正解［①］

例題2

× ①「あづかりて〈＝関係して〉」では文脈に合わない。
× ②ここの「与」は選択の句形ではない。
× ③「くみして〈＝味方して〉」では文脈に合わない。
○ ④ここでの「与」の読み方・用法として正しい。
× ⑤「あたへて」では文脈に合わない。

➡正解［④］

ワンポイントアドバイス

例題1は副詞か否かを見抜くのが最大のポイント。
副詞は、**「副詞＋動詞」**の語順になっていることが多い。

例
（副）（動）
遂《つひニ》語《かたル》二夫人ニ一。
訳 **結局**夫人に話した。

（副）（動）
親《みづかラ》録《ろくス》二因《しう》徒《とヲ》一。
訳 **自分から**囚人を調べた。

（副）（動）
与《ともニ》亡《ほろビン》矣。
訳 **一緒に**滅びるだろう。

書き下し文

例題1 遂《つひ》に童子《どうし》に命《めい》じて起《お》きて之《これ》を逐《お》はしむ。

例題2 隋《ずい》の田《でん》・楊《やう》鄭法士《ていはふし》と倶《とも》に画《ぐわ》を能《よ》くするを以《もつ》て名《な》あり。

全訳

例題1 その結果、召使いの少年に命令して起こして、これ〈＝鼠《ねずみ》〉を追い払わせた。

例題2 隋の田僧亮・楊契丹は鄭法士とともに絵をうまく描けることで名声があった。

プラス 1

■「読み」でねらわれやすい副詞

語	読み	意味	例文
愈〻	**いよいよ**	ますます	学力**愈〻**進ム。 ㊫学力《がくりょく》**愈〻**《いよいよ》進《すす》む。 ㊙学力が**ますます**身につく。
自	**おのづかラ**	自然と	心目**自**ラ明ラカナリ。 ㊫心目《しんもく》**自ら**《おのづか》明《あき》らかなり。 ㊙心も目も**自然と**はっきりとする。
	みづかラ	自分から	為《つく》リレ琴ヲ、**自**ラ以テ為ス二天下之美一ト也。 ㊫琴《こと》を為《つく》り、**自ら**《みづか》以《もつ》て天下《てんか》の美《び》と為《な》すなり。 ㊙琴を作り、**自分から**（その琴を）天下の名器だと思った。
前・向	**さきニ** **さきノ**	以前に 以前の	**向**ノ礫礫《たくたく》タル者。 ㊫**向の**《さき》礫礫《たくたく》たる者《もの》。 ㊙**以前の**カリカリという音。
数〻	**しばしば**	何度も	**数〻**対シテ二群臣一ニ称ス。 ㊫**数〻**《しばしば》群臣《ぐんしん》に対《たい》して称《しょう》す。 ㊙**何度も**群臣に向かって誉めた。
具	**つぶさニ**	こと細かに	敏中**具**ニ対《こた》フ。 ㊫敏中《びんちゅう》**具に**《つぶさ》対《こた》ふ。

			㊎敏中は**こと細かに**返答した。
果	**はたシテ**	思った通り	**果**シテ召レス参ヲ。 ㊕**果**《はた》**して**参《さん》を召《め》す。 ㊎**思った通り**曹参《そうさん》を呼び寄せた。
甚・太	**はなはダ**	とても	**甚**ダ急ニ、趁《おフ》二大舟一ヲ。 ㊕**甚**《はなは》**だ**急《きふ》に、大舟《たいしう》を趁《お》ふ。 ㊎**とても**急いで、大きな舟を追う。
私・窃	**ひそカニ**	こっそりと	**私**カニ以テ二爾ノ食ヲ一饋《おくル》レ之ヲ。 ㊕**私**《ひそ》**かに**爾《なんぢ》の食を以《もつ》て之《これ》を饋《おく》る。 ㊎**こっそりと**お前の食料を与える。
幾・殆	**ほとンド**	ほぼ	仲不二**幾**ンド負《そむ》カレ叔ニ一乎。 ㊕仲《ちゆう》**幾**《ほと》**んど**叔《しゆく》に負《そむ》かずや。 ㊎管仲《かんちゆう》は**ほぼ**鮑叔《ほうしゆく》に背いているのではないか。
方	**まさニ**	ちょうど	**方**ニ候《ま》ツ二朝官ヲ一。 ㊕**方**《まさ》**に**朝官《てうくわん》を候《ま》つ。 ㊎**ちょうど**朝廷の役人を待っている。
尤	**もつとモ**	とりわけ	**尤**モ在ル二於敏一ニ也。 ㊕**尤**《もつと》**も**敏《びん》に在《あ》るなり。 ㊎（学問で重視すべきものは）**とりわけ**「敏」（な態度）にある。

2 書き下し文問題

傍線部の書き下し文を問う問題。あわせて、返り点の付け方や解釈が問われることも多く、基本である句形の理解が重要となる。

正解へのプロセス……目のつけどころをチェック……

1 最重要句形を確認する。

⬇ 書き下し文問題では、**複数の句形**が含まれている文が多く問われ、それぞれの句形を読み取れるかがカギとなる。

★頻出の重要句形

(1) **再読文字**　(2) **使役**
(3) **否定**　(4) **疑問・反語**

2 重要語句がきちんと踏まえられているかを確認する。

3 句形と用言とのつながりや、接続の仕方（送り仮名や接続詞）を意識する。

この種の問題での最大のポイントは1。また、句形の理解がきちんとできていなければ、そもそも漢文を読むことすら難しい。そこでここでは、よく出題される重要句形四つを、例題を解きながら確認していく。

(1)再読文字

一つの文字を一文中で二回読むものを「**再読文字**《さいどくもじ》」と呼ぶ。

■再読文字の読み方——再読文字は、［1］まず**返り点を無視して**副詞として読み（右側の読み）、［2］そのあとで**返り点に従って**助動詞（または動詞）として再び読む（左側の読み）。

■書き下し方——［1］の時は漢字仮名交じりで、［2］の時は仮名で書き下す。

例　食①　**且**《まさ》ニ《す》②④レ尽キント③。　→　食《しょく》**且**《まさ》**に**尽《つ》きん**とす**。

訳食糧は**今にも**尽きて**しまうだろう**。

■再読文字一覧　※—のあとの（　）は、—の活用語尾を意味する。

再読文字	書き下し文	意味
将《まさ》《す》（且《まさ》《す》）ニ二—（未然）ント一	将《まさ》（且《まさ》）に—んとす	《意志・推量》—しようとする・今にも—するだろう
当《まさ》《べ》（応《まさ》《べ》）ニシ二—（終止）一	当《まさ》（応《まさ》）に—べし	《義務・当然》—するべきだ・—するはずだ・—にちがいない
須《すべか》《べ》ラク二—（終止）シ一	須《すべか》らく—べし	《必要》—する必要がある
宜《よろ》《べ》シク二—（終止）シ一	宜《よろ》しく—べし	《勧誘》—する方がよい
未《いま》《ず》ダ二—（未然）一	未《いま》だ—ず	《否定》まだ—しない
猶《な》ホ《ごと》シ二—ノ・ガ一	猶《な》ほ—の・がごとし	《比況》まるで—のようだ
盍《なん》ゾ《ざ》ル二—（未然）一	盍《なん》ぞ—ざる	《勧告》どうして—しないのか、—すればよいのに

★とくに「**将・且**」と「**当・応**」は**最頻出**。読み方の違いをまず押さえよう。

漢文
2
書き下し文問題

例題

然則学レ杜《と》（注）者当ニ何如一而可。

（注）杜――ここでは唐代の詩人である杜甫《とほ》の詩を指す。

問　傍線部の書き下し文として最も適当なものを、次の①～⑤のうちから一つ選べ。

① 然らば則ち杜を学ぶ者は何れのごときに当たらば而《すなは》ち可ならんや
② 然らば則ち杜を学ぶ者は当に何如ぞ而ち可とせんや
③ 然らば則ち杜を学ぶ者は当に何れのごとくにすべくんば而ち可なり
④ 然らば則ち杜を学ぶ者は当に何如なるべくんば而ち可なるか
⑤ 然らば則ち杜を学ぶ者は何如に当たりて而ち可ならんか

ステップ1　目のつけどころをチェック

1　重要句形
→再読文字「**当**」があることに着目。「まさニ―ベシ」という読みになっているかを確認する。

2　重要語句
→「**何如**」の読みが重要。

ステップ2 こう解いていこう

1 「**当**」の再読文字の読みは「**まさニ―ベシ**」。「将・且」としっかり区別して覚えておこう。

当・応　**まさニ ― ベシ**　〈**―するべきだ**〉
将・且　**まさニ ― ントす**　〈**―しようとする**〉

「当」の読み「**まさニ ― ベシ**」、とくに「**ベシ**」に注目して、選択肢を絞ると③・④になる。

補足 「当」は、再読文字以外に「当タル二～ニ一〈＝～に相当する〉」という用法がある。注意しよう。

2 「何如」は**一続きに読む**重要語。通常は「**いかん**」と読み、〈どうだ〉という意味になる。今回の選択肢で一続きに読んでいるものは②・④・⑤だ。（①・③は「何」と「如」の間に「何れの」という送り仮名が入っている。）

ステップ3　選択肢を検討する

× ①「当」を再読文字として読んでおらず、また、「何如」を一続きの語として読んでいない。

× ②「当二何如一而可」の部分が返り点に従って読めていないし、再読文字「当」の二回目の読みも不適切。正しくは「何如」の直後に「べし」と読む。

× ③「当」の再読文字としての読み方は正しいが、「何如」を一続きの語として読んでいない。

○ ④「当」を再読文字として読み、「何如」を一続きの語として読んでいる。

× ⑤「当」を再読文字として読んでいない。

➡正解［④］

ワンポイントアドバイス

「当」が問われたら、まずは再読文字と考える。ただ、文脈上、再読文字の意味では不適切と思ったら、「…に当たる」と読もう。

例　罪当レ死。

罪当《まさ》に死ぬべし。【再読】

→「死ぬ」のが「罪」になってしまうので×。

罪　死に当たる。【再読以外】

→死罪に相当するという意味で○。

書き下し文

然《しか》らば則《すなは》ち杜《と》を学《まな》ぶ者《もの》は当《まさ》に何如《いか》なるべくんば而《すなは》ち可《か》なるか。

全訳

それならば杜甫の詩を学ぶ者はどのようであるべきならばよいのか。

(2) 使役

「**使役**」の句形とは、ある人が**誰かに何かをさせる句形**のこと。

「使《し》〔令《し》〕ム二～ヲシテ―（未然）一」が最重要な使役の句形。「**ヲシテ**」という送り仮名は**使役の対象**【「使ム」（使役の助動詞）と「用言」の**間にある名詞**】にだけ付く。

また、「使《し》む・令《し》む」は助動詞。書き下し文のルール「**助動詞・助詞は平仮名で書く**」に従い、「**しむ**」と書く。

■使役の句形一覧

	使役の句形	書き下し文	意味
A	使《し》〔令《し》〕ム二～ヲシテ―（未然）一	～**をして**―**しむ**	～**に**―**させる**
B	**教**《をしヘテ》レ～二―（未然）シム **遣**《つかハシテ》レ～ヲ―（未然）シム **命**《めいジテ》レ～二―（未然）シム	～に教《をし》へて―**しむ** ～を遣《つか》はして―**しむ** ～に命《めい》じて―**しむ**	～に教えて―**させる** ～を派遣して―**させる** ～に命令して―**させる**
C	―（未然）**シム**	―しむ	―させる

※Bの「教」と「遣」は、Aの「使」と同じ使い方をし、「しむ」と読むこともある。

例題

【ここまでの内容】
楚《そ》の人は虎《とら》のことを「老虫《ろうちゅう》」と言い、姑蘇《こそ》の人は鼠《ねずみ》のことを「老虫」と言った。「余（私）」は楚の人で、鼠を虎と勘違いして驚いた。

嗟《あ》嗟《あ》、鼠冒《をかシ》二老虫之名一ヲ、至使余驚錯欲走。

問 傍線部「至使余驚錯欲走」の返り点の付け方と書き下し文の組合せとして最も適当なものを、次の①〜⑤のうちから一つ選べ。

① 至㆘使㆓余驚錯㆒欲㆖走　余をして驚錯せしめ走《に》げんと欲するに至る
② 至㆑使㆓余驚錯欲㆒㆑走　余をして驚錯して走げんと欲せしむるに至る
③ 至㆑使㆓余驚錯㆒欲㆑走　余をして驚錯せしむるに至り走げんと欲す
④ 至㆘使㆓余驚錯㆒欲㆖走　余をして驚錯せしめ走げんと欲せしむるに至る
⑤ 至㆑使㆓余驚錯欲㆒走　余をして驚錯せんと欲せしむるに至りて走ぐ

ステップ1 目のつけどころをチェック

1 重要句形
→「**使**ム㆓〜ヲシテ―（未然）㆒」の句形が使われている。

2 句形と用言とのつながり
→文意から使役〈〜させる〉の意味を帯びる「**用言**」を確認する。

ステップ2 こう解いていこう

1 まずは「**使**」に着目。すべての選択肢が「余をして」となっていることから、これは「**使**ム㆓〜ヲシテ―（未然）㆒」の句形である。しかしこの知識だけで選択肢を絞ることはできない。ここで**3**が重要となる。

3　書き下し文では、句形と、その中で使われる**用言とのつながり**がポイントとなることが多い。ここでは、助動詞「使」の意味〈～させる〉がどの動詞にまで掛かるのか、ということ。まず次のルールを押さえよう。

> ★助動詞のあとに用言が複数ある時は、**最後の用言から助動詞に読み上がれば、助動詞とその用言との間にあるすべての用言は、助動詞の意味を帯びる**ことになる。
>
> 例　主人**使**《ム》下猿《ヲシテ》**登**《リ》レ木《ニ》**求**《メ》二其之実《ヲ》一**与**《ヘ》上己《ニ》。
> （a＝登、b＝求、c＝与）
>
> 書　主人猿《しゆじんさる》をして木《き》に**登《のぼ》り**其《そ》の実《み》を**求《もと》め**己《おのれ》に**与《あた》へしむ**。
>
> 訳　主人は猿に木に**登らせ**其の実を**求めさせ**自分に**与えさせた**。
>
> ※a・bに使役の助動詞を付けず、cの動詞から使役の助動詞に読み上がっても、a・bの動詞に使役の意味が施される。
>
> ※反対にa・bに使役の読みを与えてはいけない。

選択肢を見てみると「驚錯せ・驚錯し」となっていることから、「驚錯」は「驚錯す〈＝驚きあわてる〉」と読むサ変動詞だと理解できる。また、「欲」は直下の動詞と連動して、「欲《ス》レ―(未然)ント〈＝―しようとする〉」という一つの動作を示す重要語（**2**）。これを踏まえ選択肢を見ると、今回は「欲《ス》レ走《にゲント》」と読むことがわかる。あとは傍線部直前の〈鼠が老虫（＝虎）の名を偽った〉という事実が、どのような動作を「余〈＝私〉」にさせたかを考える。すると「驚錯」させたと同時に「欲レ走〈＝逃げよう〉」とさせたことが理解できる。「欲」から使役の「使」に読み上がれば、「使」と「欲」の間にある動詞「驚錯す」にも使役の意味が与えられるので、ここは「驚錯して走げんと欲せしむ」と読むことになる。
※先ほど説明したように、「驚錯」に「しむ」を付けてはいけない。

ステップ3　選択肢を検討する

×　①「驚錯」にしか使役の意味が掛かっていない。

○　②「欲」から「使」に読み上がることで、「驚錯」にも使役の意味を掛けている。

×　③「驚錯」にしか使役の意味が掛かっていない。

×　④「驚錯」から助動詞「使」に読み返ったあとで、「驚錯」よりも下にある「欲レ走」に使役の読みを与えることはない。

×　⑤「欲」は「欲《ス》レ―（未然）ント」の形をとる語なので、「驚錯欲」を「驚錯せんと欲せ……」とは読めない。

→正解【②】

ワンポイントアドバイス

「①と④の返り点が共通だからどちらかが正解だ！」と考えた人はいないだろうか？　しかし実際の答えは②である。

試験はゲームではない。多数決で選択肢を絞るクセはなくそう。あくまでも句形の知識や文脈の理解が大事なのである。

書き下し文

嗟嗟《ああ》、鼠《ねずみ》老虫《らうちゆう》の名《な》を冒《をか》し、余《よ》をして驚錯《きやうさく》して走《に》げんと欲《ほつ》せしむるに至《いた》る。

全訳

ああ、鼠が老虫〈＝虎〉の名を偽り、私を驚きあわてさせ逃げ出そうとさせるに至ったのだ。

(3) 否定

「否定」の句形とは、動作や事柄を否定する句形のこと。

「**単純否定**」の読みと訳を基本として、「**特殊否定**」「**二重否定**」「**部分否定**」などが使われていないかを確認していこう。また、否定の句形ごとの**送り仮名**を意識することや、他に使われている**句形とのつながり**を意識することも重要だ。

■否定の句形一覧

○単純否定

	句形	書き下し文	意味	ポイント
a	不《ず》〔弗《ず》〕二―（未然）一	―ず	―しない	a～cの返り点は「レ―」でも同じ。
b	非《あらズ》二―ニ一	―に非《あら》ず	―ではない	b「非ず」の直前には必ず「に」が付く。
c	無《な》〔莫《な》〕シ二―一	―無《な》〔莫《な》〕し	―はいない・―はない	c「莫」は「莫《な》し」が基本。「莫《な》かれ」は例外。

○特殊否定

	句形	書き下し文	意味	ポイント
d	不《ず》二敢《あヘテ》―（未然）一	敢《あ》へて―ず	決して―しない	d強い否定。反語で「敢《あヘテ》不《ざラン》二―（未然）一乎《や》」〈＝必ず―する〉という用法もある。
e	無《なク》二AZト一―	AZと無《な》く―	AからZまで区別なく、すべて―する	e「A・Z」とは、〈端から端まですべて〉というニュアンス。
	無《なク》レAト無《なク》レZト―	Aと無《な》くZと無《な》く―		
f	不《ず》レ可《ベカラ》レ勝《たフ》二―（連体）ニ一	―に勝《た》ふべからず	―し尽くすことはできない	e・fは二種類の読み方がある。
	不《ず》レ可《ベカラ》二勝《あゲテ》―（終止）一	勝《あ》げて―べからず		

漢文 2 書き下し文問題

○二重否定――否定語（**不・無・非**など）が二回連続で使われ、肯定表現となる。

【☆二～△レ―】グループ　※☆・△には否定語が入る。

	句形	書き下し文	意味	ポイント
g	未《いまダ》《ず》二嘗《かつテ》不《ずンバアラ》レ―（未然）	未《いま》だ嘗《かつ》て―ずんばあらず	今まで―しなかったことはない ［意訳］以前から―している	g 下の「不」の送り仮名の「ンバアラ」が大切。
h	無《なシ》二～不《トシテ》《ざルハ》レ―〔無《なキハ》〕	～として―ざるは無《な》し〔無《な》きは〕	～で―しないことはない ［意訳］どんな～でも―する	e「～」に付く「トシテ」の送り仮名が大切。

【☆レ△レ―】グループ

	句形	書き下し文	意味	ポイント
i	無《なシ》レ不《ざルハ》レ―〔非《あらザルハ》〕	―ざるは無《な》し〔非《あら》ざるは〕	―しないことはない ［意訳］すべて―する	i「無」が上にある二重否定は「―」を強調（すべて―）。
j	非《あらズ》レ不《ざルニ》レ―〔無《なキニ》〕	―ざるに非《あら》ず〔無きに〕	―しないのではない ［意訳］少しは・確かに―する	j「非」が上にある二重否定は「―」を限定的に強調（少しは―）。
k	不《ず》レ可《べカラ》レ不《ざル》レ―（未然）	―ざるべからず	―しなければならない	k「―しない」ことを「不レ可《カラ》」で禁止する用法〈＝義務〉。

○部分否定――「不二□ハ―一」の形が基本。〈―するとは限らない・―するわけではない〉などと訳す。

※□には副詞が入る。

	句形	書き下し文	意味
ℓ	不《ず》二常《つね》ニハ―（未然）一	常《つね》には―ず	いつも―するとは限らない
m	不《ず》二甚《はなは》ダシクハ―（未然）一	甚《はなは》だしくは―ず	はなはだしく―するとは限らない
n	不《ず》二尽《ことごと》クハ―（未然）一	尽《ことごと》くは―ず	全部―するとは限らない
o	不《ず》二必《かなら》ズシモ―（未然）一	必《かなら》ずしも―ず	必ずしも―するとは限らない
p	不《ず》二復《ま》タ―（未然）一	復《ま》た―ず	もう二度と―しない

ポイント

ℓ～nは副詞に「ハ」を付ける。

o「必」には「ズシモ」という送り仮名が付く。訳し方は、ℓ～nと同じ。

p「復」の読みは「まタ」。訳は〈それ以前には経験したが、それ以降は決してしなかった〉というニュアンス。

例題

不下復以二口腹之故一、致上使三有生之類受二無量怖苦一耳。

問　傍線部の書き下し文として最も適当なものを、次の①～⑤のうちから一つ選べ。

①　復《ま》た口腹の故を以てするも、有生の類の無量の怖苦を受くる使ひを致さざるのみと

②　復《かへ》るに口腹の故を以て、有生の類をして無量の怖苦を受けしむるを致さざるやと

③　復た口腹の故を以て、有生の類をして無量の怖苦を受けしむるを致さざるのみと

④　復るに口腹の故を以てするも、有生の類の無量の怖苦を受けしむるを致さざるのみと

⑤　復た口腹の故を以て、有生の類をして無量の怖苦を受くる使ひを致さざるやと

ステップ1　目のつけどころをチェック

1　重要句形

A「**不**下**復**」に着目。「**部分否定**」の句形「**不**《ず》二**復**《また》―（未然）一」となっていることを確認する。

B「**使**」に着目。使役の句形「**使**《しム》二［名詞］《ヲシテ》［用言］（未然）一」を疑う（↓p129）。

C文末の「耳」は「限定」の句形（↓p225）。

ステップ2　こう解いていこう

A　「復」に着目し、部分否定「**不**二**復**《また》―（未然）一」の句形であることを確認する。この句形は、読み・意味ともに**最頻出**。「復」の読みは「**また**」。意味は、〈それまではすることもあったが、**もう二度としない**〉である。

B　(2)「**使役**」で確認したように「使」が使われている場合は、「**使**《しム》二［名詞］《ヲシテ》［用言］（未然）一」の並びかどうかを確認する（↓p129）。選択肢には「有生の類をして」とあるので、確認すると、

使三有生之類（名詞）受（動詞）二無量怖苦一耳

となり、「**使**《しム》二［名詞］《ヲシテ》［用言］（未然）一」の使役の句形に無理なく当てはまることがわかる。

C　文末の「**耳**」は「**のみ**」と読み、〈だけ〉という意味を表す「限定」の句形（↓p225）。

ステップ3　選択肢を検討する

× ① 使役の読みになっていない。

× ② 「復」と「耳」の読みが誤り。

○ ③ 「復」・使役の句形・「耳」、すべて正しく読めている。

× ④ 「復」の読みが誤り。また、使役の「ヲシテ」も読めていない。

× ⑤ 「使」を使役の助動詞として読んでいない。また、「耳」の読みも誤り。

↓**正解**［③］

ワンポイントアドバイス

今回は、単純に知識として句形の読みを知っていれば正解を導ける。しかし「句形の知識だけで解ける！」と思っても、それで訳してみて文脈にマッチしていなければダメ。どのような問題であっても文脈を意識する基本スタイルを忘れないことが重要なのである。

書き下し文

復《ま》た口腹《こうふく》の故《ゆゑ》を以《もつ》て、有生《いうせい》の類《たぐひ》をして無量《むりやう》の怖苦《ふく》を受《う》けしむるを致《いた》さざるのみと。

全訳

二度と食欲を理由として、生命あるものにはかりしれない恐怖と苦痛を受けさせることをしないだけだ、と（言った）。

プラス1

■部分否定と全部否定

p135の表で示した部分否定には、それぞれ全部否定が存在する。部分否定と全部否定の理解は漢文の語順を意識するとわかりやすい。※漢文は、**上にある語が下の文意に影響を与える**ことが原則。

○部分否定――「不」が〔　〕の上にあるので、〔　〕内の意味合いを**否定する。**

不〔副詞ハ動詞〕　例 **不二常ニハ**飲一マ酒ヲ　＝　not〔いつも酒を飲む〕

↓**いつも**酒を飲む｛**とは限らない**／**というわけではない**｝

○全部否定――「副詞」が〔　〕の上にあるので、〔　〕内の意味合いを**副詞の訳**で強調する。

副詞〔不レ動詞〕　例 **常ニ不レ**飲マレ酒ヲ　＝　**いつも**〔酒を飲まない〕

↓**いつも**酒を飲ま**ない**

注意！「不必」「不復」の部分否定

⑴**「必」の部分否定**

送り仮名は「**ズシモ**」。「～ハ」ではない。

なお、反語では「何ゾ**必ズシモ**―（未然）ン」と使う。意味は〈どうして必ずしも―することがあろうか、いや必ずしも―するわけではない〉となり、**「不二必ズシモ―一」と同じ意味合いになる。**反語の方が、より強調しようという筆者の意思が含まれる。

⑵**「復」の部分否定**

送り仮名は「**タ**」。「ハ」は付かない。

訳は他の部分否定とは違い、「**もう二度と（再びは）―しない**」と、再度経験することを否定する。

なお、全部否定の「復タ不二―一」という用例はとても少ないが、出た時は、「今度もまた―しない」と訳そう。〈まだ一度も―していない〉という意味合い。

(4) 疑問・反語

「**疑問**」は、**単純**に何かを**問う**時の句形 ——→ よって、多くの場合、**直後に返答がある**。

「**反語**」は、**自分の主張を強調して述べる**時の句形 → よって、めったに**直後の返答はない**。

■**疑問と反語の識別**——文末の活用形に着目→ {「**連体形**（＋か・や）」なら**疑問**。 「**未然形＋ン**（＋や）」なら**反語**。}

■**反語訳のコツ**——「**ン**」の付いた語の意味と**反対**のことを強調し、〈**—だろうか、いや—（はずが）ない**〉と訳す。

例 **好**《マン》レ利《ヲ》乎《や》。 ＝ 利益を好む**だろうか**、**いや**好ま**ない**（好む**はずがない**）。
→「好」の反対の「**不**レ**好**《マ》」ということを強調。

例 **不**《ざラン》レ好《マ》乎《や》。 ＝ 好まないだろうか、**いや**好まない**はずがない**。
→「不レ好《マ》」の反対の「**好**《ム》」ということを強調。

■**疑問・反語の句形一覧**　※□には、疑問詞の訳語が入る。

疑問の句形	書き下し文	意味
—（連体）…乎《か》。	—か。	—するのだろうか。
疑問詞—（連体）…乎《か》。	疑問詞—か。	□—するのだろうか。
疑問詞—（連体）…。	疑問詞—。	□—するのだろうか。

反語の句形	書き下し文	意味
—（未然）ン…乎《や》。	—んや。	—することがあろうか、いや—（はずが）ない。
疑問詞—（未然）ン…乎《や》。	疑問詞—んや。	□—することがあろうか、いや—（はずが）ない。
疑問詞—（未然）ン…。	疑問詞—ん。	□—することがあろうか、いや—（はずが）ない。

■**疑問詞**――疑問・反語の句形とセットで使われる主な**疑問詞**は次の通り。

why	what	where	how
何《なんゾ》・安《いづクンゾ》・豈《あニ》・何《なん》為《すレゾ》・何以《なにヲもつテ(カ)》 如何《いかん》〔奈何《いかん》・若何《いかん》〕《ゾ》……。 ※「いかんゾ」は文頭にある。	何《なにヲ(カ)》	安《いづクニ(カ)》・何処《いづレノところニ(カ)》	……何如《いかん》〔何奈《いかん》・何若《いかん》〕。 ※文中 or 文末にある。
どうして～ どのように～	何を～	どこで～	……はどうだ。

when	who	which	how to
何時《いづレノときニ(カ)》	誰《たれ》〔孰《たれ》〕《カ》	何《いづ》〔孰《いづ》〕《レ(カ)》	……如何《いかん》〔奈何《いかん》・若何《いかん》〕《セン》。 ※文中 or 文末にある。
いつ～	誰が～	どちらが～	……はどうしようか。

■**疑問の終助詞**――疑問・反語の句形の末尾にくる助詞のこと。英語の『?』のような意味合い。
「乎」が代表的だが、それ以外の語がくることもある。

?
……乎《か・や》。 ……耶《か・や》。……邪《か・や》。 ……也《か・や》。……哉《か・や》。
【疑問の場合】基本は「**か**」と読む ↓ 文末に読む用言の「**連体形**」の下に付く。 ※例外…「**や**」と読む場合は、疑問詞に「**ゾ**」が付く時や、用言の**終止形**の下に付く時。 【反語の場合】必ず「**や**」と読む ↓ 文末に読む用言の「**未然形＋ン**」の下に付く。

※「**也**」「**哉**」は「…**也**（**なり**）。」で〈**断定**〉、「…**哉**（**かな**）。」で〈**詠嘆**〉を表すのが基本。
ただし「**疑問詞**……**也**。」「**疑問詞**……**哉**。」の時は「乎」と同じ用法。「**や・か**」と読み、『**?**』の意味合い。

例題

孔子《ハ》大聖人《ナレドモ》而不二自《ラハ》聖《トセ》一。故《ニ》……曰《フハ》二「（注）好《ミ》レ古《いにしへヲ》、敏《ニシテ》以《テ》求《メタル》レ之《ヲ》者《ナリト》一。」則其求レ之也、曷嘗不レ貴ニ於敏一乎。

（注）好レ古、敏以求レ之者――『論語』述而《じゅつじ》篇に見える孔子の言葉。「敏」とは、進んで学ぼうとする態度を指す。

問　傍線部「則其求レ之也、曷嘗不レ貴ニ於敏一乎」について、（ⅰ）書き下し文・（ⅱ）その解釈として最も適当なものを、次の各群の①～⑤のうちから、それぞれ一つずつ選べ。

（ⅰ）
① 則ち其の之を求むるなり、曷《なん》ぞ嘗て敏より貴ばざらんや
② 則ち其の之を求むるなり、曷ぞ嘗て敏を貴ばざるや
③ 則ち其の之を求むるや、曷ぞ嘗て敏より貴ばざるや
④ 則ち其の之を求むるや、曷ぞ嘗て敏を貴ばざらんや
⑤ 則ち其の之を求むるや、曷ぞ嘗て敏に貴ばれざらんや

（ⅱ）
① そうだとすると、孔子が古《いにしえ》の教えを追求するに当たって、どうして「敏」により貴ばれなかったことがあろうか。
② それだからこそ、孔子は古の教えを追求したのであるが、どうして「敏」よりも貴ばなかったことがあろうか。

③　そうだとすると、孔子が古の教えを追求するに当たって、どうして「斂」を貴ばなかったことがあろうか。

④　それだからこそ、孔子は古の教えを追求したのであるが、なぜ「斂」を貴ばなかったのであろうか。

⑤　そうだとすると、孔子が古の教えを追求するに当たって、なぜ「斂」よりも貴ばなかったのであろうか。

ステップ1　目のつけどころをチェック

1　重要句形

↓文末の「**乎**」に着目。(i)書き下し文の選択肢により「曷」は「**なんゾ**」と読む疑問詞とわかり、「**疑問・反語**」の句形と考える。

2　重要語句

↓「**也**」は重要助詞。「…也、—。」と文中にある点に着目する。

ステップ２　こう解いていこう

1 ステップ1で確認したように、見慣れない「曷」は書き下し文の選択肢により「**曷《なん》ぞ**」と読む疑問詞と判断でき、文末に「**乎**」があることから、「**曷《なんゾ》―乎**」という「**疑問**」または「**反語**」の句形だとわかる。

「疑問」か「反語」かは、**文脈により判断する**のが鉄則だ。傍線部を含んだ段落は、筆者が「大聖人」である「孔子」の姿勢を説明している箇所。単純に何かを問いかけているのではなく、孔子の学ぶ姿勢について筆者の考えを主張している部分なので、「**反語**」だと理解できる。

よって文末は、書き下し文では「**―んや**」、解釈では「**―ことがあろうか（、いや―ない）**」となる。

2「也」は通常「**強調・断定**」を表し、**文末**なら「**なり**（…也《なり》。）」、**文中**なら「**や・は**（…也《や・は》、―。）」と読む。ただし、その文中に**疑問詞**があると、「乎」と同じ『?』の意味となって「**か・や**（疑問詞…也《か・や》。）」と読む（→p140）。

今回の設問では、「也」は**文中**にある。読み方は「なり」ではなく「**や・は**」だと判断できる。

(ii)を解くにあたり、傍線部前の内容も確認しておく。

孔子が「不㆓自ラハ聖㆒トセ」と自分のことを分析したのは、〈聖人とは違って私はまだまだ未熟だから、精進しなければならない〉といったことを述べるため。だからこそ昔の教えを「敏」な態度〈＝進んで学ぼうとする態度〉で追求していると言っている。ここから傍線部「貴㆓於敏㆒」は、〈孔子は敏を貴んでいた〉と述べていることがわかる。

ステップ3　選択肢を検討する

(i)

× ①　文中の「也」の読み方が違う。また「敏より貴ばざらん」では、「敏」より貴ぶべきものがあることになり、文脈に合わない。

× ②　文中の「也」の読み方が違う。また、文末が「**連体形**＋や」で反語の読みになっていない。

× ③　文末が「**連体形**＋や」で反語の読みになっていない。

○ ④　「也」も反語も正しく読めており、文意も〈敏を貴んだ〉で文脈に合っている。

× ⑤　「貴ばれざらんや」の「れ」は受身表現なので、これでは〈敏に孔子が貴ばれる〉となり意味不明。

↓**正解**　［④］

ワンポイントアドバイス

(i)　「也」の読みの理解だけで、選択肢の①・②が削れる。ここでそのルールをもう一度整理しておこう。

「也」の用法

○強意〈＝『！』〉の読み

「……也。」→**文末**は「**なり**」

「…也、―。」→**文中**は「**や・は**」

○疑問・反語〈＝『？』〉の読み

「**疑問詞**…也。」→「**か・や**」

(ii)

× ① 反語表現だが、「貴ばれ」という受身訳では文脈にそぐわない。

× ② 反語表現だが、「『敏』よりも」という比較訳では文脈に合わない。これだと孔子は「敏」よりも「古の教え」を貴んでいたことになる。

○ ③ 反語表現となっており、文脈にも沿っている。

× ④ 文末が疑問表現なので誤り。

× ⑤ 文末が疑問表現なので誤り。また、比較の訳出も今回の文脈に合わない。

正解 [③]

ワンポイントアドバイス

(ii) 「置き字」の「於」は、「受身（①）」、「比較（②・⑤）」の意味をその文に付加させることがある。普通は直前の用言の特徴をヒントに識別する。

基本＝動詞ニ**於**―ニ・ヲ

受身＝動詞ニ(未然)ル・ラル**於**―ニ

（ル・ラル：受身の助動詞）

比較＝形容(動)詞ニ**於**―ヨリ(モ)

（形容(動)詞：優劣をイメージさせる語）

※今回のように本文に送り仮名がない場合は、文脈から考えていく。

書き下し文

孔子《こうし》は大聖人《だいせいじん》なれども自《みづか》らは聖《せい》とせず。故《ゆゑ》に……「古《いにしへ》を好《この》み、敏《びん》にして以《もつ》て之《これ》を求《もと》めたる者《もの》なり。」と曰《い》ふは則《すなは》ち其《そ》の之《これ》を求《もと》むるや、曷《なん》ぞ嘗《かつ》て敏《びん》を貴《たつと》ばざらんや。

全訳

孔子は偉大な聖人であるけれども自分から（自分のことを）聖人とはしなかった。だから……「昔（の教え）を好んで、『敏』の態度で〈＝進んで〉このこと〈＝昔の教え〉を追求している者である。」と言っているのは、そうだとすると孔子がこれ〈＝昔の教え〉を追求するにあたって、どうして「敏」を貴ばなかったことがあろうか、いや貴ばなかったことはない〈＝貴んだはずである〉。

3 解釈問題

傍線部の現代語訳を問う問題。 **2**の書き下し文問題で一緒に問われることもあるが、解釈だけが問われることも多い。

正解へのプロセス ……目のつけどころをチェック……

1 主語を確認する。

2 重要句形や重要語句を確認する。

3 文脈を利用してあやふやな部分を明確にする。

例題1

【ここまでの内容】

筆者が夜寝ていると鼠《ねずみ》が机で何かをかじる音がする。鼠が書物をかじることを心配した筆者は、鼠をあれこれ追い払おうとするがうまくいかない。

時ニ貍奴《りど》（注1）乳《やしな》ハル二別室一ニ。胡子《こ》（注2）度《はか》ル二鼠之不レルヲ能レハ去ル也《や》、於レイテ是ニ命二童子（注3）一取二貍奴一置二臥内（注4）一。由レリ是レニ向《さき》之礫礫《たくたく》（注5）タル者寂トシテ不レ聞コエ矣。

（注）1　貍奴――猫の別称。
2　胡子――この文章の筆者胡儼《こげん》の自称。
3　童子――召使いの少年。
4　臥内――寝室。
5　礫礫――鼠がかじる音。

問　傍線部「命二童子一取二貍奴一置二臥内一」の解釈として最も適当なものを、次の①～⑤のうちから一つ選べ。

①　童子が胡子の猫を受け取って、寝室の中へ閉じ込めた。
②　童子が胡子の猫をけしかけて、寝室の鼠を捕まえさせた。
③　胡子が童子に指示して、寝室の中で猫を捕まえさせた。
④　胡子が童子の猫をけしかけて、寝室の鼠を捕まえさせた。
⑤　胡子が童子に指示して、飼っていた猫を寝室に移させた。

漢文　3　解釈問題

ステップ1　目のつけどころをチェック

1 主語を確認

↓傍線部を含む文全体を確認してみると、文頭に「**胡子**」とある。

2 重要句形・重要語句を確認

↓「**命**」に着目。使役の句形「**命**《めいジテ》レ名詞二用言（未然）シム」を疑う（↓p129）。

3 文脈を利用

↓「貍奴〈＝猫〉」を何の目的でどうしたか考える。

ステップ2　こう解いていこう

1 傍線部を含む文全体を見ると「**胡子**度ル二鼠之不レルヲ能ハ去ル也、……」とあるので主語は「**胡子**」。

2 「**命**」に着目して、使役の句形を疑い、次のように当てはめよう。

使役の句形　↓　**命**《めいジテ》レ　名詞二　＝　用言（未然）シム

傍線部　↓　**命**二童子一　＝　取二貍奴一置二臥内一

ここから、胡子が童子に何かを命じたことがわかる。その内容は文脈と合わせて考えていく。

3 傍線部までの内容を踏まえると、**胡子は鼠を追い払いたくても追い払えない状況**だとわかる。一方で別室に「貍奴〈＝猫〉」がいると書かれているのだから、胡子は**その猫を使って鼠を追い払おう**と考えついたのだと判断できるだろう。よって、鼠を追い払うために、胡子は童子に命じて「取二貍奴一置二臥内一」ということをさせたことになる。これを踏まえて、傍線部に送り仮名を振ると次の通り。

命二　童子一（名詞）　取二（動詞）　貍奴一　置二（動詞）　臥内一

↓

命ジテ二童子ニ一取リテ二貍奴ヲ一置カシム二臥内ニ一

※「取」と「置」の両方に使役の意味をもたせたい場合は、あとの「置」だけ「シム」を付ければよい（↓ｐ131）。

訳は〈童子に命令して猫を連れて来させ、寝室に置かせた〉となる。

なお、例題冒頭にある**【ここまでの内容】**は実際の試験では漢文の文章だ。きちんと漢文として前後の文脈が理解できるように、漢文の文章に慣れておこう。

ステップ３　選択肢を検討する

× ①・②　主語が「童子」となっているので誤り。

× ③　一見正しいように見える。確かに「指示して」までは合っているが、「猫を捕まえさせた」は「取二貍奴一置二臥内一」の部分とそぐわない。

× ④　「童子の猫」が誤り。「猫」が童子の飼い猫かどうかは

ワンポイントアドバイス

○**選択肢で迷ったら　その１**

選択肢で迷うのは宿命である。そんな時は、判断に迷うような選択肢間の微妙な表現の違いよりも、**ハッキリと異なる表現**に目を向け、どちらがより

漢文 3 解釈問題

わからない。また、「猫をけしかけて」「鼠を捕まえさせた」に当たる語も傍線部にはない。

○　⑤　主語・使役の句形・文脈、どれもきちんと押さえられている。

⬇正解　[⑤]

本文に即した表現内容か検討する。
今回では③と⑤で迷うと思うが、異なる表現は「猫を捕まえさせた」と「猫を寝室に移させた」。自分のカンで判断せず、**本文に沿った表現はどちら**かを考えれば、正解は⑤に決まる。

書き下し文

時《とき》に貍奴《りど》別室《べつしつ》に乳《やしな》はる。胡子《こし》鼠《ねずみ》の去《さ》る能《あた》はざるを度《はか》るや、是《ここ》に於《お》いて童子《どうし》に命《めい》じて貍奴《りど》を取《と》りて臥内《ぐわない》に置《お》かしむ。是《こ》れに由《よ》り向《さき》の磔磔《たくたく》たる者《ものじやく》寂として聞《き》こえず。

全訳

その時、猫が別室で飼われていた。胡子は鼠を取り去ることができないと考え、そこで召使いの少年に命令して猫を連れて来させ寝室に置かせた。これによって以前のカリカリという（鼠がかじる）音はひっそりとして聞こえなくなった。

例題2

仲（注1）相レタルハ斉ニ、叔《しゆく》（注2）薦レムレバ之ヲ也。……桓《くわん》（注3）公《こう》毎《つねニ》質《ただ》ス二之ヲ鮑《はう》（注4）叔《しゆくニ》一。鮑叔曰ハク、「公必ズ行ヘト二

夷《い》（注5）吾《ご》之言ヲ一。」叔不二惟ダニ薦レムルノミナラ仲ヲ、又能ク左二右スルコト之ヲ一如レシ此クノ。

（注）1　仲——管仲《かんちゅう》のこと。斉の宰相。
2　叔——鮑叔《ほうしゅく》のこと。春秋時代の斉の重臣。管仲との交友関係は「管鮑の交わり」として知られる。
3　桓公——斉の君主。　4　之——政治上の事柄を指す。　5　夷吾——管仲のこと。

問　傍線部「叔不二惟薦一レ仲、又能左二‐右之一如レ此」の解釈として最も適当なものを、次の①〜⑤のうちから一つ選べ。

①　鮑叔は管仲を宰相に推薦しただけでは心配で、このように自らもまた桓公を通じて政治に関与していたのである。

②　鮑叔が管仲を宰相に推薦しただけではなく、このように管仲もまた鮑叔のことを気づかうことができたのである。

③　鮑叔は管仲を宰相に推薦しただけでは心配で、このように管仲が道を踏みはずさぬように導いてもいたのである。

④　鮑叔が管仲を宰相に推薦しただけではなく、このように管仲もまた鮑叔と権力をわけあうことができたのである。

⑤　鮑叔は管仲を宰相に推薦しただけではなく、このように見えないところでうまく管仲を補佐してもいたのである。

ステップ1　目のつけどころをチェック

2 重要句形・重要語句を確認

↓「**不**二**唯**《ダニ》薦《ムルノミナラ》レ仲《ヲ》、……」に着目する。また、「**左右**」という語句も重要。

3 文脈を利用

↓傍線部直前までの話の展開を理解する。

ステップ2　こう解いていこう

2 「**不**二**唯**《ダニ》薦《ムルノミナラ》レ仲《ヲ》、……」は、「**累加**《るいか》」の句形「**不**《ず》二**惟**《たダニ》～《ノミナラ》一、—。」（↓p225）。これは、〈**単に～だけではなく、—もした**〉という意味。

また、「左右」は、通常は名詞で〈側近〉の意味。しかしここでは「左右《スルコト》」と送り仮名が付いて動詞として使われているので、〈側近〉ではうまくいかない。そこで **3** が大切になる。自分が知っている単語知識にこだわるよりも、実際の文章展開を踏まえて考える習慣をもつようにしよう。

3 冒頭に「仲相《タルハ》レ斉《ニ》、叔薦《ムレバ》レ之《ヲ》也」とあり、管仲が宰相になれたのは鮑叔の推薦があったからだと述べられている。ここから傍線部前半の「薦《ムル》」とは〈鮑叔が管仲を宰相に推薦した〉ということ。

また、傍線部直前で、鮑叔は桓公に「公《ハ》必《ズ》行《ヘト》二夷吾之言《ヲ》一」と、管仲の言葉に従うよう忠告して、管仲を裏で支えている。ここから「左二右《スルコト》之《ヲ》一」は、〈鮑叔が管仲をサポートする〉といった意味だとわかる。

なお、名詞の〈側近〉から〈偉い人に仕える者↓サポートする／補佐する〉と連想することもできるだろう。

ステップ3　選択肢を検討する

× ①「だけでは心配で」が累加形の訳と異なっている。「政治に関与」も「左右スルコト二之ヲ一」の解釈として不正確。

× ②「管仲もまた」が誤り。ここの文脈では、主語は前半と後半で変わらない。

× ③「だけでは心配で」が累加形の訳ではない。

× ④「管仲もまた」が誤り。また、「左右スル」は「権力をわけあう」という意味ではない。

○ ⑤ 累加形も押さえられているし、「管仲を補佐してもいた」も文脈に合っている。

↓**正解**［⑤］

ワンポイントアドバイス

今回は累加の句形を知っているだけで①・③が削れる。累加形「**不二唯ダニ**～ノミナラ一、—」のポイントは次の通り。

(1)**送り仮名**

「**ノミナラ**」の送り仮名が大切。

(2)**訳**

後半の「—」に力点が置かれている。英語の「not only ～, but also —」と同じニュアンス。

書き下し文

仲《ちゅう》斉《せい》に相《しゃう》たるは、叔之《しゅくこれ》を薦《すす》むればなり。……桓公毎《くわんこうつね》に之《これ》を鮑叔《はうしゅく》に質《ただ》す。鮑叔《はうしゅく》曰《い》はく、「公《こう》は必《かなら》ず夷吾《いご》の言《げん》を行《おこな》へ」と。叔惟《しゅくた》だに仲《ちゅう》を薦《すす》むるのみならず、又能《またよ》く之《これ》を左右《さいう》すること此《か》くのごとし。

全訳

管仲が斉で宰相であるのは、鮑叔が彼〈＝管仲〉を推薦したからである。……桓公はいつもこのこと〈＝政治上の事柄〉を鮑叔に質問していた。鮑叔は言った、「王は必ず管仲の言うことを行いなさい」と。鮑叔は単に管仲を推薦しただけでなく、また彼〈＝管仲〉を補佐することもこのようにできたのである。

漢文　3　解釈問題

4 内容把握問題

傍線部を中心にして傍線部の周辺や本文全体の内容を考えていく問題。傍線部だけの理解にとどまらないので注意しよう。

正解へのプロセス……目のつけどころをチェック……

1 本文の中心テーマを確認する。

⬇ 「大学入学共通テストの漢文とはどういうものか」（↓p98）で確認した「**国家の繁栄（君主・臣下の役割）**」「**個人の姿勢**」などといった、本文の大まかなテーマを押さえる。

2 傍線部前後や、傍線部を含む段落全体を丁寧に読み取り、前後の段落とのバランスも考える。

⬇ 傍線部の理解だけでなく、傍線部と段落との関係や段落相互の関係を考えた上で、傍線部の内容を理解する。

3 背景知識や漢文常識も踏まえて考える。

⬇ （注）や漢文が書かれた時代の背景知識、漢文の常識などを踏まえていると、より正確に解答できる。

例題1

吾ガ郷ノ銭明経(注1)善クス二詩賦ヲ一(注2)。毎歳督学(注3)ノ科歳(注4)ニ試ミルニ二古詩ヲ一、銭ハ必ズ冠軍(注5)タリ。一歳題ハ為リ二天柱(注6)ノ賦一。銭入ルレ場ニ(注7)時、飲ムコトレ酒ヲ過ギレ多キニ、竟ニ大酔シ、入ルニレ号ニ(注8)輒《すなは》チ酣《かん》睡《すい》ス。同ジクスルレ試ヲ者疾《にく》ミ二其ノ毎レ試ニ居ルヲレ首ニ、不二肯《あ》ヘテ呼ビテレ之ヲ使メレ醒《さ》メ。有リテ三納巻者(注9)ノ過グル二其ノ傍《かたは》ラヲ一、乃チ告グレ之ニ。銭始メテ瞢然《ぼうぜん》(注10)タルモ、已ニ無シレ及ブ矣。卒爾トシテ問ヒレ題ヲ、書ス二七言絶句一首ヲ一。

（注）
1　銭明経――人名。
2　賦――韻文の一種。長編を原則とする。
3　督学――官名。官吏を登用するための予備段階の試験において出題や採点を管轄した責任者。
4　科歳――科試と歳試。ともに官吏登用のための予備段階の試験のこと。
5　冠軍――成績最上位者。
6　天柱――神話の中に出てくる、天を支えているという柱。
7　場――試験の会場。
8　号――試験場の中にある受験者用の小さな個室。
9　納巻者――答案を回収する係の役人。
10　瞢然――ぼんやりすること。

問　傍線部「已無レ及矣」の前後の状況を説明したものとして最も適当なものを、次の①～⑤のうちから一つ選べ。

① 銭明経は、仲間が起こしてくれなかったことにあきれたが、もう仕方がないので、ひとまず題を尋ね絶句を書いた。

② 銭明経は、はじめ事態が飲み込めなかったが、自分以上の実力者はいないので、落ち着いて題を尋ね絶句を書いた。

③ 銭明経は、試験が終了間近なことにようやく気づいたが、もう時間がないので、いそいで題を尋ね絶句を書いた。

④ 銭明経は、当初気が動転したが、解答用紙を取り戻すことはできないので、あわてて題を尋ね絶句を書いた。

⑤ 銭明経は、酒のために意識が朦朧《もうろう》としていたが、後悔してもはじまらないので、強引に題を尋ね絶句を書いた。

ステップ1　目のつけどころをチェック

1　中心テーマ

↓文頭に着目。「銭明経」という人物が主人公で、詩の才能に長《た》けていたことがわかる。ここから彼の詩の才能に関する話が本文の中心テーマと押さえる。

2 傍線部前後を把握

→設問指示にあるように、傍線部の前後を丁寧に読み解くことが要求されている。「銭明経」という人物に関するエピソードの流れを押さえよう。

ステップ2 こう解いていこう

1 主人公が冒頭で紹介される場合、まずその人物の特徴が述べられ、そして、あとに続くエピソードは、その特徴を反映した話となることが多い。

ここでは、銭明経という人物が詩の才能に長けていたことが冒頭で紹介されているので、そのあとの話は、彼の詩の才能を裏付けるようなエピソードになっているだろうと考える。

2 傍線部は、銭明経の具体的なエピソードの中にあるので、その流れを押さえる必要がある。

> 詩を得意とした銭明経は、泥酔状態で試験に臨み、すぐに熟睡してしまった。その後、試験終了直前に答案回収係の役人から起こされた銭明経は、始めはぼんやりとしていたが、もう間に合わないことに気づき（已ニ無シレ及ブ矣）、急いで（卒爾トシテ）課題を確認して七言絶句を書いた。

以上がエピソードの概要。波線部が傍線部前、二重傍線部が傍線部後の内容である。傍線部後で長編の詩である「賦」ではなく、短い「七言絶句」（→p194）を書いたところからも、銭の焦りが読み取れるだろう。

なお、この話は、試験終了直前に即席で詩が書けるほどの銭明経の才能を紹介したもの。ここでは省略したが、このあと、この詩が受験者の中で一番に選ばれる。

ステップ3　選択肢を検討する

× ①「起こしてくれなかったことにあきれた」とあるが、そのような記載は本文にはない。また「ひとまず」も傍線部後の「卒爾《トシテ》」のニュアンスと合わない。

× ②「落ち着いて」が「卒爾《トシテ》」と矛盾する。また「自分以上の実力者はいないので」に当たる表現も本文にない。

○ ③前後の文脈に合っている。

× ④「気が動転した」は、「瞢然」の（注10）の訳と食い違う。また「解答用紙を取り戻す」とあるが、解答用紙が取り上げられたなどという話はどこにも書かれていない。

× ⑤「酒のために意識が朦朧として」は「瞢然」を受けた表現と考えることができるかもしれないが、「後悔してもはじまらない」とは書かれていない。また、「強引に」も「卒爾《トシテ》」の意味からずれる。

↓正解［③］

ワンポイントアドバイス

○選択肢で迷ったら　その2

あやふやな表現で迷う選択肢はひとまず置いておこう。まずは、ハッキリと誤りだとわかる選択肢から消去していくという「消去法」をとるのがよい。あとは残ったものをよく比較して吟味すること。

ちなみにここでは②と④が明らかな間違い選択肢。

書き下し文

吾《わ》が郷《きやう》の銭明経《せんめいけい》 詩賦《しふ》を善《よ》くす。毎歳督学《まいさいとくがく》の科歳《くわさい》に古詩《こし》を試《こころ》みるに、銭《せん》は必《かなら》ず冠軍《くわんぐん》たり。一歳《いつさい》題《だい》は天柱《てんちゆう》の賦《ふ》たり。銭《せん》場《じやう》に入《い》る時《とき》、酒《さけ》を飲《の》むこと多《おほ》きに過《す》ぎ竟《つひ》に大酔《たいすい》し、号《がう》に入《い》るに輒《すなは》ち酣睡《かんすい》す。試《し》を同《おな》じくする者《もの》其《そ》の試毎《しごと》に首《しゆ》に居《を》るを疾《にく》み、肯《あ》へて之《これ》を呼《よ》びて醒《さ》めしめず。納巻《なふくわん》の者《もの》其《そ》の旁《かたは》らを過《す》ぐる有《あ》りて、乃《すなは》ち之《これ》に告《つ》ぐ。銭始《せんはじ》め瞢然《ぼうぜん》たるも、已《すで》に及《およ》ぶ無《な》し。卒爾《そつじ》として題《だい》を問《と》ひ、七言絶句一首《しちごんぜつくいつしゆ》を書《しよ》す。

全訳

私の故郷の銭明経は詩賦が得意だった。毎年、督学の科歳の試験では古詩を出題すると、銭は必ず首席であった。ある年、課題は「天柱の賦」であった。銭は試験会場に入った時、飲酒しすぎて、とうとう泥酔し、試験会場の個室に入るとすぐに熟睡してしまった。試験を同じく受けている者はその試験の度に（銭が）首席になるのを憎んで、進んで彼〈＝銭〉に声を掛けて目覚めさせようとはしなかった。答案を回収する役人で彼〈＝銭〉の横を通り過ぎる者がいて、そこで（試験時間がもうすぐ終わることを）彼〈＝銭〉に告げた。銭は（起こされた）始めのうちはぼんやりとしていたが、すでに（長編となる賦を）作り及ぶ（時間の）余裕はなかった。（そこで銭は）急いで課題を尋ねて、七言絶句一首を書いた。

例題 2

【前段落の内容】
管仲は旧知の仲である鮑叔《ほうしゅく》（注1）の推薦によって斉の宰相に着任できた。その後も鮑叔は君主の桓公《かんこう》に「管仲の言う通りにしなさい」と助言して、陰でも管仲を補佐した。

及《ビ》二仲寝《ヌルニ》レ疾《ニ》、桓公詢《はかルニ》以《テシ》二政柄《ノ》所《ヲ》レ属《しよくスル》、且《ツ》問《フ》二鮑叔之為《リヲ》レ人《ト》。対《ヘテ》曰《ハク》、「鮑叔《ハ》君子也。千乗之国（注2）、《モ》不《レバ》レ以《テセ》二其《ノ》道《ヲ》一、予《あたフルモ》レ之《ヲ》不《ル》レ受《ケ》也。雖《モ》レ然《リト》、其《ノ》為《リハ》レ人《ト》好《ミテ》レ善《ヲ》而悪《にくムコト》レ悪《ヲ》已《はな》‐甚《はだシク》、見《レバ》二一悪《ヲ》一、終身不レ忘《レ》、不《ト》レ可《カラ》二以《テ》為《ス》レ政《ヲ》。」仲不二幾《ほとんド》負《カ》レ叔乎《ニや》。不《ル》レ知《ラ》丁此《レ》正《ニ》所《ゆゑ》丙以《んナルヲ》護《まもリテ》二鮑叔之短《ヲ》一而保《ツ》乙鮑叔之令名《ヲ》甲也。叔之知《ルハ》レ仲《ヲ》世知《ルモ》レ之《ヲ》、孰《カ》知《ラン》二仲之知《ル》レ叔《ヲ》之深《キコト》如《キヲ》レ是《クノ》耶《や》。

（注）1　鮑叔——春秋時代の斉の重臣。管仲との交友関係は「管鮑の交わり」として知られる。
2　千乗之国——兵車千両を出すことのできる大国。

問　傍線部「叔之知㆑仲世知㆑之、孰知㆓仲之知㆑叔之深知㆒是耶」とあるが、筆者の主張を説明したものとして最も適当なものを、次の①～⑤のうちから一つ選べ。

① 管仲と鮑叔の友情は世によく知られているけれども、政治に不向きであるという鮑叔の短所を長所に変えるすべを、管仲が桓公に伝えていたということまでは知られていない。

② 管仲と鮑叔の友情は世によく知られているけれども、鮑叔が不向きな政治にかかわって彼の功績を傷つけることのないよう、管仲が配慮していたことまでは知られていない。

③ 管仲と鮑叔の友情は世によく知られているけれども、千乗の国を治めうるほどの鮑叔の才能を管仲がねたんで、後継者として鮑叔を推薦しなかったことまでは知られていない。

④ 管仲と鮑叔の友情は世によく知られているけれども、管仲が鮑叔の短所を補って、彼の立場が悪くならないようにつねづね配慮していたということまでは知られていない。

⑤ 管仲と鮑叔の友情は世によく知られているけれども、管仲が鮑叔の長所を熟知したうえで、宰相の選任という国家の大事に適切に対処したことまでは知られていない。

ステップ1　目のつけどころをチェック

1　**中心テーマ**

→この文章は「臣下」の話。中でも、**臣下（管仲）の同僚（鮑叔）に対する接し方**が主題。

2 傍線部と段落の理解

→傍線部の内容理解から始まり、段落全体まで確認していく。

3 背景知識・漢文常識

→（注1）に注目。**「管鮑の交わり」**という故事成語が内容理解の大きなヒントとなる。

ステップ2 こう解いていこう

1 （注1）の**「管鮑の交わり〈＝きわめて親しい間柄〉」**からもわかるように、本文は、その故事成語のもとになった**管仲と鮑叔の友情**について述べられている（**3**）。この二人は桓公の臣下なので、中心テーマは、**臣下同士の接し方**だとわかるだろう。基本的に臣下の同僚に対する正しい接し方は、**〈相手を尊重し、その名誉が傷つかないように配慮する〉**とされる。似たテーマの文章が出ても役に立つ知識なので押さえておこう。

2 傍線部の内容は〈管仲がこれほど深く鮑叔を理解していたなど誰も知らない〉という意味。反語形**「孰《たれ》カ――（未然）ンや耶」**（→p139）が使われており、強い筆者の思いがうかがえる。

では管仲は鮑叔をどのように理解していたのか。この点について段落全体を見て考えていこう。

この段落は、〈鮑叔が管仲を宰相に推薦した〉という前段落と対比して、〈管仲が鮑叔を評価する場面〉となっている。しかし、ここで管仲は、〈鮑叔は君子（＝人徳者）なので、悪（＝不正）を見ると一生憎んでしまい、政治向きではない〉と述べており、鮑叔を政治家に推薦していない。管仲が、以前に自分を宰相に推薦した鮑叔を推薦しなかったのは、一見すると鮑叔に対する裏切りに見えるだろう。これを本文では、「仲不㆓幾ド負㆑カ叔ニ乎

〈＝管仲はほとんど鮑叔を裏切っているのではないか〉」と述べている。

しかし、そのあとの「不ルレ知ラ丁此レ正ニ所丙以《ゆゑん》ナルヲ護リテ二鮑叔之短ヲ一而保ツ乙鮑叔之令名ヲ甲也〈＝このことがまさに鮑叔の短所をかばい、鮑叔の名誉を守るためだったことを（世間の人は）わかっていない〉」や、**1**で確認した中心テーマを踏まえると、管仲が鮑叔を裏切ったという結論にはならない。もともと政治には善悪を分け隔てないようなところがあり、わずかな不正にも厳格な鮑叔には**政治家は不向き**だと言える。管仲が鮑叔を政治家に薦めなかったのは、そのような**不向きな政治家になり鮑叔の名誉が傷つくようなことがないようにするための配慮**だと考えられるだろう。

傍線部で〈管仲が鮑叔のことを深く理解している〉と述べたのは、こうしたことを受けてのことなのである。

ステップ3　選択肢を検討する

× ①「鮑叔の短所を長所に変える」が本文になく誤り。

○ ②「彼〈＝鮑叔〉の功績を傷つけることのないよう、管仲が配慮」とあり、正しい。

× ③「鮑叔の才能を管仲がねたんで」が本文にない記述。

× ④惜しいが、「管仲が鮑叔の短所を補って」が誤り。短所を「補う」とまでは述べられていない。

× ⑤「管仲が鮑叔の長所を熟知したうえで」が誤り。ここでは短所がポイント。

↓正解［②］

ワンポイントアドバイス

○選択肢で迷ったら　その３

選択肢の誤っている表現に×を付けたあと、複数の選択肢で迷ったら、ひとまず本文に戻ろう。その選択肢の内容が**本文のどこかできちんと述べられている**方が正解。ここだと、①・③・④がどれも本文にない内容である。

選択肢だけを見比べ、本文を無視して自分の感覚で答えてはダメ。

書き下し文

仲疾《ちゅうしつ》に寝《い》ぬるに及《およ》び、桓公《くわんこう》詢《はか》るに政柄《せいへい》の属《しょく》する所《ところ》を以《もっ》てし、且《か》つ鮑叔《はうしゅく》の人《ひと》と為《な》りを問《と》ふ。対《こた》へて曰《い》はく、「鮑叔《はうしゅく》は君子《くんし》なり。千乗《せんじょう》の国《くに》も、其《そ》の道《みち》を以《もっ》てせざれば、之《これ》を予《あた》ふるも受《う》けざるなり。然《しか》りと雖《いへど》も、其《そ》の人《ひと》と為《な》りは善《ぜん》を好《この》みて悪《あく》を悪《にく》むこと已甚《はなはだ》しく、一悪《いちあく》を見《み》れば、終身忘《しゅうしんわす》れず、以《もっ》て政《せい》を為《な》すべからず」と。仲幾《ちゅうほとん》ど叔《しゅく》に負《そむ》かずや。此《こ》れ正《まさ》に鮑叔《はうしゅく》の短《たん》を護《まも》りて鮑叔《はうしゅく》の令名《れいめい》を保《たも》つ所以《ゆゑん》なるを知《し》らざるなり。叔《しゅく》の仲《ちゅう》を知《し》るは世之《よこれ》を知《し》るも、孰《たれ》か仲《ちゅう》の叔《しゅく》を知《し》るの深《ふか》きこと是《か》くのごときを知《し》らんや。

全訳

管仲が病に伏した時、桓公は（管仲に）政治の実権を任せる人物を相談し、さらに鮑叔の性格を問うた。（管仲は）答えて、「鮑叔は人徳者です。兵車千両を出すことのできる大国でも、道理にかなっていなければ、それ〈＝兵車千両〉を与えても受け取らないのです。そうではありますが、彼の性格は善を好み悪を嫌悪することがはなはだしく、わずかな悪でも目にすると、死ぬまで忘れませんので、政治を行うのにふさわしくありません」と言った。（これは一見すると）管仲はほとんど鮑叔を裏切っているのではないか。（しかしこのような見方は）このこと〈＝管仲が鮑叔を宰相に薦めなかったこと〉がまさしく鮑叔の（政治に不向きであるという）短所をかばい、鮑叔の名誉を守るためであったことを（世間の人は）わかっていないのである。鮑叔が管仲を理解していたことは世間の人もよく知っているが、誰が管仲が鮑叔をこのように深く理解していたことを知っているだろうか、いや誰も知らない。

プラス 1

■重要な漢文常識

過去の出題では、漢文の常識を知っているだけで、文章理解の時間を何割か縮めることができる問題文がある。参考として以下に載せておくので確認しておこう。

05年度（本）	**管鮑《かんぽう》の交《まじ》わり**	管仲と鮑叔のように互いに相手を理解した変わらない友情。
08年度（追）	**温故知新《おんこちしん》**	古い事物を研究することで、新たな発見をすること。
09年度（本）	**臥薪嘗胆《がしんしょうたん》**	越王《えつおう》の勾践《こうせん》が呉王《ごおう》の夫差《ふさ》から受けた恥を忘れず、復讐《ふくしゅう》の気持ちを忘れないために自分に課した苦行。そこから、〈成功するためにあらゆる努力・苦労を重ねること〉を意味する。
10年度（本）	**盛唐《せいとう》の杜甫《とほ》**	目標とすべき詩人の代表例。
11年度（本）	**孔子《こうし》**	誰よりも謙虚に懸命に学ぶことに努めた、儒家《じゅか》の聖人。
	顔回《がんかい》と曾参《そうしん》	孔子の弟子。顔回は「仁《じん》〈＝思いやり〉」、曾参は「孝行《こうこう》」で有名。

○その他押さえておきたい漢文常識

白居易《はくきょい》……中唐の詩人。運命を受け入れた人生観・圧制政治への批判が特徴。

蘇軾《そしょく》……宋の詩人・文学者。どんな辛い環境でも気にしない楽天的な態度が特徴。

5 変則問題

年度によってさまざまな形式で内容の理解が問われる。ここでは、**(1)空欄補充問題、(2)主語判定問題、(3)指示語把握問題**を扱う。

(1)空欄補充問題

空欄に入る語句を選ばせる問題。

正解へのプロセス……目のつけどころをチェック……

1 選択肢から空欄に入る語を確認する。

2 本文の中心テーマと照らし合わせながら、本文全体の流れを確認する。

3 接続詞に注目して、空欄前後のつながりを押さえる。

例題

論ジテハ二為スレ学ヲ之道ヲ一、曰ヒレ遜《そん》ト曰フレ敏ト而已。遜トハ者欲シテ二其ノ謙退セント一而如クスルナリレ有ルガレ所レ不ル能ハ。敏トハ者欲シテ二其ノ進修セント一而如クスルナリレ有ルガレ所レ不ル及バ。退クハ則チ虚《むな》シクシテ而受ケレ人ニ、進ムハ則チ勤メテ以テ励マスナリレ己ヲ。

〈中略〉

苟シクモ徒《ただ》為シテ二自ラ卑《いや》シムルヲ一而不ルハレ思ハ三所二以ヲ自ラ強《つと》ムル一、是レ謂フ二知リテレ退クヲ而不トレ知ラレ進ムヲ。蓋シ［Ⅰ］雖モ二美徳ト一、然レドモ必ズ［Ⅱ］則チ有リレ功。由リテレ是ニ言ハバレ之ヲ、則チ為スレ学ヲ之道、所ハレ重ンズル尤モ在ル二於［Ⅲ］一也。

問　空欄［Ⅰ］・［Ⅱ］・［Ⅲ］に入る語の組合せとして最も適当なものを、次の①～⑤のうちから一つ選べ。

① Ⅰ 敏ハ　Ⅱ 敏ナラバ　Ⅲ 遜ニ
② Ⅰ 遜ハ　Ⅱ 遜ナラバ　Ⅲ 敏ニ
③ Ⅰ 敏ハ　Ⅱ 遜ナラバ　Ⅲ 遜ニ
④ Ⅰ 遜ハ　Ⅱ 敏ナラバ　Ⅲ 遜ニ
⑤ Ⅰ 遜ハ　Ⅱ 敏ナラバ　Ⅲ 敏ニ

ステップ1　目のつけどころをチェック

1　選択肢を確認

→選択肢から空欄に入る語は「遜」「敏」だとわかる。

2　中心テーマ・段落同士のつながりを確認

→本文冒頭から「遜」「敏」という語が取り上げられている。

→空欄が含まれる段落だけでなく、その前の段落の内容もヒントにして考える。

3　接続詞に注目

→Ⅱの前にある「**雖**《モ》……**然**《レドモ》」がポイント。

ステップ2　こう解いていこう

2　選択肢から、空欄に入る語は「遜」と「敏」だとわかる（**1**）。本文冒頭でこの二語は登場しており、その意味を定義するところから話が展開している。ここから、本文の中心テーマは「遜」「敏」だとわかる。

また、同じく冒頭の段落内容を見てみると、「遜」とは〈謙虚であること〉で「退《ク》」と言い換えられており、「敏」は〈進んで学ぶこと〉で「進《ム》」と言い換えられている。

3 Ⅱの前にある逆接の接続詞「**雖**《いへどモ》」「**然**《しかレドモ》」に注目しよう。

本文 ＝ Ⅰ**雖**《モ》美徳《ト》、**然**《レドモ》必《ズ》Ⅱ則《チ》有《リ》功。

訳 ＝ Ⅰは美徳である**が、しかし**Ⅱならば必ず功績がある。

となっているのだから、ⅠよりもⅡが重要だとわかる。

さらに「所《ハ》重《ンズル》尤《もっとモ》在《ル》於Ⅲ」からⅢが最重要だとわかる。ここから空欄Ⅰ〜Ⅲの関係を示すと、

Ⅰ ＜ Ⅱ ＝ Ⅲ

となる。また、この段落の冒頭に「徒《ダ》為《シテ》自《ラ》卑《シムルヲ》而不《ルハ》思《ハ》所以《ヲ》自《ラ》強《ムル》、是《レ》謂《フ》知《リテ》退《クヲ》而不《ト》知《ラ》進《ムヲ》」とあり、筆者は〈自分を卑下するだけで、みずから努力する方法を考えないのは、「退《ク》〈＝遜〉」を理解して「進《ム》〈＝敏〉」を理解していないようなものだ〉と述べている。ここから、筆者は謙虚である態度の「遜」よりも「敏」を重視しているとわかる。よってⅠには「遜」、Ⅱ・Ⅲには「敏」が入る。

ステップ3 選択肢を検討する

× ①・②・④ Ⅰ≠Ⅱ＝Ⅲとなっていないので誤り。

× ③ Ⅰ≠Ⅱ＝Ⅲとはなっているが、「遜」と「敏」が反対。

○ ⑤ Ⅰ≠Ⅱ＝Ⅲとなっており、文脈に沿って正しく「遜」「敏」の語が入っている。

⬇正解［⑤］

ワンポイントアドバイス

空欄補充問題は、空欄に入る語の品詞によって着眼点が変わる。

○**名詞・用言 → 内容・文脈**重視

○**副詞・助詞 → 句形の知識**重視

品詞は選択肢を見て判断しよう。今回はすべて名詞で、文脈理解がポイントとなっている。

書き下し文

学《がく》を為《な》すの道《みち》を論《ろん》じては、遜《そん》と曰《い》ひ敏《びん》と曰《い》ふのみ。遜《そん》とは其《そ》の謙退《けんたい》せんと欲《ほっ》して能《あた》はざる所《ところ》有《あ》るがごとくするなり。敏《びん》とは其《そ》の進修《しんしう》せんと欲《ほっ》して及《およ》ばざる所《ところ》有《あ》るがごとくするなり。退《しりぞ》くは則《すなは》ち虚《むな》しくして人《ひと》に受《う》け、進《すす》むは則《すなは》ち勤《つと》めて以《もっ》て己《おのれ》を励《はげ》ますなり。

〈中略〉

苟《いや》しくも徒《た》だ自《みづか》ら卑《いや》しむるを為《な》して自《みづか》ら強《つと》むる所以《ゆゑん》を思《おも》はざるは、是《こ》れ退《しりぞ》くを知《し》りて進《すす》むを知《し》らずと謂《い》ふ。蓋《けだ》し遜《そん》は美徳《びとく》と雖《いへど》も、然《しか》れども必《かなら》ず敏《びん》ならば則《すなは》ち功《こう》有《あ》り。是《これ》に由《よ》りて之《これ》を言《い》はば、則《すなは》ち学《がく》を為《な》すの道《みち》、重《おも》んずる所《ところ》は尤《もっと》も敏《びん》に在《あ》るなり。

全訳

学問を行う方法を論じて、「遜」と言い「敏」と言っているだけである。「遜」とは謙虚であろうとしても（まだ）できていないところがあるようだと考えることだ。「敏」とは進んで学ぼうとしても（まだ）十分でないところがあるようだと考えることだ。「退く」とは（心を）空にして人から（教えを）受けることで、「進む」とは努力して自分自身を激励することである。

〈中略〉

もしただ自分から（自分を）卑下するだけで自分から努力する方法を考えないならば、それは「退くこと」を理解して「進むこと」を理解していないというものだ。思うに「遜」は美徳であるが、しかし「敏」であれば必ず（学問上の）功績がある。このことから言えば、学問を行う方法で、重要なものはとりわけ「敏」にあるのである。

プラス 1

■接続詞と助詞

接続詞・助詞を絡めた設問の出題が過去には多くみられる（とくに逆接）。ここで、それぞれの特徴を押さえておこう。

a　助詞は【書き下し文問題】で重要。適切な送り仮名を選ぶ。

b　接続詞は【内容（文脈）把握】でとくに力を発揮する。

順接の接続詞（そして）	**逆接の接続詞**（しかし）	**逆接の助詞**（～なのに）	**条件の助詞**（～だから）（～ならば）	**順接の助詞**（～して）	**主語を表す送り仮名**（～ことは）
而《しかシテ》 而《しかうシテ》 ※文脈によっては逆接の意味になることもある。	而《しかレドモ》 而《しかルニ》 而《しかモ》 雖《いへどモ》レ―ト 〈―と言ってもしかし〉	～ドモ ～ニ ～モ	～バ	～テ ～シテ	～コト ～（コト）ハ

(2) 主語判定問題

傍線部における行為が誰の行為なのかを問う問題。

正解へのプロセス　……目のつけどころをチェック……

1 場面や時間軸が変わると話の内容も切り替わる。

⬇ **ストーリー中心の文章**の場合、途中で別の場面に切り替わることがある。その場面に登場する人物に絞って選択肢を検討しよう。

2 本文の中心テーマ・筆者の主張を意識する。

⬇ **抽象的・客観的な分析をしている文章**の場合は、筆者の主張や分析に関わる人物に注目する。

3 (注) の人物説明や、人物の言い換えに注意する。

4 固定した言い回しに着目する。

例 **ストーリー文によく出てくる言い回し**

①「**対**《こたヘテ》　**曰**《いはク》」〈＝答えて言った〉は目下から目上への**返答**。

②「**諫**《いさメテ》　**曰**《いはク》」〈＝忠告して言った〉は目下から目上への**意見**。

5 セリフの主《ぬし》の判別は、セリフ内容を見て判断する。

6 主語の変化を起こしやすい助詞・接続詞に着目する。

・助詞 → バ・ドモ・ニ・モ
　※「バ」＝条件〈～だから・～ならば〉／「ドモ・ニ・モ」＝逆接〈～なのに〉
・接続詞 → 而《しかレドモ》・而《しかルニ》・而《しかモ》

※ただし、70％ほどの確率。**すべてに当てはまるわけではない**ので注意。

例題

西施(注1)非《ザル》二能《ク》亡《ほろボスニ》レ呉《ヲ》也。而《しかルニ》後世以《テ》二亡国之罪《ヲ》一帰《スルハ》二之《ヲ》西施《ニ》一、過《あやまテリ》矣。使《もシ》呉王不下信《ジテ》二宰《さい》嚭《ひヲ》(注2)一殺《サ》中伍《ご》胥《しよヲ》(注3)上、内《ハ》修《メ》二国政《ヲ》一、外《ハ》備《ヘバ》二敵人《ニ》一、西施《ハ》一嬪《ひん》嬙《しやう》(注4)耳《ナレバ》、(ア)何《ヲカ》能《ク》為《サン》。当時以《テ》二句《こう》践《せん》(注5)之堅忍、種(注6)・蠡《れい》之陰計《ヲ》一、臥《ぐわ》薪《しん》嘗《しやう》胆《たんシ》、(イ)日《ひびニ》伺《フ》二其《ノ》後《ヲ》一。而《ルニ》乃《チ》(ウ)遠《ク》出《デ》二数千里《ニ》一、争《ヒ》(注7)二長《ヲ》黄池之間《ニ》一、搆《かまへ》(注8)二釁《きんヲ》艾《がい》陵《りよう》之上《ニ》一、窮《きはメ》(注9)レ師《ヲ》黷《けがシ》レ武《ヲ》、殆《ド》無《シ》二寧《ねい》歳《さい》一。越人乗《ジテ》二其《ノ》空虚《ニ》一而傾《ク》二其《ノ》巣穴《ヲ》一。此《レ》即《たとヒ》無《クトモ》二西施一、豈《ニ》有《ラン》二不《ル》レ亡《ビ》者一哉。

（注）1　西施――春秋時代、越の国の女性。越王句践《こうせん》の命令によって呉の国に遣わされ、呉王の心を奪った。
2　宰嚭――呉の宰相、伯嚭《はくひ》。
3　伍胥――呉王の臣下で、伯嚭の中傷によって自殺に追い込まれた。伍子胥とも言う。
4　嬪嬙――王に仕える宮女。
5　句践――越の国王。勾践とも書く。
6　種・蠡――文種と范蠡《はんれい》。ともに句践に仕えた人物。
7　争㆓長黄池之間㆒――「争長」とは、他国の諸侯と同盟の代表の座を争うこと。「黄池」は地名。
8　搆㆓釁艾陵之上㆒――「搆釁」とは、釁（いけにえの血を祭器にぬる儀式）を行い戦争を開始すること。「艾陵」は地名。
9　窮レ師黷レ武――軍隊を頻繁に出動させ、兵力を濫用する。

問　二重傍線部(ア)「何能為」・(イ)「日伺㆓其後㆒」・(ウ)「遠出㆓数千里㆒」の行為の主体はそれぞれ誰か。その組合せとして最も適当なものを、次の①～⑤のうちから一つ選べ。

①　(ア)　呉王　(イ)　種・蠡　(ウ)　句践
②　(ア)　呉王　(イ)　句践　(ウ)　西施
③　(ア)　西施　(イ)　句践　(ウ)　呉王
④　(ア)　宰嚭　(イ)　呉王　(ウ)　西施
⑤　(ア)　西施　(イ)　宰嚭　(ウ)　呉王

ステップ1　目のつけどころをチェック

2　中心テーマ

→冒頭に着目。中心テーマは、〈呉の国が滅んだ理由〉。

3　（注）の人物説明

→（注５）より「句践＝越の国王」と確認する。

6　助詞・接続詞に着目

→(ア)の直前「嬪嬙耳《ナレバ》」、(ウ)の直前「**而**《ルニ》」に注目。

ステップ2　こう解いていこう

2　第一段落で述べられている〈西施は呉国滅亡の原因ではない〉を受け、第二段落では、そう言える理由と、実際の原因が誰にあるのかが述べられるのだろうと意識しておくことが大切。

第二段落を大きく見ると、「使《シ》呉王……〈＝もし呉王が〜していたならば……〉」で始まり、「此《レ》即《ヒ》無《クトモ》二西施一、豈《ニ》有《ラン》二不《ル》レ亡《ビ》者一哉〈＝これではたとえ西施がいなかったとしても、どうして滅びなかったことがあろうか、いや滅びた〉」で終わっている。すなわち、呉国滅亡の責任は「西施」ではなく「**呉王**」にあると述べているのだ。ここで話の中心が〈**呉の国が滅んだ理由＝呉の君主が原因**〉だと理解できる。

補足　「**豈**《あニ》有《ラン》二〜一**哉**《や》。」＝〈どうして〜なことがあろうか、いや〜なことはない〉という意味の反語の句形（→p139）。

6 (ア)《助詞「**バ**」を境にして主語が変わる》という法則は、主語を考える上である程度の目安にはなるが、むやみに頼るのは危険である。今回の設問がその好例だ。

2で確認したように、この文章は〈呉が滅んだのは西施ではなく呉王が原因〉という話。これを踏まえて改めて傍線部付近を見てみよう。

使《シ》呉王……備《ヘバ》二敵人《ニ》一、　**西施**《ハ》一嬪嬙耳《ナレバ》、　何《ヲカ》能《ク》為《サン》。
〈もし呉王が敵に備えていれば、〉〈**西施は**単なる宮女なので、〉〈何もできない。〉

傍線部と二重傍線部の接続は「バ」となっているものの、波線部とのつながりを考えると、二重傍線部の主語は傍線部と同じ「**西施**」でなくては文意がつながらない。あくまでも文脈が内容把握における最大の根拠となることを押えておこう。

補足「**何**《ヲカ》能《よク》—《(未然)ン》」は、〈何を—できようか、いや何も—できるはずがない〉という意味の反語の句形（↓p139）。

(イ)・(ウ)　(イ)「日《ニ》伺《フ》二其《ノ》後《ヲ》一」と(ウ)「遠《ク》出《デ》二数千里《ニ》一」の間に逆接の接続詞「**而**《しかルニ》」がある。(イ)と(ウ)では主語が違うかもしれないと思いつつ、しっかり文脈を踏まえて考えていこう。

3

(イ)　二重傍線部前にある「句践」は（注5）により〈**越の国王**〉とわかる。一方、二重傍線部のあとに「**越人**乗ジテ二其ノ空虚一ニ而傾ク二其ノ巣穴一ヲ〈＝越国の人が相手の隙に乗じて、その巣穴を傾けた〉」とあるのを確認する。この段落の話の中心が〈呉の滅んだ原因〉であると考えると **2**、「巣穴」とは〈呉の都〉を指し、「傾ク」とは〈呉を滅ぼす〉といった意味合いだと理解できるだろう。これらから、「日ニ伺フ〈＝日々うかがっていた〉」のは〈呉を滅ぼす機会〉で、主語はそのあと**実際に呉を滅ぼした越の人間、すなわち「句践」**だとわかる。

(ウ)　**6** を踏まえれば、(ウ)の主語は「句践」以外となる。二重傍線部は〈遠くまで出ていた〉という意味で、そのあとに越が呉に攻め入ったという話なのだから、遠くに出ていたのは「呉王」である。ここでは法則通り、「而《しかルニ》」の前後で主語が変わっていることがわかる。

ステップ3　選択肢を検討する

× ①・② (ア)・(ウ)が誤り。(イ)は越の人間であればよいので、「句践」でも、その部下の「種・蠡」でも合っている。

○ ③ 文脈に合った組合せで正しい。

× ④ (ア)・(イ)・(ウ)すべて誤り。

× ⑤ (イ)が誤り。「宰嚭」はこの段落中の主要人物ではないし、そもそも呉の人間（注2）である。

↓正解［③］

ワンポイントアドバイス

比較的わかりやすい(ア)を決めれば、選択肢は③と⑤に絞ることができる。そうすると、(ウ)は「呉王」に決まり、あとは(イ)を検討するだけでよい。第二段落の話の展開と中心テーマをはずさなければ、(イ)も簡単に決めることができるだろう。

書き下し文

西施《せいし》能く呉《ご》を亡《ほろ》ぼすに非《あら》ざるなり。而《しか》るに後世亡国《こうせいばうこく》の罪《つみ》を以《もつ》て之《これ》を西施《せいし》に帰《き》するは、過《あやま》てり。使《も》し呉王宰嚭《ごわうさいひ》を信《しん》じて伍胥《ごしよ》を殺《ころ》さず、内《うち》は国政《こくせい》を修《をさ》め、外《そと》は敵人《てきじん》に備《そな》へば、西施《せいし》は一嬪嬙《いちひんしやう》のみなれば、何《なに》をか能《よ》く為《な》さん。当時句践《たうじこうせん》の堅忍《けんにん》、種《しよう》・蠡《れい》の陰計《いんけい》を以《もつ》て、臥薪嘗胆《ぐわしんしやうたん》し、日《ひび》に其《そ》の後《のち》を伺《うかが》ふ。而《しか》るに乃《すなは》ち遠《とほ》く数千里《すうせんり》に出《い》で、長《ちやう》を黄池《くわうち》の間《かん》に争《あらそ》ひ、釁《きん》を艾陵《がいりよう》の上《ほとり》に構《かま》へ、師《し》を窮《きは》め武《ぶ》を黷《けが》し、殆《ほとん》ど寧歳無《ねいさいな》し。越人《ゑつひと》其《そ》の空虚《くうきよ》に乗《じよう》じて其《そ》の巣穴《さうけつ》を傾《かたむ》く。此《こ》れ即《たと》ひ西施《せいし》無《な》くとも、豈《あ》に亡《ほろ》びざる者有《ものあ》らんや。

全訳

西施が呉を滅ぼすことができたのではない。なのに、後世では（呉の）国を滅ぼした罪を西施に負わせるのは、間違っている。

もし呉王が宰相の伯嚭（の中傷）を信じて伍胥を殺すことなく、国内では国政を整えて、国外に対しては敵兵に備えていたならば、西施は一人の宮女にすぎないのだから、何をすることができただろうか、いや何もできなかっただろう。その頃（越の国王である）句践の我慢強い忍耐や、（句践に仕えた）文種《ぶんしょう》・范蠡のひそかな計略によって、臥薪嘗胆して〈＝敵を討つために苦労を重ね、屈辱の思いを忘れないよう励んで〉、日々のち（の復讐）の機会をうかがっていた。しかし（呉王は）なんと数千里も遠く出ていて、黄池あたりで（他国の諸侯と）同盟の代表の座を争い、艾陵のあたりで釁を行い戦争を開始して、軍隊を頻繁に出動させて兵力を濫用し、ほとんど平穏な期間はなかった。（そこで）越の人は、その〈＝呉の〉隙に乗じて（侵攻し）、その根拠地〈＝呉の都〉を滅ぼした。これではたとえ西施がいなかったとしても、（呉は）どうして滅亡しなかったことがあろうか、いや滅亡していたはずだ。

(3) 指示語把握問題

傍線部が指す内容を問う問題。

正解へのプロセス ……目のつけどころをチェック……

1 話の設定を押さえながら文章の流れに沿って素直に読んでいく。

⬇ **ストーリー中心の文章**は設定把握や物語の流れを理解することが大切。本文に書かれていないことを想像して勝手に読まないようにしよう。

⬇ 解答が傍線部の前でなく、**後ろ**にある時もあるので注意。

2 指示語の前後を見て判断できない場合、段落全体の理解を優先する。

⬇ 迷ったからといって適当に選択肢を当てはめても理解できない。

⬇ その段落において話題となっている**中心的な内容**や**筆者の主張**を理解する。

3 段落の構成が対比構造（対句《ついく》）になっていたら、そこに着目する。

⬇ 対比構造（対句）を用いる文は、**主張文**であることが多いので、**2**の理解に役立つ。

※地の文においての「対句」は、文法構造が完全に一致しなくとも、その大枠の骨組みが同じであれば「対句」と呼ぶ（漢詩における「対句」はかなり厳密→p196）。

4 固定した言い回しに着目する。

例 臣聞クレ**之**ヲ、「……」 → 「**之**」の内容は直後の「……」となる。

5 （注）の説明や人物の言い換えに注意する。

例題

楚《そノ》人《ハ》謂《ヒテ》レ虎《とらヲ》為《シ》二老虫《ト》一、姑《こ》(注1)蘇《そノ》人《ハ》謂《ヒテ》レ鼠《ねずみヲ》為《ス》二老虫《ト》一。余官《シ》二長《ちやう》(注2)洲《しうニ》一、以《テ》レ事《ヲ》至《リ》二婁《ろう》(注3)東《とうニ》一、宿《ス》二郵(注4)館《ニ》一。滅《シ》レ燭《しよくヲ》就《つくニ》レ寝《ニ》、忽《チ》碗《わん》(注5)礫《てふ》砉《けき》(注6)然《トシテ》有《リ》レ声。余問《フ》レ故《ヲ》。閽《こん》(注7)童答《ヘテ》曰《ハク》、「ⓐ老虫《ナリト》。」余《ハ》楚《ノ》人也、不《シテ》レ勝《ヘ》二驚錯《ニ》一曰《ハク》、「城中安《クンゾ》得《ンヤト》レ有《ルヲ》二此《ノ》獣一。」童曰《ハク》、「非《ズ》二他獣《ニ》一、鼠也《ト》。」余曰《ハク》、「鼠何《ゾ》名《ヅクルト》二老虫《ト》一。」童謂《フ》「呉《ノ》俗相《ヒ》伝《フルコト》爾《しかル》耳《ト》。」嗟《あ》嗟《あ》、鼠冒《をかシ》二ⓑ老虫之名《ヲ》一、至《ル》レ使《ムルニ》二余《ヲシテ》驚錯《シテ》欲《セ》一レ走《にゲント》。良《まことニ》足《レリ》レ発《スルニ》レ笑《ヒヲ》。

然《ルニ》今天下冒《シ》二虚名《ヲ》一駭《おどろカス》二俗耳《ヲ》一者、不レ少《ナカラ》矣。堂皇(注8)之上、端冕《べん》(注9)垂紳《シ》、印(注10)累累《トシテ》而綬《じゆ》若若《タル》者、果《タシテ》能遏《クとどメ》二邪萌《はうヲ》一、折《くじキ》二権貴《ヲ》一、摧《くじカン》二豪強《ヲ》一歟《や》。牙《が》(注11)帳之内、高冠大剣《シテ》、左《ニ》秉《とリ》レ鉞《ゑつヲ》(注12)、右《ニ》杖《よル》レ纛《たうニ》(注13)者、果《タシテ》能《ク》禦《ふせギ》二群盗《ヲ》一、北《ニ》遏《メ》レ虜《ヲ》、南《ニ》遏《ムルコト》二諸夷《いヲ》一、如《クナラン》二古《ノ》孫呉(注14)起翦《せん》之儔《ともがらノ》一歟。驟《にはカニ》而聆《きケバ》二其《ノ》名《ヲ》一、赫《かく》然喧《けん》然《タルコト》、無《キ》レ異《ナル》二

于ⓒ老虫ニ一也。徐《おもむろ》ニ而叩《たた》ケバレ所ヲレ挟《さしはさ》ム、止《た》ダ鼠《そ》技ナル耳。夫レ至リテハ下挟ミ二鼠技ヲ一、冒シ二虎名ヲ一、立ツ二民ノ上ニ一者皆鼠輩ナルニ上、天下ノ事不ランレ可カラ二大イニ憂フ一耶。

（注）
1　姑蘇――呉地方の古いみやこ。ここでは広く呉地方を指す。
2　長洲――呉地方に属する県の名。
3　婁東――呉地方に属する町の名。
4　郵館――宿屋。
5　碗碟――食器。
6　砉然――がたがたと音を立てるさま。
7　閽童――門番の少年。
8　堂皇――国政を行う大広間。
9　端冕垂紳――威儀を正した礼装。
10　印累累而綬若若――官職を示す印や玉をたくさんつけ、その組みひもが長くたれているさま。
11　牙帳――大将のいる軍陣。
12　鉞――まさかり。
13　纛――大きな軍旗。
14　孫呉起翦――孫子・呉子・白起・王翦のこと。いずれも春秋戦国時代の軍師・名将。

漢文 5 変則問題

問　波線部ⓐ〜ⓒの「老虫」はそれぞれ鼠と虎のどちらを指しているか。その組合せとして最も適当なものを、次の①〜⑥のうちから一つ選べ。

①　ⓐ鼠　ⓑ鼠　ⓒ虎
②　ⓐ虎　ⓑ鼠　ⓒ虎
③　ⓐ虎　ⓑ鼠　ⓒ鼠
④　ⓐ虎　ⓑ虎　ⓒ鼠
⑤　ⓐ鼠　ⓑ虎　ⓒ虎
⑥　ⓐ鼠　ⓑ虎　ⓒ鼠

ステップ1　目のつけどころをチェック

1　話の設定

↓「老虫」は、楚の人である「余〈＝筆者〉」にとっては「虎」を意味し、姑蘇の人である「童」にとっては「鼠」を意味している。

2　段落全体の中心内容・筆者の主張

↓第二段落は、「鼠」を「虎」と勘違いしたあとの筆者のコメント。第一段落の内容を受けて筆者が何を述べようとしているのか理解する。

3　対比構造を利用して2を理解

↓助詞や副詞、反語形の位置を利用して、対比構造（対句）を探りあて、それをポイントとして筆者の主張を読み取る。

4 **固定した言い回し**

↓第二段落冒頭「然ルニ今……」の「**今**」以降は、それまでの話を踏まえて、現状を述べる表現。多くは、〈**マイナス**〉の評価が述べられる。

5 **(注)の説明**

↓「故蘇」「長洲」「婁東」は、(注)を見るとすべて「**呉地方**」を指している。

ステップ2　こう解いていこう

1 まずは話の設定をつかむ。第一段落冒頭に「楚ノ人ハ謂ヒテレ虎ヲ為シ二老虫一ト、姑蘇ノ人ハ謂ヒテレ鼠ヲ為ス二老虫一ト」とあることから、楚では「**虎**」を、姑蘇では「**鼠**」を「老虫」と呼んでいることがわかる。ⓐの直後に「余ハ楚ノ人也」とあるので**「余〈＝筆者〉」は楚の人**だ。

一方、「童」は、「婁東」という町にある宿屋の門番。「婁東」は(注3)より「呉地方」の町とわかる。「姑蘇」も「呉地方」を指すと(注1)で示されているので、**「童」は姑蘇の人**である(**5**)。

以上の設定を踏まえれば、ⓐは故蘇の人である「童」の発言なので、「鼠」を指していると容易に判断できる。

さらに、筆者は虎だと思っていた「老虫」が鼠を指していたことを理解し、「嗟嗟、鼠冒シ二老虫之名一ヲ〈＝鼠が「老虫」の名前を偽っている〉」と述べていることから、ⓑは「虎」を指していると理解できる。

補足　地の文にある「嗟嗟《ああ》」以下は筆者のコメント。それまでの内容を受け、筆者の思いを述べ始める合図となる。

2 ⓒを考えるにあたって、まずはⓒが含まれる段落の全体像を確認しよう。

段落冒頭で、

今天下冒《シ》虚名《ヲ》駭《カス》俗耳《ヲ》者、不少《ナカラ》矣。

〈現在、世の中にうわべだけの評判を広め、世俗の人々を驚き恐れさせる人物が、少なくない。〉

と述べ、段落最後の一文で、

夫《レ》至《リテハ》挟《ミ》鼠技《ヲ》、冒《シ》虎名《ヲ》、立《ツ》民《ノ》上《ニ》者皆鼠輩《ナルニ》、天下《ノ》事不《ラン》可《カラ》大《イニ》憂《フ》耶。

〈そもそも（些細《ささい》な）鼠ほどの力をもって、（勇ましい）虎の名を偽り、民衆の上に立つ人物がすべて鼠のような連中になっては、世の中を大いに憂慮しないではいられない。〉

と結んでいる。このことから、この文章はただの「老虫」のエピソードではなく、〈**威張ってばかりの政治家が実は器の小さいつまらない人々だ**〉ということを訴えているものだとわかる。

なお、主張文では、**「今」以下に現状の批判を述べる**ことが多い。ここでも現状の批判となっている（**4**）。

3 第二段落では対句が使われている。整理して、**2**で確認した主張とのつながりを考えよう。

対句

堂皇之上……**者**、**果**《タシテ》**能**《ク》……摧《カン》豪強《ヲ》**歟**。

＝国政の場で偉ぶった格好をした人が、本当に不正を防いだり、強者を押さえたりすることができるだろうか、いやできない。

牙帳之内……**者**、**果**《タシテ》**能**《ク》……如《クナラン》古《ノ》孫呉起翦之儔《ノ》**歟**。

＝大将のいる軍陣で、見た目だけ勇ましい格好をしている人が、本当に昔の名将のように勇ましい活躍ができるだろうか、いやできない。

表面は立派 → = 驟カニ而聆ケバ二其ノ名ヲ一、赫然喧然タルコト、無キレ異ナル二于老虫ニ一也。

中身はたいしたことはない → = 徐ニ而叩ケバレ所レ挟ム、止ダ鼠技ナル耳。

対句

＝その名を聞くと、勢い盛んな「老虫」だが、じっくり確かめると、ただの鼠ほどの力だ。

2で確認したことを踏まえると、**【表面は立派＝虎**（上段）／**中身はたいしたことはない＝鼠**（下段）**】**という対応関係がわかり、上段の「老虫」は「虎」を指していると判断できる。

ステップ3　選択肢を検討する

× ①　ⓑの時点で誤っている。

× ②・③・④　ⓐの時点で間違っているのですぐにはずせる。

○ ⑤　ⓐ〜ⓒ、すべて話の展開に見合っている。

× ⑥　最後のⓒで読み誤っている。

↓正解［⑤］

ワンポイントアドバイス

ⓐは導入の設定を押さえていれば簡単に解ける。ⓑも「嗟嗟」以下が筆者のコメントだと理解できれば平易。問題はⓒ。難しい漢字が並んでいて読むのがイヤだと避けてはいけない。筆者の主張や対句、（注）などを意識しながら読んでいけばそれほど難しくはないはずだ。

書き下し文

楚《そ》の人《ひと》は虎《とら》を謂《い》ひて老虫《らうちゆう》と為《な》し、姑蘇《こそ》の人《ひと》は鼠《ねずみ》を謂《い》ひて老虫《らうちゆう》と為《な》す。余《よ》 長洲《ちやうしう》に官《くわん》し、事《こと》を以《もつ》て婁東《ろうとう》に至《いた》り、郵館《いうくわん》に宿《しゆく》す。燭《しよく》を滅《け》し寝《しん》に就《つ》くに、忽《たちま》ち碗碟《わんてふ》砉然《けきぜん》として声《こゑ》有《あ》り。余《よ》 故《ゆゑ》を問《と》ふ。閽童答《こんどうこた》へて曰《い》はく、「老虫《らうちゆう》なり」と。余《よ》は楚《そ》の人《ひと》なり、驚錯《きやうさく》に勝《た》へずして曰《い》はく、「城中《じやうちゆう》 安《いづ》くんぞ此《こ》の獣《じう》有《あ》るを得《え》んや」と。童《どう》曰《い》はく、「他獣《たじう》に非《あら》ず、鼠《ねずみ》なり」と。余《よ》 曰《い》はく、「鼠何《ねずみなん》ぞ老中《らうちゆう》と名《な》づくる」と。童謂《どうい》ふ「呉《ご》の俗《ぞく》に相《あ》ひ伝《つた》ふること爾《しか》るのみ」と。嗟嗟《ああ》、鼠《ねずみ》 老虫《らうちゆう》の名《な》を冒《をか》し、余《よ》をして驚《きやう》 錯《さく》して走《に》げんと欲《ほつ》せしむるに至《いた》る。良《まこと》に笑《わら》ひを発《はつ》するに足《た》れり。

然《しか》るに今天下《いまてんか》に虚名《きよめい》を冒《をか》し俗耳《ぞくじ》を駭《おどろ》かす者《もの》、少《すく》なからず。堂皇《だうくわう》の上《うへ》、端冕垂紳《たんべんすいしん》し、印累々《いんるいるい》として綬若々《じゆじやくじやく》たる者《もの》、果《は》たして能《よ》く邪萌《じやはう》を遏《とど》め、権貴《けんき》を折《くじ》き、豪強《がうきやう》を摧《くじ》かんや。牙帳《がちやう》の内《うち》、高冠大剣《かうくわんたいけん》して、左《ひだり》に鉞《ゑつ》を秉《と》り、右《みぎ》に纛《たう》に杖《よ》る者《もの》、果《は》たして能《よ》く群盗《ぐんたう》を禦《ふせ》ぎ、北《きた》に虜《りよ》を遏《とど》め、南《みなみ》に諸夷《しよい》を遏《とど》むること、古《いにしへ》の孫呉起翦《そんごきせん》の儔《ともがら》のごとくならんや。驟《には》かに其《そ》の名《な》を聆《き》けば、赫然喧然《かくぜんけんぜん》たること、老虫《らうちゆう》に異《こと》なる無《な》きなり。徐《おもむろ》に挟《さしはさ》む所《ところ》を叩《たた》けば、止《た》だ鼠技《そぎ》なるのみ。夫《そ》れ鼠技《そぎ》を挟《さしはさ》み、虎名《こめい》を冒《をか》し、民《たみ》の上《うへ》に立《た》つ者《もの》 皆鼠輩《みなそはい》なるに至《いた》りては、天下《てんか》の事大《ことおほ》いに憂《うれ》ふべからざらんや。

全訳

楚の国の人は虎のことを老虫と言い、姑蘇〈＝呉地方〉の人は鼠のことを老虫と言う。私は（呉の）長洲県の役人となり、（ある時）所用があって（呉の）婁東の町に行き、宿屋に泊まった。明かりを消して眠りにつくと、突然食器ががたがたと音を立てた。私は（驚いて）そのわけを（門番の少年に）尋ねた。（すると）門番の少年は答えて言った、「老虫（のしわざ）です」と。私は楚の国の人間であるので、（老虫〈＝虎〉が暴れているのかと）驚きあわてる思いに耐えられなくて言った、「町の中にどうしてこの獣〈＝虎〉がいるだろうか、いや、いるはずがない」と。（すると）少年は言った、「他の獣ではありません、鼠ですよ」と。私は言った、「鼠のことをどうして老虫と名づけているのか」と。少年は言った、「呉地方の風習として（昔から）そのように言い伝えられているだけのことです」と。ああ、鼠が老虫〈＝虎〉の名を偽り、私を驚きあわてさせ逃げ出そうとさせるに至ったのだ。本当に笑うには十分だった。

しかしながら今の世の中には中身の伴わないうわべだけの名声を騙《かた》り、世間の人々の耳を驚き恐れさせる者が、少なくない。国政を行う大広間の中で、威儀を正した礼装をし、（官職を示す）印や玉をたくさんつけ、その組みひもが長くたれている者たちが、（その外見の示すように）本当に悪事を未然に防ぎ、権勢者や高位高官の者たち（の横暴）を押さえつけ、豪強な者たちをくじくことができるだろうか、いやできない。（また）大将のいる軍陣の中で、高々と冠を被り大剣を身につけ、左手にはまさかりを握り、右手には大きな軍旗を（持って）頼りにする者たちが、（その外見の示すように）本当に昔の（春秋戦国時代の軍師・名将である）孫子《そんし》・呉子《ごし》・白起《はくき》・王翦《おうせん》たちのように、盗賊《とうぞく》たち（の攻撃）を防ぎ、北方で異民族（の侵略）をとどめ、南方で諸々《もろもろ》の異民族（の侵略）をとどめることができるだろうか、いやできない。ふと彼らの名声を聞くと、輝き、勢い盛んに響きわたっていることは、老虫〈＝虎〉と変わることはない。（しかし）ゆっくりともっている力量を試してみると、ただ（些細な）鼠ほどの力量だけである。そもそも鼠ほどの力量をもって、（勇ましい）虎のような名声を偽り、民衆の上に立っている者がすべて鼠のような連中であるに至っては、世の中のことを大いに憂慮しないでいられるだろうか、いや心配で仕方ない。

6 理由把握問題

傍線部の理由や根拠を問う問題。これも広い意味では内容把握問題なので、**4**・**5**で確認してきたことも踏まえて取り組もう。

正解へのプロセス ……目のつけどころをチェック……

1 傍線部を含む段落全体を丁寧に見て、傍線部の理由・原因を探る。

★傍線部が会話文中にある場合のポイント

a 会話文直前直後の行動に着目して、発言者の本音を探る。

例 Aさんは「嫌い」と言ってC君に抱きついた。→Aさんは C君が好きと判断。

Bさんは「嫌い」と言ってC君から逃げた。→Bさんは C君が嫌いと判断。

b 漠然とした内容の説明は、会話相手の反応がヒントになる。

c 会話文全体を確認し、発言者の意図を考える。

2 段落の構成が対比構造（対句）になっていたら、そこに着目する。

⬇ 対比構造（対句）をとらえて内容を整理すると、文脈を理解しやすくなる。

3 固定の言い回しに着目する。

例 「～(已然)バなり《(已然)バなり》**也**〈＝～だからである〉」は「～」の部分が理由になる。

「**蓋**《けだシ》～〈＝思うに～〉」は「～」が筆者の考えを述べる部分。

例題

【前段落の内容】
学問を学ぶにあたっては「遜（謙虚であること）」と「敏（進んで学ぶこと）」が重要である。

孔子《ハ》大聖人《ナレドモ》而不㆓自《ラハ》聖《トセ》㆒。故《ニ》曰《フハ》㆔「我（注1）非《ズト》㆓生《マレナガラニシテ》而知《ル》㆑之《ヲ》者《ニ》㆒。」可《シ》㆑謂《フ》㆑遜《ト》矣。然《リ》而《シテ》又《タ》曰《フハ》㆓「好（注2）《ミ》㆑古《いにしへヲ》、敏《ニシテ》以《テ》求《メタル》㆑之《ヲ》者《ナリト》㆒。」則《チ》其《ノ》求《ムル》㆑之《ヲ》也、曷《なんゾ》嘗《テ》不《ラン》㆑貴《バ》㆓於敏《ヲ》㆒乎。他日、与㆓顔（注3）・曾《そうノ》二子㆒言《ヒテ》㆓仁《ト》与《ヲ》㆑孝、而二子皆《ハ》自《ラ》謂《フ》㆑不《ト》㆑敏《ナラ》。其《ノ》遜《ナルコト》抑《そもそも》可《シ》㆑見《ル》矣。回之仁・参《しん》之孝《モ》、三千之徒、未《ダ》㆑能《ハ》㆑或（注4）《あル》㆓之《ニ》先《さきンズルコト》㆒焉。豈《ニ》真《ニ》不《ル》㆑敏《ナラ》者《ナラン》乎。

（注）
1　我非㆓生而知㆑之者㆒——『論語』述而《じゅつじ》篇に見える孔子の言葉。
2　好㆑古、敏以求㆑之者——『論語』述而篇に見える孔子の言葉。
3　顔・曾——孔子の弟子である顔回と曾参《そうしん》のこと。
4　或——ここでは「有」に同じ。

問　傍線部「豈真不レ敏者乎」とあるが、筆者がそのように述べる理由の説明として最も適当なものを、次の①～⑤のうちから一つ選べ。

① 顔回は「仁」に対して、曾参は「孝」に対して、みずからは「敏」でないと言いつつも、実際は他の三千の弟子たちよりも「敏」である態度で取り組んだから。

② 顔回は「仁」に対して、曾参は「孝」に対して、孔子の教えを忠実に守って、実際に他の三千の弟子たち以上に「遜」である態度で取り組んだから。

③ 孔子は、顔回と曾参が「敏」でないため、顔回には「仁」に対して、曾参には「孝」に対して、他の三千の弟子たちよりも「遜」である態度で取り組むように指導したから。

④ 孔子は、顔回には「仁」に対して、曾参には「孝」に対して、他の三千の弟子たちに対するのと同様に「敏」である態度で取り組むよう指導したから。

⑤ 顔回と曾参は、孔子の「古を好む」考えに対しては「遜」であったが、「仁」と「孝」とに対しては他の三千の弟子たちよりも「敏」である態度で取り組んだから。

ステップ1　目のつけどころをチェック

1　段落全体を丁寧に読む

→前段落で述べた「遜」と「敏」について、「孔子」「顔回」「曾参」を具体例として述べている。

2 対比構造に着目して文脈を整理

→「孔子」と「顔回・曾参」について述べている箇所は対比構造（対句）となっている。

ステップ2 こう解いていこう

1 この段落では、前段落で述べた「遜」「敏」について、「孔子」とその弟子「顔回」「曾参」を具体例に挙げ、彼らが「遜」「敏」であったかどうかを述べている。

まずは傍線部から読み込んでいく。ここでは「**豈《あ》ニ ―― 乎《(未然)ンや》**」という反語形（→p139）が使われており、〈どうして本当に「敏」でない者であろうか、いや「敏」である〉という意味。ここで「敏」と述べているのは、直前の文の頭にある「回之仁」「参之孝」である。すなわち、「顔回」「曾参」が「敏」であると述べているのだ。

ではなぜそういえるのか。対句表現をヒントに段落全体をさらに読み込んでいこう。

2 この段落で使われている対句を確認すると、次のようになっている。

対句

(1)孔子の「遜」の例
孔子ハ……曰フハ「……」**可シレ謂フレ遜ト矣。**

(3)顔・曾の「遜」の例
顔・曾ノ二子……**遜ナルコト抑可シレ見ル矣。**

……又タ

(2)孔子の「敏」の例
曰フハ「……」……**曷ゾ嘗テ不ランレ貴バ二於敏ヲ一乎。**

(4)顔・曾の「敏」の例
回之仁・参之孝モ……**豈ニ真ニ不ルレ敏ナラ者ナラン乎。**

整理すると、(1)・(2)で孔子が「遜」でもあり「敏」でもあったと述べ、(3)・(4)で顔回と曾参が「遜」であり「敏」であったと述べている。これらから、顔回と曾参が「敏」だといえる理由を知るには、(4)の箇所を丁寧に見ていけばよいとわかる。すなわち、**〈顔回の仁にも曾参の孝にも、三千人の弟子たちはまさることができないでいる〉**ことが、顔回・曾参が「敏」と言える理由ということになる。

ステップ3　選択肢を検討する

○　①　顔回・曾参が他の弟子よりまさってるという点が説明できている。

×　②　「『遜』である態度」が誤り。ここは「敏」の話である。

×　③　「顔回と曾参が『敏』でない」が明らかな誤り。また「孔子は……指導した」も不適切。孔子と顔回・曾参は「遜」でも「敏」でもある例として紹介されているだけで、孔子が弟子の二人に何かを指導したなどとは述べられていない。

×　④　「孔子は……指導した」が誤り。

×　⑤　「孔子の『古を好む』考えに対しては『遜』であった」とあるのが誤り。顔回と曾参において「遜」「敏」と言っているのは、「仁」「孝」に対してである。

⬇正解［①］

ワンポイントアドバイス

抽象的な分析をしている文章で聖人や偉人が登場するのは、筆者が彼らの言動を**自分の主張の論拠にする**ためである。

この文章でも孔子・顔回・曾参の言動を、学問への姿勢に対する自分の考えの根拠としている。決して孔子やその弟子たちの物語を始めようとしているわけではない。

書き下し文

孔子《こうし》は大聖人《だいせいじん》なれども自《みづか》らは聖《せい》とせず。故《ゆゑ》に「我《われ》生《う》まれながらにして之《これ》を知《し》る者《もの》に非《あら》ず。」と曰《い》ふは遜《そん》と謂《い》ふべし。然《しか》り而《しかう》して又《ま》た「古《いにしへ》を好《この》み、敏《びん》にして以《もつ》て之《これ》を求《もと》めたる者《もの》なり。」と曰《い》ふは則《すなは》ち其《そ》の之《これ》を求《もと》むるや、曷《なん》ぞ嘗《かつ》て敏《びん》を貴《たつと》ばざらんや。他《た》日《じつ》、顔《がん》・曾《そう》の二子《にし》と仁《じん》と孝《かう》とを言《い》ひて、二子《にし》は皆《みな》自《みづか》ら敏《びん》ならずと謂《い》ふ。其《そ》の遜《そん》なること抑《そもそも》見《み》るべし。回《くわい》の仁《じん》・参《しん》の孝《かう》も、三千《さんぜん》の徒《と》、未《いま》だ之《これ》に先《さき》んずること或《あ》る能《あた》はず。豈《あ》に真《しん》に敏《びん》ならざる者《もの》ならんや。

全訳

孔子は偉大な聖人であるけれども自分から（自分のことを）聖人とはしなかった。だから（孔子が）「私は生まれながら物事を理解している者ではない。」と言っているのは「遜」と言うことができる。そうではあるが、そしてさらに（孔子が）「昔（の教え）を好んで、『敏』の態度で〈＝進んで〉このこと〈＝昔の教え〉を追求している者である。」と言っているのは、そうだとすると孔子がこれ〈＝昔の教え〉を追求するにあたって、どうして「敏」を貴ばなかったことがあろうか、いや貴ばなかったことはない〈＝貴んだはずである〉。（また）以前、（孔子が）顔回・曾参の二人と、「仁」と「孝」とについて語り、（顔回と曾参の）二人はともに自分から（自分は）「敏」ではないと言った。その（二人の態度が）「遜」であることはそもそも認めることができる。（しかし）顔回の「仁」・曾参の「孝」においても、（孔子の他の）三千人の弟子たちは、まだ彼ら〈＝顔回・曾参〉にまさることはできていない。（そうだとすれば顔回と曾参は）どうして本当に「敏」でない者であろうか、いや本当に「敏」である。

プラス1

■接続詞の「又」

「**又**《また》」の前と後はそれぞれ別の内容を述べており、設問によって見るべきところを変える必要がある。

〔テーマ〕「　**話題①**　」**又**《　**話題②**　》

例　〔サッカー部では〕○○君のシュートは派手でカッコイイ、**又**　△△君のパスも的確でステキだ。

問1　○○君のカッコイイところは？ ↓ 「**又**」より**前**を見る。 ↓シュートが派手なところ。

問2　ステキと思った理由は？ ↓ 「**又**」より**後**を見る。 ↓△△君のパスが的確だから。

漢文 6 理由把握問題

7 漢詩問題

漢詩の規則（形式・押韻・対句など）に関する問題。空欄に入る語や解釈などが問われる。

正解へのプロセス ……目のつけどころをチェック……

1 偶数句末字の空欄補充問題は「押韻《おういん》」の問題。文字の発音を考える。

2 解釈問題は、「対句《ついく》」や前後の句のつながり、漢詩以外の本文との関係を考える。

■漢詩の基本――例題に入る前に、まずは漢詩の基本知識を確認しておこう。

○形式

【絶句《ぜっく》】〔句数〕**四句**　〔一句あたりの文字数〕五字→**五言絶句《ごごん》**／七字→**七言絶句《しちごん》**

〔上下並び〕**起句《きく》**○○○○△、**承句《しょうく》**○○○○◎。
転句《てんく》○○○○○、**結句《けっく》**○○○○◎。

〔横一列並び〕
起句○○○○△、
承句○○○○◎。
転句○○○○○、
結句○○○○◎。

【律詩《りっし》】〔句数〕**八句**　〔一句あたりの文字数〕五字→**五言律詩**／七字→**七言律詩**

〔上下並び〕

首聯《しゅれん》○○○○△、　○○○○◎。
頷聯《がんれん》○○○○○、＝○○○○◎。
頸聯《けいれん》○○○○○、＝○○○○◎。
尾聯《びれん》○○○○○、　○○○○◎。

〔横一列並び〕

首聯　○○○○△、　○○○○◎。
頷聯　○○○○○、　○○○○◎。　対句
頸聯　○○○○○、　○○○○◎。　対句
尾聯　○○○○○、　○○○○◎。

※◎が韻字、△は韻字になる時もあればそうでない時もあるもの。＝は対句。
※普通、漢詩本文に句読点「、」「。」は付いていないが、付けて考えると訳が理解しやすくなる。
※〔上下並び〕か〔横一列並び〕かは文字数を確認して判断する。

【古詩《こし》】〔句数〕十句以上　※白居易《はくきょい》の「長恨歌《ちょうごんか》」という七言古詩は、百二十句もある。
〔一句あたりの文字数〕自由
〔押韻〕あってもなくてもよい　※押韻が途中で変わることもある〈＝換韻《かんいん》〉。

○**押韻**《おういん》——**偶数句**の**末字の音**を揃《そろ》えたもの。**七言**の場合、**一句目の末字**も韻を踏むことが多い。

場所	特徴
偶数句の文末文字	**音読み**にした時の**母音**が同じ音 ※母音とは、〔a／i／u／e／o〕。これに「ん〔n〕」も含める。
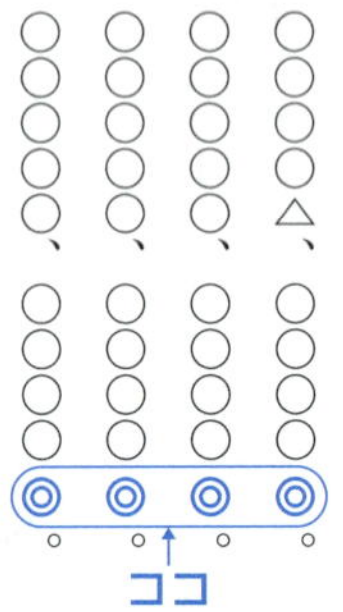	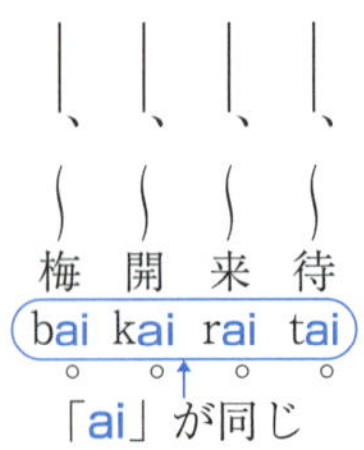

○**対句**《ついく》——隣接する二句（例一—二句・三—四句・五—六句・七—八句）の品詞の順番が同じもの。
とくに**律詩**は、**【三句と四句】【五句と六句】**が、原則として**必ず対句**である。

場所	特徴
隣接する二句	隣接する二句の**品詞順が同じ**
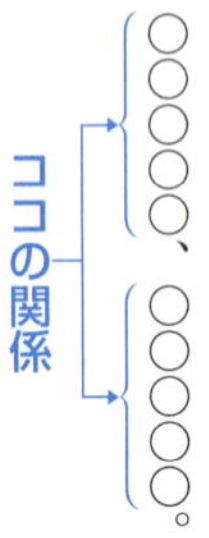	

※漢詩で言う「対句」は、地の文における「対句」と違って、文法構造の対応がかなり厳密である。

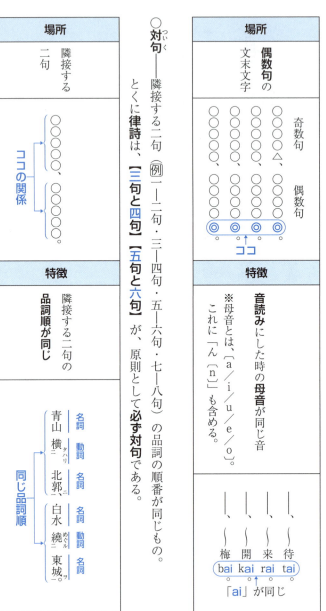

例題1

我来リテ二揚(注1)子江頭ニ一望メバ

一片ノ白雲数点ノ□

安クンゾ得ン丁置キ二身ヲ天(注2)柱ノ頂ニ一

倒《さかしま》ニ看ルヲ丙日月ノ走ルヲ乙人間ヲ甲

（注）1　揚子江――長江の別名。　2　天柱――神話の中に出てくる、天を支えているという柱。

問　傍線部「一片白雲数点□」について、(a)空欄に入る語と、(b)この句全体の解釈との組合せとして最も適当なものを、次の①～⑤のうちから一つ選べ。

①　(a)　淡――(b)　白い雲の切れ間から数本の淡い光が差し込んでいる。
②　(a)　楼――(b)　空の片隅に浮く白い雲と幾つかの建物が見えている。
③　(a)　雨――(b)　白い雲が空一面に広がり雨がぽつぽつと降り始める。
④　(a)　山――(b)　ひとひらの白い雲と幾つかの山があるばかりである。
⑤　(a)　鳥――(b)　空には一つの白い雲が漂い数羽の鳥が飛んでいる。

ステップ1　目のつけどころをチェック

1　偶数句末字の空欄補充

↓押韻が問われていると理解し、偶数句の第四句末字「**間**」の音読みを考える。

ステップ2　こう解いていこう

空欄の位置が**偶数句（第二句）の末字**であることに注目し、**押韻**の問題だと判断しよう。

「押韻」とは、漢詩特有のルールで、**偶数句の最後の文字を音読みにした時、母音が同じになる**というもの。よって、空欄が偶数句の末字ならば、**他の偶数句末字の音読みの母音**を手がかりにして空欄に入る語句を考えていけばよい。

今回は、四句目の「**間**」に着目する。音読みは「カン（kan）」なので、選択肢の中で音読みの母音が同じく「-an」となるものを探そう。

ステップ3　選択肢を検討する

× ①「淡」の音読みは「タン（tan）」なので押韻は合っている。ただ、「淡」から「光」と解釈するのは強引。

× ②「楼」の音読みは「ロウ（rou）」なので誤り。

× ③「雨」の音読みは「ウ（u）」なので誤り。

○ ④「山」の音読みは「サン（san）」なので押韻は適切。解釈も、「幾つかの山」となっていておかしなところはない。

× ⑤「鳥」の音読みは「チョウ（tyou）」なので誤り。

↓正解［④］

ワンポイントアドバイス

押韻問題は、発音と漢詩の「意味合い」で判断する。

ここでは押韻で①・④が残る。本来であれば、このあと漢詩全体をよく見ていくのだが（2）、ここは①「淡＝光」とする解釈が強引なので、すぐに誤答と判断できる。

書き下し文

我《われ》 揚《やう》子《す》江頭《かうとう》に来《きた》りて望《のぞ》めば
一片《いつぺん》の白雲《はくうん》 数点《すうてん》の山《やま》
安《いづ》くんぞ身《み》を天柱《てんちゅう》の頂《いただき》に置《お》き
倒《さかしま》に日月《じつげつ》の人間《じんかん》を走《はし》るを看《み》るを得《え》ん

全訳

私が揚子江のほとりにやって来て遠くを眺めていると、
ひとひらの白い雲といくつかの山がある。
どうしたら自分自身の身を天柱〈＝天を支えている柱〉の頂上に置いて、
逆に上から太陽と月が人間の世界を回っている様子を眺めることができるのだろうか。

例題 2

（注）銅雀台《どうじやくだい》ノ址《あと》頽《くづ》レテ無シレ遺《のこ》ス　何ゾ乃チ剰瓦《じようぐわ》ノ多キコト如クナランレ斯クノ

文士例《おほむね》有リ二好ムノレ奇癖ヲ一　心ニ知ルモ二其ノ妄ナルヲ一　姑《しばら》ク自ラ□

（注）銅雀台――魏《ぎ》の曹操が築いた展望台。この建物の瓦《かわら》を用いて作った硯《すずり》がもてはやされた。

問　傍線部について、(i)空欄に入る語、(ii)その解釈として最も適当なものを、次の各群の①～⑤のうちから、それぞれ一つずつ選べ。

(i)
① 愉
② 娯
③ 詐
④ 欺
⑤ 虚

(ii)
① とりあえず自分の心をごまかすのである。
② そのうちに自然と愛着がわいてくるのである。
③ やがて自分も他人をだますのである。
④ 時とともに自然と執着心がなくなるのである。
⑤ ともかく自分の趣味を楽しむのである。

ステップ1　目のつけどころをチェック

1　偶数句末字の空欄補充

→(i)は押韻問題。七言なので第一句・第二句の末字「**遺**」「**斯**」の音読みを考える。

2 前の句とのつながりを意識

↓(ii)は、(i)の解答と傍線部の重要語を踏まえ、漢詩全体の内容から答えを決定していく。

ステップ2 こう解いていこう

(i) 今回の押韻は、**七言絶句**なので、二句目だけでなく、**一句目**の末字「**遺**」にも着目する（**1**）。

［一句目］遺 → イ（i）
［二句目］斯 → シ（si）
音読みの母音が「i」となるものを探す。

(ii) 解釈は、(i)の解答となった語と傍線部中の重要単語「姑《しばらく》〈＝とりあえず〉」の意味を押さえた選択肢を探す。また、前の句までの流れもしっかり押さえよう（**2**）。

第一・二句＝曹操が築いた展望台は崩れて残っていないのに、どうしてこれほどその展望台の瓦が残っているのか（みな偽物だ）。

第三句　＝文人は不思議なものを好む癖がある。
↓
第四句　＝瓦が偽物だと知っていてもとりあえず自分を□。

以上の流れを踏まえ、□に入る言葉が何になるかを考えながら、選択肢を検討していこう。

ステップ3　選択肢を検討する

（ｉ）

× ①「愉」の音読みは「ユ（yu）」なので誤り。
× ②「娯」の音読みは「ゴ（go）」なので誤り。
× ③「詐」の音読みは「サ（sa）」なので誤り。
○ ④「欺」の音読みは「ギ（gi）」なのでこれが正解。
× ⑤「虚」の音読みは「キョ（kyo）」なので誤り。

⬇正解〔④〕

（ⅱ）

○ ①「姑」「欺〈＝欺《あざむ》く・だます〉」の意味が踏まえられている。また、偽物だと知っていても「自分の心をごまかす」と解釈して流れ上おかしなところはない。
× ②・④「姑」「欺」の意味が踏まえられていない。
× ③「だます」は「欺」を押さえた表現となっているが、漢詩の内容から、「だます」のは他人でなく自分である。また、「姑」の意味も踏まえられていない。
× ⑤「ともかく」は「姑」の意味といえるが、「欺」の意味が踏まえられていない。

⬇正解〔①〕

ワンポイントアドバイス

【絶句】【律詩】の時の押韻は、基本的には偶数句末だが、**七言の時は初句末**も韻を踏むことが多い。
今回の漢詩でも初句末は押韻となっている。このルールさえ知っておけば、もし二句目の「斯」が読めなくても、初句の「遺」から正解にたどりつけるというわけだ。
なお、**【古詩】**は韻を踏むかどうかは自由だが、踏むなら偶数句末が基本である。

書き下し文

銅雀台《どうじやくだい》の址《あと》　頽《くづ》れて遺《のこ》す無《な》し　何《なん》ぞ乃《すなは》ち剰瓦《じようぐわ》の多《おほ》きこと斯《か》くのごとくならん
文士《ぶんし》例《おほむね》　奇《き》を好《この》むの癖《へき》有《あ》り　心《こころ》に其《そ》の妄《まう》なるを知《し》るも姑《しばら》く自《みづか》ら欺《あざむ》く

全訳

（魏の曹操《そうそう》が築いた）銅雀台（という展望台）の土台は崩れて何も残っていないのに、どうしてまた残った瓦がこんなに多いのだろうか、いや多いはずがない〈＝どれも偽物である〉。

文人はおおよそ不思議なものを好む癖があり、心の中でそれが偽物だと知っていてもとりあえず自分をだますのである。

8 文章構成問題

筆者が自分の主張を伝えるために、「どのように文章を書いているか」を問う問題である。本文全体の論理関係を把握する力が必要。

正解へのプロセス ……目のつけどころをチェック……

1 文章全体を見通して、筆者が何を伝えようとしているかを確認する。

⬇ 文章全体の中心に位置する事柄（中心テーマ）が何かを意識する。

★主張を表す表現に着目すると見つけやすくなる。

・反語表現（↓p139）

・詠嘆表現——「嗚呼《ああ》～」「～哉《かな》」など。

・逆接表現——送り仮名「～ドモ・～ニ・～モ」／接続詞「而《しかレドモ》・而《しかルニ》・而《しかモ》」など。

・その他——副詞「蓋《けだシ》～〈＝思うに～〉」など。

2 1を伝えるために、筆者がどのように文章を構成しているかを考える。

a 文章全体から段落ごとの役割を考える。

b 表現上の特徴（文同士のつながり・比喩・対句・接続詞など）を確認する。

例題1

隋《ずい》田《でん》(注1)・楊《やう》与鄭法士《ていはふし》(注2)倶以能画名。法士自知芸不如楊也。乃従楊求画本、楊不告之。一日引法士至朝堂、指以宮闕《きゆうくゑつ》(注3)・衣冠・人馬・車乗、曰、「此吾画本也。子知之乎。」由是法士悟而芸進。

唐韓幹《かんかん》(注4)以貌《かたど》馬召、入供奉《ぐぶ》(注5)。明皇(注6)詔令従陳閎《ちんくわう》(注7)受画法。幹因奏、「臣自有師。陛下内厩《ないきう》(注8)飛黄・照夜・五方(注9)之乗、皆臣師也。」帝然之。其後幹画遂果《は》踰《こ》閎。

若楊・韓二子、可謂能求其真者也。彼以似求似者、則益《ますます》遠矣。今之学者、雖曰求聖人之経(注10)、固已非其真。乃舎《す》経而専求訓詁《くんこ》(注11)、則又求似其似之者矣。不尤《もつとも》遠乎。

（注）1　田・楊──田僧亮《でんそうりょう》と楊契丹のこと。ともに隋代の画家。
2　鄭法士──隋代の画家。　3　宮闕──宮殿のこと。
4　韓幹──唐代の画家。　5　供奉──官名。才芸あるものが皇帝の身辺に仕えた。
6　明皇──唐の玄宗皇帝。　7　陳閎──唐代の画家。
8　飛黄・照夜──ともに駿馬《しゅんめ》の名。　9　五方之乗──各地方から集められた馬。
10　経──聖人の教えや言行を記した書物。　11　訓詁──「経」の字句の注釈。

問　この文章の構成に関する説明として最も適当なものを、次の①～⑤のうちから一つ選べ。

①　「今の学者」の抱える問題点について、「宮闕・衣冠・人馬・車乗」、「飛黄・照夜・五方の乗」などを「訓詁」の比喩《ひゆ》として挙げることによって、読者の理解を容易にしている。

②　鄭法士と陳閎の二人の画家を「聖人」の比喩として挙げ、彼らが「真を求むる者」であることを示したうえで、ひたすら似を求める「今の学者」の問題点を、読者に訴えかけている。

③　「真を求むる」方法は多様であることを画家の逸話によって例示し、それを前提としたうえで、学問における「今の学者」に対する筆者の批判を、「已」「又」などを多用しながら、論理的に展開している。

④　多くの対象を「画本」として絵を描くことができる画家と、一つの対象しか「師」にできない画家とを対比的に例示することによって、「訓詁」に専心する「今の学者」に対する筆者の批判を提示している。

⑤　「真を求むる者」の具体例として画家の逸話を挙げ、これと「今の学者」の問題とを対比的に論じることによって、学問における真とは何かという問題を、読者に投げかけている。

ステップ1　目のつけどころをチェック

1　中心テーマ

→文章全体を見ると、第三段落の「学ぶ姿勢」が中心テーマとなっていることがわかる。

2　文章構成

→第一・二段落の画家の話が、第三段落の学ぶ姿勢（中心テーマ）とどうつながるかに着目する。

ステップ2　こう解いていこう

1 全段落を見通すと、第三段落で「若《キハ》二楊・韓《ノ》二子《ノ》一……〈＝楊や韓の二人のような者は……〉」と述べていることから、それまでの画家の話はこれから筆者が述べようとすることの前提となっているとわかる。さらに第三段落をよく見てみると、「今之学者……」とあり、本文の中心テーマが〈今の人の学ぶ姿勢〉だと読み取れるだろう。

2 **1**で確認した中心テーマがどのような構成で述べられているのか、段落ごとに具体的に確認していこう。

第一段落では画家の楊契丹の手本は**実際の**「宮闕・衣冠・人馬・車乗」であったと述べられ、第二段落では画家の韓幹の師匠は画家ではなく、**実際の**「飛黄・照夜・五方之乗」であったと述べられている。

続く第三段落では、第一・二段落の画家二人を「求《ムル》二其《ノ》真《ヲ》一者」とし、その逆に実際のもの（真）から学ばず、「似〈＝似たもの〉」を用いて「似」を追求しても本物から遠ざかるばかりだと述べ、まさに今の学ぶ人は、聖人の「似」である「経」さえ見ず、さらにその「似」である「訓詁」ばかりを見ていると批判している。

これを図化すると、次の通りである。

「実際の対象」を求める

楊・幹　…求《ムル》其《ノ》**真**《ヲ》者　＝**絵の実際の対象（真）**　＞　誰かの絵・絵の師匠（似）

⇔　⇔

今之学者…求《ムル》**似**《ルヲ》其《ノ》**似**《タルニ》之者　＝**訓詁（似の似）**　＞　経（似）　＞　聖人（真）

聖人＝其
真＝之

「経」＝

…「経」は聖人の教えや言行を記した書物。

「訓詁」を求める

…「訓詁」は「経」に書かれた文字の注釈。

＝

直接「真」を求めず、「経」、さらに「訓詁」と、二重も「真」から離れている。

これらを踏まえて段落構成を確認すると、

第一段落＝「求《ムル》其《ノ》真《ヲ》者」の具体例①

第二段落＝「求《ムル》其《ノ》真《ヲ》者」の具体例②

第三段落＝第一・二段落を受け、今の学ぶ人が「求《ムル》其《ノ》真《ヲ》者」でないことを批判【筆者の主張】

となっていることがわかる。これを踏まえて、選択肢を検討していこう。

ステップ３　選択肢を検討する

× ①「宮闕・衣冠・人馬・車乗」と「飛黄・照夜・五方の乗」は絵の実際の対象（真）なので、「聖人（真）」の比喩。

× ②「真」を求めた画家は「楊契丹」「韓幹」である。また「聖人」の比喩は、①で確認した通り。

× ③二人の画家の話における「真」を求める方法は同一なので、「多様」とはいえない。また「已」「又」は一度しか用いられておらず、「多用」されていない。

× ④「楊契丹」と「韓幹」は、「真」を求めた共通の事例であって、〈対象の多い⇔少ない〉で対比されてはいない。

○ ⑤二人の画家の話を「真」を求める人物の例としている点も、その画家たちと「今の学者」とを対比しているという点も正しい。

正解［⑤］

> **ワンポイントアドバイス**
>
> 漢文の文章は、**「昔はよかったが、今はダメ」**という構成で語られることが多い。
>
> この文章でも「今之学者」を批判しており、（－）《マイナス》イメージの扱いとなっている。
>
> ※ちなみに、漢文での「学者」とは〈**学ぶ者・学問をする者**〉のことを言う。大学教授のような、〈学問の研究を仕事とする人〉のことではない。

書き下し文

隋《ずい》の田《でん》・楊《やう》 鄭法士《ていはふし》と倶《とも》に画《ぐわ》を能《よ》くするを以《もつ》て名《な》あり。法士《はふし》 自《みづか》ら芸《げい》の楊《やう》に如《し》かざるを知《し》るなり。乃《すなは》ち楊《やう》に従《したが》ひて画本《ぐわほん》を求《もと》むるに、楊《やう》 之《これ》に告《つ》げず。一日《いちじつ》 法士《はふし》を引《ひ》きて朝堂《てうだう》に至《いた》り、指《さ》すに宮 闕《きゆうくゑつ》・衣冠《いくわん》・人馬《じんば》・車 乗《しやじよう》を以《もつ》てして、曰《いは》く、「此《こ》れ吾《わ》が画本《ぐわほん》なり。子《し》 之《これ》を知《し》るか」と。是《これ》に由《よ》りて法士《はふし》 悟《さと》りて芸《げい》 進《すす》めり。

唐《たう》の韓幹《かんかん》 馬《うま》を貌《かたど》るを以《もつ》て召《め》され、入《い》りて供奉《ぐぶ》たり。明皇《めいくわう》 詔《みことのり》して陳閎《ちんくわう》に従《したが》ひて画法《ぐわはふ》を受《う》けしめんとす。幹《かん》因《よ》りて奏《そう》すらく、「臣《しん》に自《おのづか》ら師《し》有《あ》り。陛下《へいか》の内厩《ないきう》の飛黄《ひくわう》・照夜《せうや》・五方《ごはう》の乗《じよう》、皆《みな》臣《しん》の師《し》なり」と。帝《てい》之《これ》を然《しか》りとす。其《そ》の後《ご》幹《かん》の画《ぐわ》遂《つひ》に果《は》たして閎《くわう》を踰《こ》ゆ。

楊《やう》・韓《かん》の二子《にし》のごときは、能《よ》く其《そ》の真《しん》を求《もと》むる者《もの》と謂《い》ふべきなり。彼《か》の似《じ》を以《もつ》て似《じ》を求《もと》むる者《もの》は、則《すなは》ち益《ますます》遠《とほ》し。今《いま》の学《がく》者《しや》、聖人《せいじん》の経《けい》を求《もと》むと曰《い》ふと雖《いへど》も、固《もと》より已《すで》に其《そ》の真《しん》に非《あら》ず。乃《すなは》ち経《けい》を舎《す》てて専《もつぱ》ら訓詁《くんこ》を求《もと》むるは、則《すなは》ち又《ま》た其《そ》の之《これ》に似《に》たるに似《に》るを求《もと》むる者《もの》なり。尤《もつと》も遠《とほ》からずや。

全訳

随の田僧亮・楊契丹は鄭法士とともに絵をうまく描けることで名声があった。（しかし）法士は自身で技芸が楊には及ばないことを理解していたのである。そこで楊に従って絵の手本を求めたが、楊は彼〈＝法士〉に（何も）言わなかった。ある日、法士を連れて朝廷に行き、宮殿・衣装や冠・人や馬・乗り物を指して、（法士に）言った、「これが私の絵の手本だ。君はこの意味がわかるか」と。このことにより法士は悟って（人が描いた絵ではなく実際のものを手本にして）技芸を伸ばした。

唐の韓幹は馬を（上手に）描くことで召されて、（宮廷に）入り供奉の官位となった。玄宗皇帝は（韓幹に）勅命して（画家の）陳閎に従って絵の技法を学び受けさせようとした。（しかし）韓幹はそこで、「私にはすでに師がおります。（それは）陛下の宮中の厩《うまや》にいる飛黄・照夜（といった駿馬）・各地から集められた馬たちです」と皇帝に申し上げた。皇帝はこのことをその通りだと思った。その後、韓幹の絵はその結果やはり陳閎（の画力）を越えた。

（私は思うが）楊契丹・韓幹の二人のような者たちは、その〈＝絵の〉「真」を追い求めることができた者たちだと言うことができよう。その〈＝「真」に〉似たものを使って似ることを求めている者は、ますます（「真」から）遠ざかるというものだ。最近の学ぶ人は、聖人の（教えや言行を記した）経書を求めると言っているが、言うまでもなくすでに（経書は）その〈＝聖人の〉「真」ではない。そこで経書を捨てておいてひたすら（経書を理解するための注釈である）訓詁を求めているのは、さらにその〈＝聖人の〉「真」に似たものに似たものを求めている者である。（これでは）最も（聖人の「真」から）遠ざかっていないだろうか。

例題2

蓮《はす》之為ルレ物、愛スルレ之ヲ者或イハ以テシ二臭味（注1）一ヲ、或イハ以テスルモ二芳沢（注2）一ヲ、未ダルレ有ラ下能ク知ル二其ノ徳一ヲ者上也。自リ三周子（注3）為シテ二之ガ説一ヲ、而人莫シレ不ルレ称セ二其ノ徳一ヲ矣。然レドモ未ダルレ及バ二其ノ才一ニ也。

窃《ひそか》ニ見ルニ二用之大ナル者一ヲ、実ト与レ根ハ可ク三以テ供ス二籩豆《へんとう》（注4）一ニ、可ク三以テ充ツ二民ノ食一ニ、可シ三以テ療ス二疾疢《しっちん》（注5）一ヲ。細カキハ至ルマデ二葉・鬚《しゆ》（注6）・茎・節一ニ、無シ下一トシテ不ルレ可カラレ資ス二人ノ採択一ニ者上。

群卉《ぐんき》（注7）之中、根之美ナル者ハ葉或イハ棄テラレ、落スニ其ノ実一ヲ者ハ幹ニ有リレ遺《のこ》ルモノ。求ムルモ二其ノ兼ヌルヲレ善ヲ、蓋シ罕《まれ》ナリレ及ブモノレ焉《これ》ニ。

而モ又陽煦《やうく》（注8）已ニ盛ンナレバ、厥《そ》ノ栄《はな》漸ク敷《ひら》キ、陰節未ダルニレ凝ラ、蟄蔵《ちつざう》（注9）早《つと》ニ固ムルハ、合ス二乎君子ノ進退出処之義一ニ。

予故《もと》ヨリ匪《あら》ズ二惟《ただ》ニ愛スルノミニレ之ヲ、益《ますます》用《もつ》テ敬シテレ之ヲ、而引キテ為《つく》リ二環堵《くわんと》（注10）ノ間一ニ、備フト二師友一ニ云フ。

（注）
1　臭味——香り。
2　芳沢——姿の美しさ。
3　周子——周敦頤《しゅうとんい》（一〇一七〜七三）。「愛蓮説」を著した。
4　供籩豆——祭祀《さいし》の時、器に入れて供える。
5　疾疢——熱病などの病気。
6　鬚——花のおしべ。
7　群卉——数多くの草木。
8　陽煦——あたたかな日射し。陽光。
9　蟄蔵——地中で根に養分を蓄えること。
10　環堵間——自宅の庭園。

問　この文章は全部で四段落からなっている。各段落の構成についての説明として最も適当なものを、次の①〜⑤のうちから一つ選べ。

①　蓮に対する人々の認識が深まってきた経緯を提示した第一段落を前提として、周子や人々が発見した蓮の価値を具体的に示した第二・第三段落をふまえて、第四段落では自らの生活に即しながらそれらを批評する構成となっている。

②　蓮に対する人々の認識が深まってきた経緯を提示した第一段落を前提とはしながらも、第二段落から第四段落までは自らが見いだした蓮の価値に関連した新しい観点に即して、第一段落の前提を具体的に批判する構成となっている。

③　蓮に対する人々の認識が深まってきた経緯を提示した第一段落を前提として、自ら見いだした蓮の価値についての認識の内容を展開した第二・第三段落をふまえて、第四段落では蓮に対する筆者独自の態度を示す構成となっている。

④　蓮に対する人々の認識が深まってきた経緯を提示した第一・第二段落を前提とはしているが、第三段落では自ら見いだした蓮の価値を新たに提示し、第四段落ではそれをふまえた蓮に対する筆者独自の態度を示す構成となっている。

⑤　蓮に対する人々の認識が深まってきた経緯を提示した第一・第二段落を前提としつつ、第三段落、第四段落ではそれぞれ異なる季節における自らの生活場面での蓮の用い方について、具体例を挙げて実証的に示す構成となっている。

ステップ1　目のつけどころをチェック

1　中心テーマ

↓文章全体を貫く中心テーマは**「蓮」の意義**。

2　文章構成

↓「蓮」について、各段落がどのようなことを述べているか確認する。

↓第二段落の**対句表現**に着目。「対句」は**筆者の主張が述べられやすい**箇所。

↓第三段落冒頭の「**又**」という接続詞に着目。「又」は、**前に述べたことに別のことを付け足す**添加の接続詞。ここから、第二段落と第三段落とが**並列**の関係とわかる。

ステップ2　こう解いていこう

1 全段落を通して、「蓮」についてあれこれと考察している。ここから本文の中心テーマは、**「蓮」をどのようにとらえるべきか**、だとわかる。

2 **1**で確認した中心テーマについて、どのような構成で述べられているのかを確認していく。

第一段落では、**人々が「蓮」のどのようなところを評価し注目してきたか**について述べられている。人々は、始めは「臭味〈＝香り〉」「芳沢〈＝姿の美しさ〉」を評価し、次に周子によって蓮のもつ「徳」を評価した、とある。しかし筆者はこれに対し、蓮の「才〈＝有用性〉」にまではまだ言及していないと述べている。

第二段落では、その「才」について、**対句**を用いながら他の植物と対比して記されている。

〈蓮の場合〉

用之大《ナル》者　＝実《ト》与《ハ》レ根　→可《ク》三以《テ》供《ス》二籩豆《ニ》一、可《ク》三以《テ》充《ツ》二民《ノ》食《ニ》一、可《シ》三以《テ》療《ス》二疾疢《ヲ》一

大きなパーツ　実と根　お供え物、食料、薬になる

対句
⇔　⇔　⇔

細《カキハ》　＝葉・鬚・茎・節　→無《シ》下一《トシテ》不《ル》レ可《カラ》レ資《ス》二人《ノ》採択《ニ》一者上

小さなパーツ　葉・おしべ・茎・節　どれこれも人々の役に立つ

補足　「者」…強意を示す助詞。「細《カキハ》」の「ハ」と同じような働き。

〈群弁〈＝数多くの草木〉の場合〉

対句

（大として）根之美ナル者　↓　（細として）葉或イハ棄テラレ

根＝○　⇔　葉＝×

（大として）落ス二其ノ実ヲ一者　↓　（細として）幹ニ有リレ遺ルモノ

実＝×　⇔　幹＝○

「蓮」は、大きなパーツの「実」や「根」も、小さなパーツの「葉・鬚・茎・節」も役に立つ。そこがほとんどの他の植物と違うところだ、という**筆者の考え**が述べられている。なお、段落末尾に「蓋シ〈＝思うに〉」があることからも、筆者の考えを述べた箇所だとわかるだろう。

第三段落では、冒頭にある**添加**の接続詞「**又**《また》」に着目。第二段落に加えて**さらにもう一つの**「蓮」の特徴を述べる合図だ。ここでは〈暖かくなるとゆっくり花開き、寒くなると早めに地中で根に栄養を蓄えるという蓮の特徴が、君子の進退出処（＝身の振り方）の正しいあり方と合致している〉という**筆者の考え**を述べている。

そして最後の第四段落では、そのような蓮に対して**筆者が抱く意識・態度**を述べて締めくくっている。

以上をまとめると、

第一段落＝人々が考える「蓮」のよいところ（前提）

第二段落＝筆者が考える「蓮」のよいところ①

第三段落＝筆者が考える「蓮」のよいところ②

第四段落＝筆者が抱く「蓮」への意識・態度（まとめ）

という構成になっていることがわかる。これを踏まえて、選択肢を検討していこう。

漢文
8
文章構成問題

ステップ3　選択肢を検討する

× ①「第一段落を前提として」「第二・第三段落をふまえて」という構成はよいが、第二・三段落は「周子や人々」の考えではなく、筆者独自の考えが述べられている。

× ②第二～四段落は確かに筆者独自の考えを述べた箇所だが、第一段落を「具体的に批判」してはいない。

○ ③第一段落を前提として、第二・三段落を踏まえるという構成も、各段落の内容も適切。

× ④第二段落までを前提としている点、「又」の接続詞を無視し、第二段落と第三段落を切り離している点が誤り。

× ⑤第二段落までを前提として、接続詞「又」を無視している点が誤り。また第三・四段落の内容も誤っている。

↓正解［③］

ワンポイントアドバイス

単純なストーリーモノとは違って、物事について筆者が分析したり主張したりする文章は、**「対句」**を用いて説明されることが多い。

また、こうした文章は段落構成が明確で問題にもなりやすいので、各段落の役割分担を、**「中心テーマ」**や**添加の「又《また》・且《かつ》」といった接続詞**を意識しながら読む習慣をつけよう。

書き下し文

蓮《はす》の物《もの》たる、之《これ》を愛《あい》する者或《ものある》いは臭味《しうみ》を以《もつ》てし、或《ある》いは芳沢《はうたく》を以《もつ》てするも、未《いま》だ能《よ》く其《そ》の徳《とく》を知《し》る者有《ものあ》らざるなり。周子《しうし》之《これ》が説《せつ》を為《な》してよりして、人其《ひとそ》の徳《とく》を称《しよう》せざる莫《な》し。然《しか》れども未《いま》だ其《そ》の才《さい》に及《およ》ばざるなり。

窃《ひそか》に用《よう》の大《だい》なる者《もの》を見《み》るに、実《み》と根《ね》とは以《もつ》て籩豆《へんとう》に供《きよう》すべく、以《もつ》て民《たみ》の食《しよく》に充《あ》つべく、以《もつ》て疾疢《しつちん》を療《れう》すべし。細《こま》かきは葉《は》・鬚《しゅ》・茎《くき》・節《ふし》に至《いた》るまで、一《いつ》として人《ひと》の採択《さいたく》に資《し》すべからざる者無《ものな》し。群卉《ぐんき》の中《うち》、根《ね》の美《び》なる者《もの》は葉或《はある》いは棄《す》てられ、其《そ》の実《み》を落《おと》す者《もの》は幹《みき》に遺《のこ》るもの有《あ》り。其《そ》の善《ぜん》を兼《か》ぬるを求《もと》むるも、蓋《けだ》し焉《これ》に及《およ》ぶもの罕《まれ》なり。而《しか》も又陽煦《またようく》已《すで》に盛《さか》んなれば、厥《そ》の栄《はなや》漸《ようや》く敷《ひら》き、陰節未《いんせついま》だ凝《こ》らざるに、蟄蔵《ちつぞう》早《つと》に固《かた》むるは、君子《くんし》の進退出処《しんたいしゅっしょ》の義《ぎ》に合《がっ》す。予《よ》故《もと》より惟《た》だ之《これ》を愛《あい》するのみに匪《あら》ず、益《ますます》用《もっ》て之《これ》を敬《けい》して、引《ひ》きて環堵《かんと》の間《かん》に為《つく》り、師友《しゆう》に備《そな》ふと云《い》ふ。

全訳

蓮という植物について、これを愛好する理由は一方では香り、一方では姿の美しさであったが、まだその〈＝蓮の〉徳を理解できた者はいなかった。（しかし）周子がそれ〈＝蓮の徳〉について述べてからは、人々の中でその〈＝蓮の〉徳をほめたたえない者はいなかった。しかしまだその〈＝蓮の〉有用性について言及してはいないのである。

ひそかに（蓮の）利用できる大きな箇所を見てみると、実と根は（祭祀の時に）器に入れて供えることができ、庶民の食料に充てることもでき、熱病などの病気を治すこともできる。（また）細かな箇所については葉・おしべ・茎・節に至るまで、一つとして人が採集して役立てられないところはない。（一方）数多くの草木の中には、根が美味なものは葉は一方では捨てられ、その実を落とすものは幹に（よい実が）残っているものがある。その（大も小も）よいところを兼ね備えている植物を探し求めても、思うにこれ〈＝蓮〉に及ぶものはまれである。

しかし（それだけでなく）その上、日差しがすでに強くなって〈＝暖かい季節になって〉、その〈＝蓮の〉花が次第に咲き開き、寒い（冬の）季節がまだ厳しくならないうちに、地中で根に養分を蓄えることをすばやくしっかり行う様子は、君子がその進退や出処を決める時の正しいあり方に合致する。

私は言うまでもなく単にこれ〈＝蓮〉を愛するだけでなく、いっそう、このような理由でこれ〈＝蓮〉を敬って、（蓮を）もってきて自宅の庭園で育て、師として尊敬できる友人に加えているのである。

漢文訓読の基本

※書…書き下し文　訳…意味・現代語訳

1 返り点

レ点	②レ①	※一文字だけの読み上がり。	熊取リテレ魚ヲ食フレ之ヲ。 書 熊《くま》魚《さかな》を取《と》りて之《これ》を食《く》ふ。
一・二点	③二①②一	※二文字以上の読み上がり。 ※三・四点を使う場合 ↓ 	熊取ル二巨大魚ヲ一。 書 熊巨大魚《くまきよだいぎよ》を取《と》る。
上・下点	⑤下③二①②一④上	※間に一・二点を挟む時の読み上がり。 ※中点が使われる場合 ↓ ⑦下③二①②一⑥中④⑤上 ※これと同じ働きの返り点に〔甲《こう》・乙《おつ》・丙《へい》点〕がある。	見ル下熊ノ取リテ二其ノ鮭ヲ一而食フヲ上。 書 熊《くま》の其《そ》の鮭《さけ》を取《と》りて食《く》ふを見《み》る。
一レ点 上レ点 甲レ点	④二①③上レ②	※「一〔上・甲〕」点の直下の文字を先に読む。	吾見ル下熊ノ取レドモ二其ノ鮭ヲ一而不ルヲ上レ食ハ。 書 吾熊《われくま》の其《そ》の鮭《さけ》を取《と》れども食《く》はざるを見《み》る。
ー（ハイフン）	②三-③①一	※熟語へ読み上がる時の打ち方。この場合、②③が熟語。	吾不三捕二-獲セ熊ヲ一。 書 吾熊《われくま》を捕獲《ほかく》せず。

2 送り仮名

「―二～□一」の送り仮名

―二～ヲ・ニ・ト一	以テレ汝《なんぢ》ヲ為ス二名人ト一。
―二於～ニ・ヨリ一	掛ク二於壁ニ一。

下から上へ読み上がる時は、**「ヲ・ニ・ト・ヨリ」**の送り仮名を付けることが多い。

「―二～□～□一」の送り仮名

①―二～ヲ（於）～ニ一	投グ二書ヲ川ニ一。 抱ク二志ヲ於天下ニ一。
②―二～ニ～ヲ一	与フ二彼ニ金ヲ一。
③―二～ノ～ヲ・ニ・ト一	釣ル二池ノ魚ヲ一。

用言（―）の下に二つの名詞（～）がある時の送り仮名。①が頻出。②は「**与**《あた》フ・**教**《をし》フ・**求**《もと》ム・**請**《こ》フ」などの動詞が使われる時の形。

3 接続

順接（and）	―テ・シテ（而）… ―、〔◦〕而《しか(う)シテ》…	熊取リテレ鮭ヲ而運ブレ岸ニ。 訳 熊は鮭を取っ**て**岸に運んだ。
逆接（but）	―ドモ・ニ・モ（而）… ―、〔◦〕而《しかレドモ・ルニ・モ》…	熊取ルモレ鮭ヲ而不レ食ベ。 訳 熊は鮭を取った**が**食べなかった。
条件〈ならば〉	―バ、（則チ）…	熊来レバ、我逃ゲン。 訳 熊が来た**ならば**、私は逃げよう。
その他	主語 述語三 主語ノ 述語一	吾見ル三熊ノ取ルヲ二其ノ鮭ヲ一。 訳 私は熊**が**その鮭を取るのを見た。

※一・二点の中の主語に付く送り仮名は「**ノ**」。

必修句形

※（　）は活用語尾を示している。

1 再読文字

意志・推量	義務・当然	必要	勧誘	否定	比況
将《まさ》〔且《まさ》〕ニ―（未然）ント 書 将《まさ》〔且《まさ》〕に―んとす 訳 ―しようとする・今にも―するだろう	当《まさ》〔応《まさ》〕ニ―（終止）ベシ 書 当《まさ》〔応《まさ》〕に―べし 訳 ―するべきだ・―するはずだ・―にちがいない ※推量の意味もあり、漢詩中で使われる時に多い。	須《すべか》ラク―（終止）ベシ 書 須《すべか》らく―べし 訳 ―する必要がある	宜《よろ》シク―（終止）ベシ 書 宜《よろ》しく―べし 訳 ―する方がよい	未《いま》ダ―（未然）ず 書 未《いま》だ―ず 訳 まだ―しない	猶《なほ》―ノ・ガごとシ 書 猶《な》ほ―の・がごとし 訳 まるで―のようだ
将ニ訴ヘント県令ニ。 書 将《まさ》に県令《けんれい》に訴《うった》へんとす。 訳 県の長官に訴えようとする。	当ニシ助ク隣国ヲ。 書 当《まさ》に隣国《りんごく》を助《たす》くべし。 訳 隣の国を助けるべきだ。	須ラクシ好ム学ヲ。 書 須《すべか》らく学《がく》を好《この》むべし。 訳 学問を好む必要がある。	宜シクシ飼フ猫ヲ。 書 宜《よろ》しく猫《ねこ》を飼《か》ふべし。 訳 猫を飼う方がよい。	未ダ成サ列ヲ。 書 未《いま》だ列《れつ》を成《な》さず。 訳 まだ列を作っていない。	学猶ホシ亀ノ歩ミノ。 書 学《がく》猶《な》ほ亀《かめ》の歩《あゆ》みのごとし。 訳 学問（の進み）がまるで亀の歩みのようだ。

勧告
盍《なんゾ》―（未然）ざル ※盍ゾ＝何ゾ不ル 書 盍《なん》ぞ―ざる 訳 どうして―しないのか、―すればよいのに
盍ゾ去ラ。 書 盍《なん》ぞ去《さ》らざる。 訳 どうして去らないのか、去ればよいのに。

★「将・且」は「んとす」、「当・応」は「べし」と読むと覚えよう。

2 使役

使《し》〔令《し》・教《し》・遣《し》〕ム～ヲシテ―（未然）シム 書 ～をして―しむ 訳 ～に―させる ★「ヲシテ」という送り仮名は使役の対象にのみ付く。ただし、「～ヲシテ」は省略されることもある。	教《をし》ヘテ～ニ―（未然）シム 書 ～に教《をし》へて―しむ 訳 ～教えて―させる	遣《つか》ハシテ～ヲ―（未然）シム 書 ～を遣《つか》はして―しむ 訳 ～を派遣して―させる	命《めい》ジテ～ニ―（未然）シム 書 ～に命《めい》じて―しむ 訳 ～に命令して―させる	―（未然）シム 書 ―しむ 訳 ―させる
使ム子路ヲシテ渡ラ。 書 子《し》路《ろ》をして渡《わた》らしむ。 訳 子路に渡らせる。	教ヘテ人ニ飼ハシム羊ヲ。 書 人《ひと》に教《をし》へて羊《ひつじ》を飼《か》はしむ。 訳 人に教えて羊を飼わせる。	遣ハシテ人ヲ行カシム敵地ニ。 書 人《ひと》を遣《つか》はして敵地《てきち》に行《い》かしむ。 訳 人を派遣して敵地に行かせる。	命ジテ人ニ捕ヘシム鼠ヲ。 書 人《ひと》に命《めい》じて鼠《ねずみ》を捕《と》らへしむ。 訳 人に命令して鼠を捕まえさせる。	釈《と》カシム縄ヲ。 書 縄《なわ》を釈《と》かしむ。 訳 縄を解かせる。

3 否定

単純否定

不《ず》〔弗《ず》〕二――（未然）一
書 ――ず
訳 ――しない

弗《ず》レ食ハ。／不《ざル》レ食ハ者。
書 食《く》はず。／食《く》はざる者《もの》。
訳 食べない。／食べない者。

非《あらズ》二――一ニ
書 ――に非《あら》ず　訳 ――ではない

非ズレ憎ムニ。
書 憎《にく》むに非《あら》ず。訳 憎むのではない。

★書き下した時の「非」の直前の送り仮名は必ず「に」。

無《なシ》〔莫《なシ》〕二――一
書 ――無《な》〔莫《な》〕し
訳 ――はいない・――はない

莫《なシ》レ好ムモノレ貧ヲ。
書 貧《ひん》を好《この》むもの莫《な》し。
訳 貧乏を好む者はいない。

★「莫」は「莫《なシ》」が基本、「莫《なカレ》」は例外。

禁止

勿《なカレ》〔毋《なカレ》〕二――（連体）一
書 ――勿《な》〔毋《な》〕かれ
訳 ――してはいけない

勿カレレ求ムル。
書 求《もと》むる勿《な》かれ。
訳 求めてはいけない。

不《ず》レ可《べカラ》二――（終止）一
書 ――べからず
訳 ――できない・――してはいけない

不レ可カラレ伐ツレ陳ヲ。
書 陳《ちん》を伐《う》つべからず。
訳 陳国を討つことはできない。

★〔他人の行動を禁止する場合〕は〈してはいけない〉と訳す。

不可能

不《ず》レ能《あたハ》二――（連体）（コト）一
書 ――（こと）能《あた》はず
訳 ――できない

不レ能ハレ求ムル。
書 求《もと》むる能《あた》はず。
訳 求めることができない。

不《ず》レ得《え》二――（連体）ヲ一
書 ――を得《え》ず
訳 ――できない

不レ得レ釣スルヲ。
書 釣《てう》するを得《え》ず。
訳 釣りをすることができない。

特殊否定

不《ず》二敢《あヘテ》――（未然）一
書 敢《あ》へて――ず
訳 決して――しない
※反語「敢ヘテ不二――一乎ランヤ」（→p223）

不二敢ヘテ受一ケ。
書 敢《あ》へて受《う》けず。
訳 決して受けない。

無《なク》二AZ一ト――
無《なク》レA《ト》無《なク》レZ《ト》――
書 AZと無《な》く――
　Aと無《な》くZと無《な》く――
訳 AからZまで区別なく、すべて――する

無ク二貴賤一ト語ル。
書 貴賤《きせん》と無《な》く語《かた》る。
訳 身分の高い人から身分の低い人まで区別なく、すべての人が語る。

不《ず》レ可《べカラ》レ勝《たフ》二――（連体）ニ一
不《ず》レ可《べカラ》二勝《あゲテ》――（終止）一
書 ――に勝《た》ふべからず
　勝《あ》げて――べからず
訳 ――し尽くすことはできない

不レ可カラレ勝フレ数フルニ。
不レ可カラ二勝ゲテ数一フ。
書 数《かぞ》ふるに勝《た》ふべからず。
　勝《あ》げて数《かぞ》ふべからず。
訳 数え尽くすことはできない。

不《ず》二～ヲ・ニ――（未然）一
書 ～を・に――ず
訳 ～を・に――しない

不二我ニ与一ヘ。
書 我《われ》に与《あた》へず。
訳 私に与えない。

二重否定

【☆二～△レ――】グループ　※☆・△には否定語が入る。

未《いまダ》二嘗《かつテ》不《ずンバアラ》一レ――（未然）
書 未《いま》だ嘗《かつ》て――ずんばあらず
訳 今まで――しなかったことはない
〔以前から――している〕

未ダ二嘗テ不一ンバアラレ知ラ。
書 未《いま》だ嘗《かつ》て知《し》らずんばあらず。
訳 今まで知らなかったことはない。
〔以前から知っている。〕

二重否定

句形	例文
不《ず》二敢《あヘテ》不《ずンバアラ》一レ―（未然） 書 敢《あ》へて―ずんばあらず 訳 決して―しないことはない〔必ず―する〕	不二敢《あヘテ》不《ずンバアラ》一レ受《ケ》。 書 敢《あ》へて受《う》けずんばあらず。 訳 決して受けないことはない。〔必ず受ける。〕
無《なシ》二～《トシテ》一不《ざルハ》〔無《なキハ》〕レ― 書 ～として―ざるは〔無《な》きは〕無《な》し 訳 ～で―しないことはない〔どんな～でも―する〕	無《シ》二草《トシテ》一不《ルハ》レ枯《レ》。 書 草《くさ》として枯《か》れざるは無《な》し。 訳 草で枯れないことはない。〔どんな草でも枯れる。〕
【☆レ△レ―】グループ　※☆・△には否定語が入る。	
無《なシ》レ不《ざルハ》〔非《あらザルハ》〕レ― 書 ―ざるは〔非《あら》ざるは〕無《な》し 訳 ―しないことはない〔すべて―する〕	無《シ》レ不《ルハ》レ死《セ》。 書 死《し》せざるは無《な》し。 訳 死なないことはない。〔すべて死ぬ。〕
非《あらズ》レ不《ざルニ》〔無《なキニ》〕レ― 書 ―ざるに〔無《な》きに〕非《あら》ず 訳 ―しないのではない〔少しは・確かに―する〕	非《ズ》レ不《ルニ》レ怨《ミ》。 書 怨《うら》みざるに非《あら》ず。 訳 怨まないのではない。〔確かに怨んでいる。〕
不《ず》レ可《ベカラ》レ不《ざル》レ―（未然） 書 ―ざるべからず 訳 ―しなければならない	不レ可《カラ》レ不《ル》レ知《ラ》。 書 知《し》らざるべからず。 訳 知らなければいけない。
不レ能《あたハ》〔不レ得《え》〕レ不《ざル（ヲ）》レ―（未然） 書 ―ざる能《あた》はず〔を得《え》ず〕 訳 ―しないわけにはいかない	老人《ハ》不レ能《ハ》レ不《ル》レ衰《ヘ》。 書 老人《ろうじん》は衰《おとろ》へざる能《あた》はず。 訳 老人は衰えないわけにはいかない。

部分否定

句形	例文
【不二□《ハ》一―】の形　※□には副詞が入る。	
不《ず》二常《つねニハ》一―（未然） 書 常《つね》には―ず 訳 いつも―するとは限らない	伯楽《ハ》不二常《ニハ》一有《ラ》。 書 伯楽《はくらく》は常《つね》には有《あ》らず。 訳 伯楽〈＝馬の鑑定の名人〉はいつもいるとは限らない。
不《ず》二甚《はなはダシクハ》一―（未然） 書 甚《はなは》だしくは―ず 訳 はなはだしく―するとは限らない	流《レハ》不二甚《ダシクハ》急一《ナラ》。 書 流《なが》れは甚《はなは》だしくは急《きふ》ならず。 訳 流れははなはだしく急だとは限らない。
不《ず》二尽《ことごとクハ》一―（未然） 書 尽《ことごと》くは―ず 訳 全部―するとは限らない	不二尽《クハ》信《ゼ》一レ書《ヲ》。 書 尽《ことごと》くは書《しよ》を信《しん》ぜず。 訳 全部書物を信じられるわけではない。
□（副詞）に送り仮名「ハ」が付かないもの	
不《ず》二必《かならズシモ》一―（未然） 書 必《かなら》ずしも―ず 訳 必ずしも―するとは限らない	不二必《ズシモ》有《ラ》一レ仁。 書 必《かなら》ずしも仁《じん》有《あ》らず。 訳 必ずしも仁があるとは限らない。
不《ず》二復《まタ》一―（未然） 書 復《ま》た―ず 訳 もう二度と―しない	不二復《タ》見《エ》一。 書 復《ま》た見《み》えず。 訳 二度と見えなかった。

否定の連用

句形	訳
{不《ずンバ》二―一（未然）、非《あらズンバ》二―一、無《なクンバ》二―一}、{不《ず》二―一（未然）。非《あらズ》二―一。無《なシ》二―一。}	訳 {―しなければ、―でなければ、―がなければ}、{―しない、―ではない、―はない}

4 疑問・反語

※訳の□には疑問詞の訳語が入る。

疑問			反語		
—（連体）…乎《か》。 書 —か。 訳 —するのだろうか。	疑問詞—（連体）…乎《か》。 書 疑問詞—か。 訳 □—するのだろうか。	疑問詞—（連体）…。 書 疑問詞—。 訳 □—するのだろうか。	—（未然）ン…乎《や》。 書 —んや。 訳 —することがあろうか、いや—（はずが）ない。	疑問詞—（未然）ン…乎《や》。 書 疑問詞—んや。 訳 □—することがあろうか、いや—（はずが）ない。	疑問詞—（未然）ン…。 書 疑問詞—ん。 訳 □—することがあろうか、いや—（はずが）ない。
君好ムレ勇ヲ乎。 書 君勇《きみゆう》を好《この》む**か**。 訳 あなたは勇気を好む**のだろうか**。	何ヲ以テ知ルレ此レヲ乎。 書 何《なに》を以《もつ》て此れを知**るか**。 訳 **どうして**これを知っている**のだろうか**。	何為レゾ求ムル。 書 何為《なんす》れぞ求《もと》**むる**。 訳 **どうして**求める**のだろうか**。	君好マンレ勇ヲ乎。 書 君勇《きみゆう》を好《この》ま**んや**。 訳 あなたが勇気を好む**ことがあろうか、いや**好む**はずがない**。	何ヲ以テ知ランレ此レヲ乎。 書 何《なに》を以《もつ》て此《こ》れを知《し》ら**んや**。 訳 **どうして**これを知っている**ことがあろうか、いや**知ら**ない**。	何為レゾ求メン。 書 何為《なんす》れぞ求《もと》め**ん**。 訳 **どうして**求め**ようか、いや**求め**ない**。

○疑問詞—疑問・反語の句形で使われる主な疑問詞は次の通り。

why	when	what	who	where	which	how	how to	how many how much
何《なんゾ》・安《いづクンゾ》 豈《あニ》・何為《なんすレゾ》・何《なにヲ》以《もつテ(カ)》 如何《いかん》〔奈何《いかん》・若何《いかん》〕ゾ……。 ※「いかんゾ」は文頭にある。	何時《いづレノときニ(カ)》	何《なにヲ(カ)》	誰《たれ》〔孰《たれ》〕カ	安《いづクニ(カ)》・何処《いづレノところニ(カ)》	何《いづ》〔孰《いづ》〕レ(カ)	……何如《いかん》〔何奈《いかん》・何若《いかん》〕。 ※文中 or 文末にある。	……如何《いかん》〔奈何《いかん》・若何《いかん》〕セン。 ※文中 or 文末にある。	……幾《いくばくゾ》。 ……幾何《いくばくゾ》。 ……幾許《いくばくゾ》。
どうして〜 どのように〜	いつ〜	何を〜	誰が〜	どこで〜	どちらが〜	……はどうだ。	……はどうしようか。	……はどれくらいか。

○疑問の終助詞—疑問・反語の句形の末尾に付く〈＝英語の『?』〉。

?	
…乎《か・や》。 …耶《か・や》。　…邪《か・や》。 …也《か・や》。　…哉《か・や》。	【疑問】基本は「か」と読む。 （用言の「連体形」の下に付く。） ※例外…疑問詞に「ゾ」が付く時や、 用言の終止形の下に付く時は 「や」と読む。 【反語】必ず「や」と読む。 （用言の「未然形＋ン」の下に付く。）
※「也」「哉」は疑問詞とセットで使われる場合に「か・や」と読む。	

★反語のポイント—「ン」の付いた語の意味と反対の意味合いになる。

例 求メンや乎。　→　不レ求メ。〈＝求めない。〉
不レ求メラン乎。　→　求ム。〈＝求める。〉

★「何」「安」には、次の文字があてられることもある。

何＝胡・曷・奚　安＝悪・※寧・烏・焉

※寧 ｛①むしロ　…選択（↓p224）／②いづクンゾ…疑問・反語｝

（↓p224）

★「いかん」系のまとめ

①文頭にある時　→　読み いかんゾ　意味 なぜ・どうして

②文中・文末にある時　→　｛読み いかん　意味 どうだ／読み いかんセン　意味 どうしようか｝

③目的語をとる時　→　如レ□ヲ何セン。

※「如〔奈・若〕」と「何」の間に目的語が入る。

読み □ヲいかんセン。

意味 □をどうしようか。

○特殊表現

疑問特有			反語特有		
—（連体）ヤ不《いな》〔否《いな》〕ヤ。 書 —や不《いな》〔否《いな》〕や。 訳 —するのか、—しないのか。	～ハ何《なん》ゾ也《や》。 書 ～は何《なん》ぞや。 訳 ～はどうしてか。	非《あら》ズ二—一乎《や》。 書 —に非《あら》ずや。 訳 —ではないのか。	敢《あ》ヘテ不《ざ》ラン二—（未然）一乎《や》。 書 敢《あ》へて—ざらんや。 訳 どうして—しないことがあろうか、いや必ず—する。	何《なん》ノ～カ之《こ》レ有《あ》ラン。 書 何《なん》の～か之《こ》れ有《あ》らん。 訳 どうして～があろうか、いや～はない。	得《え》ンレ無《な》キヲ〔非《あら》ザルヲ〕二—一乎《や》。 書 —無《な》きを〔非《あら》ざるを〕得《え》んや。 訳 —がないのはありえるだろうか、いや必ず—はある。
有レリ扉。開クヤ不ヤ。 書 扉《とびら》有《あ》り。開《あ》くや不《いな》や。 訳 扉がある。開けるのか、開けないのか。	人ノ死スルハ何ゾ也。 書 人《ひと》の死《し》するは何《なん》ぞや。 訳 人が死ぬのはどうしてか。	非ズ二我ガ友一乎。 書 我《わ》が友《とも》に非《あら》ずや。 訳 私の友人ではないのか。	敢ヘテ不レラン走ラ乎。 書 敢《あ》へて走《はし》らざらんや。 訳 どうして逃げないことがあろうか、いや必ず逃げる。	何ノ憂ヒカ之レ有ラン。 書 何《なん》の憂《うれ》ひか之《こ》れ有《あ》らん。 訳 どうして心配ごとがあろうか、いや心配ごとはない。	得レンヤ無キヲ二時勢一乎。 書 時勢《じせい》無《な》きを得《え》んや。 訳 時代の移り変わりがないのはありえるだろうか、いや必ず移り変わる。

5 詠嘆

○詠嘆の終助詞

	—ハ…哉《かな・か・や》〔耶・与・邪・乎・夫〕	
基本形	—(連体)也《や》、…哉《かな》。 書 —や、…かな。 訳 —は、…だなあ。	天ノ晴ルル**也**、快キ**哉**。 書 天《てん》の晴《は》るる**や**、快《こころよ》き**かな**。 訳 空が晴れているの**は**、心地よいこと**だなあ**。
倒置形	…哉《かな》、—(連体)也《や》。 書 …かな、—や。 訳 …だなあ、—は。	快キ**哉**、天ノ晴ルル**也**。 書 快《こころよ》き**かな**、天《てん》の晴《は》るる**や**。 訳 心地よいこと**だなあ**、空が晴れているの**は**。

○詠嘆の句形—〈何とも—ではないか・とても—だなあ〉の意を表す。

不《ず》二亦《ま》タ—(未然)一哉《や》。 書 **亦《ま》た—ずや**。	不二亦タ楽シカラ一**哉**。 書 **亦《ま》た**楽《たの》しから**ずや**。 訳 **何とも**楽しいこと**ではないか**。
豈《あ》ニ不《ず》二—(未然)一哉《や》。 書 **豈《あ》に—ずや**。 ※「—ざらんや」にならない。	豈ニ不レ命ナラ**哉**。 書 **豈《あ》に**命《めい》なら**ずや**。 訳 **何とも**運命的**ではないか**。
何《なん》ゾ其《そ》レ—(連体)哉《や》。 書 何《なん》ぞ其《そ》れ—や。	何ゾ其レ惑ヒナル**哉**。 書 **何《なん》ぞ其《そ》れ**惑《まど》ひなる**や**。 訳 **とても**間違っている**ことだなあ**。

○文頭に来る語

嗚呼《ああ》／嗟乎《ああ》　など

6 受身

為《な》ル二〜ノ所《ところ》トレ—(連体) 書 〜の—所《ところ》と為《な》る 訳 〜**によって**—される	**為**ル二盗人ノ**所**トレ取ラルル。 書 盗人《ぬすびと》**の**取《と》らるる**所《ところ》と為《な》る**。 訳 盗人**によって**取ら**れる**。
—ル・ラル二於〜ニ一 書 〜に—**る・らる** 訳 〜に—される	笑ハル二**於**児ニ一。 書 児《こ》**に**笑《わら》は**る**。 訳 子ども**に**笑わ**れる**。
見《る・らる》〔被《る・らる》〕レ—(未然) 書 —る・らる 訳 —される	**見**レ殺サレ妻ヲ。 書 妻《つま》を殺《ころ》さ**る**。 訳 妻を殺さ**れる**。

7 選択

※◎／○は優劣を示している（◎＝優＞○＝劣）。

与《より》ハ二其《そ》ノ○(未然)ン一、寧《むし》ロ◎(命令) 書 其《そ》の○んよりは、寧《むし》ろ◎ 訳 ○するより、**むしろ◎しなさい**	**与**リハ三**其**ノ得ン二小人ヲ一、**寧**ロ得ヨ二愚人ヲ一。 書 **其《そ》の**小人《せうじん》を得《え》**んよりは**、**寧《むし》ろ**愚人《ぐじん》を得《え》よ。 訳 器量の小さい者を採用**するより**、**むしろ**愚かな人を採用**しなさい**。
寧《むし》ロ◎(終止)トモ、無《な》カレ○(連体) 書 寧《むし》ろ◎とも、○無《な》かれ 訳 いっそ◎となっても、○となってはいけない	**寧**ロ為ルトモ二鶏口ト一、**無**カレ為ル二牛後ト一。 書 **寧《むし》ろ**鶏口《けいこう》と為《な》る**とも**、牛後《ぎゆうご》と為《な》る**無《な》かれ**。 訳 **いっそ**鶏の口**となっても**、牛の尻**となってはいけない**。

※積極的に◎がよい、というのではなく、無理に選ぶなら○より◎の方がマシ、というニュアンス。

8 比較

※◎／○は優劣を示している（◎＝優＞○＝劣）。

「如〔若〕」系

○ハ不《ず》レ如《し》カ二◎一ニ
書 ○は◎に**如《し》かず**
訳 ○は◎**に及ばない**
〔○より◎**の方がよい**〕

百聞ハ**不**レ**如**《し》カ二一見一ニ。
書 百聞《ひやくぶん》**は**一見《いつけん》**に如《し》かず**。
訳 百回聞くのは一回見るのに**及ばない**。
〔百回聞く**より**一回見る**方がよい**。〕

〜ハ莫《な》シレ如《し》クハ二◎一ニ
書 〜は◎**に如《し》くは莫《な》し**
訳 〜において◎**に及ぶものはない**
〔〜において◎**が一番だ**〕

交友ハ**莫**シレ**如**クハレ信ニ。
書 交友《かういう》**は**信《しん》**に如《し》くは莫《な》し**。
訳 友情**において**信頼**に及ぶものはない**。
〔友情**において**信頼**が一番だ**。〕

「於〔于・乎〕」系

◎ハ―二於○一ヨリ(モ)
書 ◎は○**より(も)**―
訳 ◎の方が○よりも―だ
※「―」には優劣をイメージさせる語（形容詞など）が入る。

青ハ青シ二**於**藍一ヨリモ。
書 青《あを》**は**藍《あゐ》**よりも**青《あを》し。
訳 青**の方が**（原料の）藍**よりも**青い。

〜ハ莫《な》シレ―（連体）ハ二於◎一ヨリ(モ)
書 〜は◎より―は莫《な》し
訳 〜において◎より―なものはない
〔〜において◎が**最も―だ**〕
※「―」には優劣をイメージさせる語（形容詞など）が入る。

絵ハ**莫**シレ易キハ二**於**幽霊一ヨリ。
書 絵《え》**は**幽霊《いうれい》**より**易《やす》き**は莫《な》し**。
訳 絵**において**幽霊**より**（描くのが）簡単**なものはない**。
〔絵**において**幽霊**が最も**（描くのが）簡単だ。〕

9 限定―〈ただ…だけだ〉の意を表す。

A　**唯**《た》ダ〔**惟・但・徒**・只・特・直・祇〕　**独**《ひと》リ
…
B　**耳**《のみ》。〔爾・已・**而已**・而已矣〕

Aのみ

天下ハ**唯**ダ君ノ所ノママナリレ好ム。
書 天下《てんか》は**唯《た》だ**君《きみ》の好《この》む所《ところ》のままなり。
訳 世の中は**ただ**あなたの望むままである。

Bのみ

前言ハ戯《たはむ》レシレ之ニ**耳**。
書 前言《ぜんげん》は之《これ》に戯《たはむ》れし**のみ**。
訳 前言はこれと戯れた**だけだ**。

A＋B

荒村ニハ**唯**ダ古木アル**耳**。
書 荒村《くわうそん》には**唯《た》だ**古木《こぼく》ある**のみ**。
訳 荒れた村には**ただ**古木がある**だけだ**。

独リ臣ニノミ有レリ舟。
書 **独《ひと》り**臣《しん》に**のみ**舟《ふね》あり。
訳 **ただ**私**だけ**が舟を持っている。
※このように「耳」などの終助詞を使わない場合もある。

10 累加

不《ず》二唯《た》ダニ〔独リ〕〜一ノミナラ、―。
非《あら》ズ二唯《た》ダニ〔独リ〕〜一ノミニ、―。
書 唯《た》だ**に**〔独《ひと》り〕〜**のみならず**、―。
唯《た》だ**に**〔独《ひと》り〕〜**のみに**非《あら》ず、―。
訳 単に〜だけでなく、―だ。
★英語の「not only 〜 ,but also ―」に相当する。

不二**唯**ダニ無キノミナラレ益、而シテ亦タ害スレ之ヲ。
書 **唯《た》だに**益《えき》無《な》き**のみならず**、而《しか》して亦《ま》た之《これ》を害《がい》す。
訳 **単に**利益がない**だけでなく**、またこれを害した。

非ズ二**独**リ悪人死一スルノミニ、人皆有レリ之。
書 **独《ひと》り**悪人《あくにん》死する**のみに非《あら》ず**、人《ひと》皆《みな》之《これ》有《あ》り。
訳 **単に**悪人が死ぬ**だけではなく**、人には皆このこと〈＝死〉があるのだ。

11 抑揚

基本

条件①　結論　条件②

Aスラ猶《なホ》〔且《かツ》〕Z、（而《しかルヲ》）況《いはンヤ》B乎《や》。

書 Aすら猶《な》ほ〔且《か》つ〕Z、（而《しか》るを）況《いは》んやBをや。

訳 AですらZなのだから、ましてBはなおさらZだ。

例 生スラ猶《ホ》未《ダ》レ知《ラ》、況《ンヤ》死《ヲ》乎《や》。（条件①：生　結論：未知　条件②：死）

書 生《せい》すら猶《な》ほ未《いま》だ知《し》らず、況《いは》んや死《し》をや。

訳 生きることですらまだわからないのだから、まして死はなおさらわからない。

変形①

「猶・且」が省略される。

変形②

Bの真上に「於」が付き、「況《いはンヤ》於《おイテヲ》レB乎《ニや》」となる。

例 神スラ且《ツ》不《ハ》レ能《レ》為《ス》、況《ンヤ》於《イテヲ》レ人乎《ニや》。（条件①：神　結論：不能為　条件②：人）

書 神《かみ》すら且《か》つ為《な》す能《あた》はず、況《いは》んや人《ひと》に於いてをや。

訳 神ですら行うことができないのだから、まして人はなおさらできない。

変形③

Bの下に反語などで結論Zを示す。

「AハZ《ナリ》。況《ンヤ》B者《ナル》、豈《あニ》～（未然）ンや乎」などの形。

例 孔子スラ猶《ホ》学《ブ》。俗人安《クンゾ》可《ケンヤ》レ怠《ル》。（条件①：孔子　結論：学　条件②：俗人　結論：安可怠）

書 孔子《こうし》すら猶《な》ほ学《まな》ぶ。俗人《ぞくじん》安《いづ》くんぞ怠《おこた》るべけんや。

訳 （聖人の）孔子ですら学ぶのだ。まして世間一般の人が怠けてよいだろうか、いや学ぶべきだ。

12 願望

請《こフ》—（未然）ン 書 請《こ》ふ—ん 訳 どうか（私に）—させて下さい	請《こフ》—（命令） 書 請《こ》ふ— 訳 どうか（あなたは）—して下さい
請《フ》以《テ》レ戦《ヒヲ》喩《ヘン》。 書 請《こ》ふ戦《たたか》ひを以《もつ》て喩《たと》へん。 訳 どうか戦争にたとえさせて下さい。	請《フ》以《テ》レ粟《ヲ》養《ヘ》レ之《ヲ》。 書 請《こ》ふ粟《あは》を以《もつ》て之《これ》を養《やしな》へ。 訳 どうか粟でこれを養って下さい。

★「請《フ》」＝「願《ねがハクハ》」「幾《ねがハクハ》」「庶幾《こひねがハクハ》」「希《こひねがハクハ》」

13 仮定

□—《バ》、…。《順接》

若《も》〔如《も》〕—《シバ》、…。　苟《いやしクモ》—《バ》、…。

今《いま》—《バ》、…。　果《はたシテ》—《バ》、…。

書 若《も》〔如《も》〕し—ば、…。　苟《いやし》くも—ば、…。

今《いま》—ば、…。　果《はた》して—ば、…。

訳 もし—ならば、…。

□《バ》二～《ヲシテ》—一、…。《順接》

使《しメバ》二～《ヲシテ》—（未然）一、…。

書 ～をして—しめば、…。

訳 もし～が—したならば、…。

□レ—《モト》、…。《逆接》

雖《いへどモ》レ—《ト》、…。

書 —と雖《いへど》も、…。

訳 たとえ—でも、…。

□—《トモ》、…。《逆接》

縦《たと》〔縦令《たと》・仮令《たと》〕—《ヒトモ》、…。

書 縦《たと》〔縦令《たと》・仮令《たと》〕ひ—とも、…。

訳 たとえ—でも、…。

14 推量

恐《おそ》ラクハ　—　（未然）ン

疑《うたが》フラクハ　—　（連体）カト

庶《ち》二幾《か》カラン　—　（連体）ニ一

書 恐《おそ》らくは—ん
疑《うたが》ふらくは—かと
—に庶幾《ちか》からん

訳 きっと—だろう

恐ラクハ不ランレ耐ヘレ任ニ。

書 **恐《おそ》らくは**任《にん》に耐《た》へざら**ん**。

訳 **きっと**任務に耐えられない**だろう**。

必修語

1 使われ方に気をつけておきたい語

於＝于・乎

—㆓於〔于・乎〕〜㆒			
①通常	—㆓於〜㆒ニ・ヲ 訳〜に・を—する	行ク㆓於町㆒ニ。 訳町に行く。	用言（—）のあとにある「於」は読まない。②受身の時は動詞に「ル・ラル」の送り仮名が付き、④比較の時は用言（—）が優劣をイメージさせる形容詞・形容動詞や動詞となる。
②受身	—ル・ラル㆓於〜㆒ニ 訳〜に—される	救ハル㆓於犬㆒ニ。 訳犬に救われる。	
③起点	—㆓於〜㆒ニ・ヨリ 訳〜から—する	出ヅ㆓於口㆒ヨリ。 訳口から出る。	
④比較	—㆓於〜㆒ヨリ(モ) 訳〜より—だ	美シ㆓於汝㆒ヨリモ。 訳お前より美しい。	

—㆓…於〔于・乎〕〜㆒		
—㆓…ヲ於〜㆒ニ 訳…を〜に—する	借ル㆓書ヲ於汝㆒ニ。 訳書物をお前に借りる。	多くは「於」の前の名詞に「ヲ」、下の名詞には「ニ」の送り仮名が付く。

「於」を読む場合		
…。~~用言~~ 於《お》イテ㆓〜㆒ニ—。 訳〜に—。 〜で—。 〜に関して—。	子於イテ㆓是ノ日㆒ニ折ラン㆑脚ヲ。 訳あなたはこの日に足を折るだろう。	「於」の前に用言がない時は「於《お》イテ」と読む。

以

前置詞		
①以《もっ》テ㆑〜ヲ— a 方法〈〜を使って—〉 b 原因〈〜の理由で—〉 c 目的〈〜を—〉	a 以テ㆑刀ヲ斬ル㆑人ヲ。 訳刀を使って人を切る。 b 以テ㆑功ヲ与フ㆑金ヲ。 訳功績を理由に金銭を与える。 c 以テ㆑我ヲ為ス㆑相《しやう》ト。 訳私を宰相にする。	「以」の下にある用言（—）を修飾。
②以《もっ》テ—	以テ学ブ。 訳学ぶ。	①の「〜ヲ」がないパターン。
③—(連体)ニ以《もっ》テス㆑〜ヲ	渡ルニ以テス㆑舟ヲ。 訳舟で渡る。	②の倒置形。送り仮名に注意。

接続詞		
④—テ以《もっ》テ… 訳—して…	還《かへ》リテ以テ与フ㆑妻ニ。 訳帰って妻に与えた。	接続詞の「以」は上から下に読む。①・③と違い、返り点は付かない。

所

①所《ところ》レ—(連体)	②所《ところ》ノレ—(連体)〜	③所謂《いはゆる》	④所以《ゆゑん》	⑤為《な》ル二〜ノ所《ところ》トレ—(連体)一	⑥所《る・らル》レ—(未然)
所レ求ムル。 訳 求めていること。	所ノレ探ス本。 訳 探している本。	所謂英雄也。 訳 一般で言うところの英雄だ。	所二以保ツレ国ヲ一。 訳 国を保つ方法。	為ル二狐ノ所トレ惑ハス一。 訳 狐に惑わされる。	所ラルレ制セ。 訳 支配される。
用言（—）の直前に付いて「ところ」と読む。①は直後の**用言を名詞化**したり、用言の意味を**強調**したりする用法。	②はあとの名詞（〜）を修飾する用法。送り仮名は「**ノ**」。	「所」を用いた熟語。③は〈**一般で言うところの**〉という意味。	④は〈a**原因**／b**方法**／c**目的**〉の意味。	「所」を用いた受身表現。⑤は〈**〜によって—される**〉という意味。訳が頻出。	⑥は「**る・らル**」と読み、〈—される〉という意味だが、きわめてまれ。

為

動詞〈〜と思う・〜とみなす〉			動詞 その他の意味				助動詞	前置詞	受身	疑問詞
以《もつ》テレ…ヲ為《な》スレ〜ト	①以《もつ》テ為《な》ス二〜一ト ②以為《おもヘラク》〜ト ※「以」は訳さない。	為《な》ス二〜一ト 〜トス	為《な》ス二〜一ヲ 訳〜を行う	為《な》ル二〜一ト 訳〜と成る	為《つく》ル二〜一ヲ 訳〜を作る	為《をさ》ム二〜一ヲ 訳〜を治める	為《た》リ二〜一 訳〜である	為《ため》ニレ〜ノ— 訳〜のために—する	為《な》ル二〜ノ所《ところ》トレ—一（→p224） 訳〜によって—される	何為《なんすレゾ》（→p222） 訳どうして
以テレ鹿ヲ為スレ馬ト。 訳 鹿を馬と思う。	①以テ為ス二盗人一ト。 訳 盗人とみなす。 ②以為ヘラク聖人ナリト。 訳 聖人とみなす。	称《シテくん》ヲレ君為スレ善士ト。 訳 君子をたたえて善士とみなす。 臣トス。 訳 臣下とみなす。	為ス二善政一ヲ。 訳 善政を行う。	為ル二宰相一ト。 訳 宰相と成る。	為ルレ詩ヲ。 訳 詩を作る。	為ムレ郡ヲ。 訳 郡を治める。	我為リレ王。 訳 私は王である。	為ニレ子ノ盗ム。 訳 子のために盗む。	為ル二盗人ノ所トレ取ラルル一。 訳 盗人によって取られる。	何為レゾ不ルレ去ラ乎や。 訳 どうして去らないのか。

可・能

	句法	意味	解説
可	可《ベ》シ二―(終止)一	①―できる ②―してよい ③―すべきだ	「可」の直後に用言(―)があれば「ベシ」(助動詞)と読み、なければ「かナリ」「ふかナリ」と読む。
	……可《か》ナリ。	……よい。	
	……不《ふ》可《か》ナリ。	……よくない。……だめである。	
能	能《よ》ク―	―できる	「不レ能」の時だけ「あたハ」と読み、それ以外は「よク」と読む。
	不《ず》レ能《あた》ハ―(連体)(コト)	―できない	
	無《な》シ二能《よ》ク―一	―できる人はいない ―できることはない	

若・如

句法	意味	解説
若《なんぢ》…。	お前…。	「若・如」に返り点が付かない場合の用法。「もシ」の時は、下に「バ」がある。
若《も》シ―バ、…。 如《も》シ―バ、…。	もしも―ならば、…。	
~(コト)ハ若《ごと》シ二―ノ・ガ一 ~(コト)ハ如《ごと》シ二―ノ・ガ一	~は―のようだ	返り点が付く場合の用法。「ごとシ」(助動詞)と読む。
不《ず》レ若《し》カ二~ニ一 不《ず》レ如《し》カ二~ニ一	~に及ばない〔~の方がよい〕	「不レ若〔如〕/莫レ若〔如〕」の時「しカず/しクハなシ」と読む。「ごとし」の打消ではない。
莫《な》シレ若《し》クハ二~ニ一 莫《な》シレ如《し》クハ二~ニ一	~に及ぶものはない〔~が一番だ〕	

※「如《ゆ》〔之《ゆ》・適《ゆ》〕ク二~ニ一」で〈~に行く〉の意を表す用法もある。

有・無

句法	例文
…ニ有《あ》リ二~一 (訳)…には~がある	人ニ有リレ命。 (訳)人には命がある。
…ニ無《な》シ二~一 (訳)…には~がない	石ニ無シレ命。 (訳)石には命がない。
有《あ》リ二~ノ―(連体)者《もの》一 (訳)~で―する者がいる ※「有リテレ~―」で〈~がいて―する〉と訳す用法もある。 無《な》シ二~ノ―(連体)者《もの》一 (訳)~で―する者がいない	「者」から「有/無」に読み上がる用法の場合、「有/無」の直後の名詞(~)には「ノ」の送り仮名を付ける。「~」と「―(連体)者」は同格の関係。 有リ二女ノ泣ク者一。 (訳)女で泣く者がいる。

者

句法	例文	解説
―(連体)者《もの》!	有リ二盗ム牛ヲ者一。 (訳)牛を盗む者がいた。 不《ざ》ルレ受ケ者ハ何ゾ。 (訳)受けない理由は何だ。	「者」は『!』に当たる強意の助詞。「人」だけでなく「事柄」や「理由」なども表す。

また

亦《まタ》モ	**やはり・**同様に	〈他の人（もの）と同じく…〉という意味。多くの場合、直前に「モ」という送り仮名がある。
又《まタ》	**さらに**	「《話題①》又《タ》《話題②》」のように、「又」の前後で内容が変化する。
復《まタ》	**再び**	前にしたことをもう一度するということ。

すなはち

則	—則《すなはチ》バ…	**—ならば（すると）、その時には…**
	—則《すなはチ》ハ…	—とは（については）…だ
乃	乃《すなはチ》…	①**そこで**　②なんと（想定外の大きな驚きを表す）
便	便《すなはチ》…	**すぐに・たやすく**
即	即《すなはチ》…	①**すぐに**　②つまり
輒	輒《すなはチ》…	①**その度ごとに何度も**　②すぐに

2 漢文常識語

重要人物

①王

聖王（人民を幸福にする王）の例	**暴君**（国を滅ぼす王）の例
堯《げう》・舜《しゅん》・禹《う》 **湯王《たうわう》・武王《ぶわう》**	**紂《けつ》・桀《ちう》** **秦王《しんわう》**（始皇帝）

②君主と臣下

君主（皇帝）と**名臣下（諫言者《かんげんしゃ》）**の代表的なコンビ	
斉《せい》の**景公《けいこう》**と**晏子《あんし》**（晏嬰《あんえい》） 斉の**桓公《くわんこう》**と**管子《くわんし》**（管仲《くわんちゅう》） 唐《たう》の**太宗《たいそう》**と**魏徴《ぎちょう》**	王のミスを、臣下が**諫言《かんげん》**〈＝忠告〉して正すというストーリーが多い。

参考）人材採用に関する表現

推《おス》レ人ヲ・**挙《あグ》**レ人ヲ	君主**に**人材を**推挙する**
取《とル》レ人ヲ・**用《もちフ》**レ人ヲ	君主**が**人材を**採用する**

★「人」とは国家繁栄に必要な有能な人材を指す。

③師と弟子

師	弟子
孔子《こうし》 【姓名】孔丘《こうきう》 【字《あざな》】仲尼《ちゅうぢ》	**顔回《がんくわい》**（顔淵《がんえん》）〈＝一番弟子〉 **曾参《そうしん》**　**子路《しろ》**　**子貢《しこう》**

徳目

仁《じん》	隣人への思いやり
義《ぎ》	自分自身の良心に従うこと・正しい行動をすること
礼《れい》	守るべき社会の規範（ルール）
智《ち》	知恵
信《しん》	自己から他者、他者から自己への信用や信頼・誠実さ
孝《かう》	育ててくれた者（親）への孝行

対立概念

君子《くんし》⇕小人《せうじん》	人徳者⇕取るに足りない人
賢者《けんじや》⇕愚者《ぐしや》	努力する人⇕努力しない人
古人《こじん》⇕今人《きんじん》	昔の理想的な人⇕最近のよくない人
善政《ぜんせい》⇕苛政《かせい》	人民本位の政治⇕人民を搾取する政治（重税政治など）
貧賤《ひんせん》⇕富貴《ふうき》	貧乏⇕財産・地位
直《ちよく》⇕曲《きよく》	正しい⇕よこしま
是《ぜ》⇕非《ひ》	正⇕誤
名《めい》⇕実《じつ》	名声・表面⇕実像・実態
廉《れん》⇕貪《どん》	謙虚・質素⇕貪欲・執着

人間関係

○わたし（セリフ中）

自尊表現	朕《ちん》	天子（皇帝）の自称
謙譲表現	寡人《くわじん》	王侯の自称・**徳の少ない私**
	臣《しん》	**臣下**の自称
	妾《せふ》	**女性**の自称
通常表現	予《よ》・余《よ》・某《それがし》	私

○あなた（セリフ中）

敬称	君《きみ》・卿《けい》・公《こう》・子《し》	あなた（敬意を含む）
	夫子《ふうし》	先生（師匠や高貴な人を指す）
目下	汝《なんぢ》・若《なんぢ》・爾《なんぢ》・女《なんぢ》・而《なんぢ》・乃《なんぢ》	お前（目下への表現）

○男性

君子《くんし》	人徳者
大人《たいじん》	一人前の成人男性
丈夫《ぢやうふ》	
壮《さう》	三十代の働き盛りの男性

○女性

公主《こうしゆ》	皇帝の娘・姉妹

○身分・官僚

皇帝	上《しやう》	皇帝
臣下	相《しやう》	宰相
	令《れい》	地方長官
	吏《り》	（下級）役人
	士《し》	下級役人・**志をもつ立派な者**

時制関係

一日《いちじつ》	ある日
一旦《いったん》	ある朝・わずかな時間
異日《いじつ》 他日《たじつ》	別の日
終日《しゅうじつ》	一日中
日中《にっちゅう》	正午

今《いま》〔今者《いま》〕⇔古《いにしへ》〔古者《いにしへ》〕	現在⇔むかし 「昔はよかったが、今はよくない」という文脈で使われやすい。
向《さきニ》〔向者《さきニ》〕	以前に
昔《むかし》〔昔者《むかし》〕	昔

3 押さえておきたい名詞

客《かく》	①居候《いそうろう》 ②旅人 ③よそ者
諫言《かんげん》 （→p231）	注意・忠告・アドバイス ★君主・主君の過失を正すための忠告のこと。
窮達《きゅうたつ》	困窮したり栄達〈＝出世〉すること。「窮通《きゅうつう》」とも言う。
驕奢《けふしや》	ぜいたくな態度　★（−《マイナス》）イメージの語。
古人《こじん》 （→p232）	**昔の理想的な人** ★（＋《プラス》）イメージの語。国政・学問などで手本とすべき理想的な存在。
故人《こじん》	**旧友・古くからの友人**
城《しろ》	**町**・城下町・都市　★漢詩で頻出。

人間《じんかん》	世間・俗世 ★〈人と人との間〉ということ。漢詩で頻出。
勢《せい》	権勢・権力
性《せい》	人間の本性
中庸《ちゅうよう》	**バランスのよい**行為・判断
名《な》 （→p232）	①名声・名誉 ②表面・うわべ ★文脈次第でイメージは（＋）にも（−）にもなる。
富貴《ふうき》 （→p232）	財産や地位 ★（−）イメージの語。
兵《へい》	①武器 ②戦争 ③兵隊
廉《れん》 （→p232）	①慎み深い ②質素 ★（＋）イメージの語。物欲で身を滅ぼさないよう、日ごろから質素な生活を送るのが望ましい、という文脈で使われる。「清《せい》廉《れん》」「廉潔《れんけつ》」といった熟語がある。

4 語句問題でよくねらわれる語

熟語対策

語	意味	その意味で使われる熟語
遊ブ	めぐり歩く	遊説《ゆうぜい》
易《い》	たやすい	平易・安易・簡易
易《えき》	かわる・かえる	貿易・不易・交易
遺《ゐ》	①捨てる ②残す ③忘れる ④贈る	①遺棄 ②遺産・遺品 ③遺忘 ④贈遺
悪《を》	憎む	嫌悪《けんを》・憎悪《ぞうを》・好悪《こうを》
辞《じ》ス	①断る ②やめる ③言葉 ※名詞「辞《じ》」の場合。	①固辞 ②辞職 ③辞書
謝《しや》ス	①謝《あやま》る ②断る ③礼を言う	①陳謝《ちんしゃ》・謝罪 ②辞謝・謝絶 ③感謝・謝辞
称《しよう》ス	ほめたたえる	称賛
絶《ぜつ》ス	抜きん出ている	絶世・絶景
待《たい》ス	もてなす	接待・待遇
弁《べん》	①物事を区別する ②理屈立てて説明する	①弁別 ②弁解
釈《と》ク	①説明する ②許す ③とかす	①釈明・解釈 ②釈放 ③希釈
首《まう》ス	申し上げる	自首
白《まう》ス	申し上げる	告白・白状・建白《けんぱく》

意味・読み対策

※漢字の右下にある「ゝ（踊り字）」は、漢字の読みを繰り返す記号。

語	読み	意味
愈ゝ・逾ゝ	いよいよ	ますます
更ゝ・交ゝ	こもごも	交互に
数ゝ	しばしば	何度も
抑ゝ	そもそも	いったい
偶ゝ・適ゝ・会ゝ	たまたま	偶然に
益ゝ・曾ゝ	ますます	いっそう
稍ゝ	やや	少し
予	あらかじめ	前もって ※一人称の「予《よ》」（→p232）
凡	およそ	だいたい
蓋	けだし	思うに（以下でまとめを述べることが多い）
前・向	さきに・さきの	以前に・以前の
数	①しばしば ②すう ③せむ	①何度も ②運命 ③（罪を）責める

暫・姑	しばらく	とりあえず
且	①しばらく ②かつ ③まさに（〜んとす）	①とりあえず ②さらに ③今にも（〜するだろう） ※再読文字の「且」（→p219）
輒	すなはち	①その度ごとに何度も ②すぐに
徒・惟・但	ただ	ただ ※限定の句形（→p225）
勿	たちまち	突然に
具	つぶさに	こと細かに
卒・俄・暴・遽	にはかに	急に・突然に
果	はたして	思った通り（予想・予言の的中を表す）
甚・太	はなはだ	とても
私・窃・秘・陰	ひそかに	こっそりと
幾・殆	ほとんど	ほぼ
方	①まさに ②はじめて	①ちょうど ②やっと
尤	もつとも	とりわけ
見	①あらはる ②あらはす ③みる	①（〜が）現れる ②（〜を）示す ③理解する・見る・会う
道	いふ	言う ※「報道」の「道」。
徐	おもむろに	徐々に

傷	①そこなふ ②いたむ	①非難する・傷つける ②悲しむ
強	①つとむ ②しひて	①励む ②無理に ※勉強＝無理に頑張ること。
如レ是・若レ此	かくのごとし	このようだ
於レ是	ここにおいて	そこで ※語句問題（→p113）
是以	ここをもつて	このようなわけで ※語句問題（→p113）
不レ勝二〜一	〜にたへず	〜に耐えられない
不レ得レ已	やむをえず	どうしようもない

5 重要語の識別

已		
已《すでニ》―	用言（―）を修飾する副詞の用法。文中にあり、返り点が付かず、〈すでに―〉の意味。	
已《やム》レ～ヲ	返り点が付き、〈～をやめる〉の意味。返り点が付かず、〈やめる・終わる〉の意味となることもある。	
……已《のみ》。〔……而已《のみ》。〕	**文末**にあり、〈……**だけだ**。〉の意味。	
已而《すでニシテ》…〔既而《すでニシテ》…〕	〈**やがて…・その後…**〉という意味。	

之		
―**之**《これ》～	**これ**	受《ク》二**之**《これヲ》父母《ニ》一。 ㊋**これ**を両親からもらった。
～**之**《の》～ ※「～」は名詞が入る。	**～の～** 《連体修飾格》	汝**之**《の》本。 ㊋あなた**の**本。
～**之**《の》― ※「―」は用言が入る。	**～が―** 《主格》	蛇**之**《の》見《ル》。 ㊋蛇**が**見ている。
之《ゆク》二～一 ※「～」は〈場所〉が入る。	**～に行く**	**之**《ゆク》レ市《ニ》。 ㊋市場**に行く**。

自		
自《みづかラ》― ※「―」は用言が入る。	**自分から―** 《意識的にする》	**自**《みづかラ》描《ク》二其《ノ》形《ヲ》一。 ㊋**自分から**その形を描いた。
自《おのづかラ》― ※「―」は用言が入る。	**自然と―** **ひとりでに―** 《無意識にする》	袁《えん》氏**自**《おのづかラ》敗《レン》。 ㊋袁氏は**ひとりでに**敗れるだろう。
自《より》二～一〔従《より》二～一〕 ※「～」は〈場所・時間〉が入る。	**～から** 《起点》	**自**《より》二南海一還《かへル》。 ㊋南海**から**帰る。

与		
A**与**《トと》レB―	**AとBと―**	犬**与**《トと》レ猫遊《ブ》。 ㊋犬**と**猫**と**遊ぶ。
与《ともニ》― ※「―」は用言が入る。	**一緒に―**	**与**《ともニ》逃《グ》。 ㊋**一緒に**逃げる。
与《あたフ》二～一	**～に与える**	**与**《あたフなんぢニ》レ汝。 ㊋お前**に与える**。
与《あづかル》二～一	**～に関わる**	**与**《あづかル》レ計《ニ》。 ㊋計画**に関わる**。
与《くみス》二～一	**～に肩入れする**	**与**《くみスしんニ》レ秦。 ㊋秦**に肩入れする**。

※これよりも詳しい知識を得たい人は『漢文 句形とキーワード』（Z会）に取り組むとよい。

第3章　模擬試験

古文1

次の文章は『源氏物語』「紅葉賀」の一節で、帝の妻である藤壺女御が、源氏との密通によってできた皇子を出産する前後の場面である。出産の時期が過ぎても、なかなか皇子は生まれずにいる。皇子の実父が源氏であることを当事者たちは気付いているが、帝は事の真相を知らない。これを読んで、後の問い（**問1～6**）に答えよ。（配点　50）

この御事の、十二月も過ぎにしが心もとなきに、この月はさりともと宮人(注1)も待ち聞こえ、内裏にもさる御心まうけどもあり。(ア)つれなくて立ちぬ。御物の怪にや、と世人も聞こえ騒ぐを、宮いとわびしう、このことにより、身のいたづらになりぬべきこと、と思し嘆くに、御心地もいと苦しくて悩み給ふ。中将(注2)の君は、いとど思ひ合はせて、御修法《みずほふ》など、さとはなくて(注3)所どころにせさせ給ふ。世の中の定めなきにつけても、(イ)かくはかなくてややみなむと、取り集めて嘆き給ふに、二月十余日のほどに、男皇子生まれ給ひぬれば、なごりなく、内裏にも宮人も喜び聞こえ給ふ。命長くも、と思ほすは心憂けれど、弘徽殿(注4)などの、うけはしげに(注5)のたまふと聞きしを、むなしく(注6)聞きなしたまはましかば人笑はれにや、と思しつよりてなむ、やうやう少しづつさはやい(注7)給ひける。

A上の、いつしかとゆかしげに思し召したること限りなし。かの人知れぬ御心にも、いみじう心もとなくて、人間《ひとま》に a参り給ひて、「上のおぼつかながり聞こえさせ給ふを、まづ見奉りて奏し侍らむ」と聞こえ給へど、「むつかしげなる程なれば」とて、見せ b奉り給はぬも、ことわりなり。さるは、いとあさましう、めづらかなるまで写し取り給へる様、違ふべくもあらず。宮の、御心の鬼(注8)にいと苦しく、人の見奉るも、あやしかりつる程のあやまりを、まさに人の思ひ咎《とが》めじや、さらぬはかなきことをだに、疵《きず》を求むる世に、いかなる名のつひに漏り出づべきにか、と思し続くるに、身のみぞと心憂き。

中将の君、命婦《みやうぶ》（注9）の君に、たまさかに逢ひ給ひて、いみじき言どもを尽くし給へど、何のかひあるべきにもあらず。若宮の御事を、わりなくおぼつかながり聞こえ給へば、「など、かうしもあながちにのたまはすらむ。今、おのづから見奉らせ給ひてむ」と聞こえながら、思へる気色かたみにただならず。かたはらいたきことなれば、まほにもえのたまはで、「いかならむ世に、人づてならで聞こえさせむ」とて、泣い給ふ様ぞ心苦しき。

「Bいかさまに昔むすべる契《ちぎ》りにてこの世にかかる中のへだてぞ

かかることこそ心得がたけれ」とのたまふ。命婦も、宮の思ほしたる様などを見奉るに、えはしたなうもさし放ち聞こえず。

「見ても思ふ見ぬはたいかに嘆くらむCこや世の人のまどふてふ闇

あはれに心ゆるびなき御事どもかな」と、忍びて聞こえけり。かくのみ言ひやる方なくて帰り給ふものから、宮、人のもの言ひもわづらはしきを、わりなきことにのたまはせ思して、命婦をも、昔思いたりしやうにも、うちとけ睦《むつ》び給はず。人目立つまじく、なだらかにもてなし給ふものから、心づきなしと思す時もあるべきを、いとわびしく思ひの外《ほか》なる心地すべし。

四月に内裏へ参り給ふ。程よりは大きにおよすけ給ひて、やうやう起き返りなどし給ふ。あさましきまで、紛れどころなき御顔つきを、上、思し寄らぬ（注10）ことにしあれば、また並びなきどちは、げに通ひ給へるにこそは、と思ほしけり。いみじう思ほしかしづくこと限りなし。源氏の君を限りなきものに思し召しながら、世の人の許し聞こゆまじかりし（注11）によりて、坊《ぼう》にもえ据《す》ゑ奉らずなりにしを、あかず口惜しう、ただ人《うど》にてかたじけなき御有り様容貌《かたち》にねびもておはするを御覧ずるままに、心苦しく思し召すを、かうやむごとなき御腹に、(ウ)同じ光にてさし出で給へれば、瑕《きず》なき玉と思ほしかしづくに、宮はいかなるにつけても、胸の隙《ひま》なく、やすからずものを思ほす。

（注）
1　宮人――藤壺の里邸三条宮で藤壺に仕える人々。
2　中将の君――光源氏。
3　さとはなくて――藤壺のためというのは秘密にして。
4　弘徽殿――弘徽殿女御。帝の第一婦人。
5　うけはしげに――呪わしげに。
6　むなしく聞きなしたまはましかば――もしも自分がお産によって死んだとお聞き及びになったとしたら。
7　さはやい給ひける――快復なさったのであった。
8　御心の鬼――良心の咎め。
9　命婦の君――源氏を藤壺の所に手引きした女房。
10　思し寄らぬことにしあれば――若宮が源氏と藤壺の子であると知らないので。
11　世の人の許し聞こゆまじかりしによりて、坊にもえ据ゑ奉らずなりにしを――帝は、源氏を東宮（皇太子）の位におきたかったのだが、母親の身分が低かったために世間から許されなかった。一方、若宮の母である藤壺は皇女であり、高貴な身分である。

【人物関係図】

藤壺女御（宮）＝帝＝弘徽殿女御

藤壺女御（宮）・帝 ―― 皇子（若宮）

帝 ―― 光源氏

問1　傍線部(ア)～(ウ)の語句の解釈として最も適当なものを、次の各群の①～⑤のうちから、それぞれ一つずつ選べ。解答番号は［1］～［3］。

(ア)　つれなくて立ちぬ　［1］

①　帝は待ち遠しくて気を揉んでいらした
②　世間では嫌な噂が立っていた
③　手持ち無沙汰なままその月も終わった
④　藤壺は平然としたご様子でお過ごしになっていた
⑤　依然として変化がないまま翌月になった

(イ)　かくはかなくてややみなむ　［2］

①　このようにあっけなくて二人の仲が終わってしまうのだろうか
②　このように苦しむのならいっそのことあの世に召されてほしい
③　世間から非難されることをしたからこのように病に苦しむのだろう
④　これから現世で苦しみを背負って生きるよりは死産に終わってほしい
⑤　このように頼り無いご様子で出産の苦しみに耐えられるのだろうか

(ウ) 同じ光にてさし出で給へれば 3

① 藤壺が源氏の実母と同じく理想的な母親におなりになったので
② 皇子が源氏と同じく美しい容貌をもって誕生なさったので
③ 皇子が帝と同じく高貴な性質をもって誕生なさったので
④ 皇子が藤壺と同じく美しい容貌をもって誕生なさったので
⑤ 源氏が藤壺と同じく理想的な性質でいらっしゃるので

問2 波線部a・bの敬語について、それぞれの敬意の対象の組合せとして正しいものはどれか。次の①〜⑤のうちから一つ選べ。解答番号は 4 。

	a		b	
	参り	給ひ	奉り	給は
①	源氏	命婦の君	藤壺	源氏
②	帝	藤壺	若宮	源氏
③	藤壺	帝	帝	藤壺
④	藤壺	源氏	源氏	藤壺
⑤	帝	命婦の君	藤壺	帝

問３　傍線部**Ａ**「上の、いつしかとゆかしげに思し召したること限りなし」の解釈として最も適当なものを、次の①～⑤のうちから一つ選べ。解答番号は **5** 。

①　弘徽殿は、早く藤壺が死んでしまえばよいと願っていらっしゃることこの上もない。
②　帝は、いつ皇子に会えるのか心配で藤壺の里邸の様子を知ろうとしていらっしゃる。
③　帝は、早く皇子と対面したいとこの上もなくお気持ちがはやっていらっしゃる。
④　帝は、皇子の不吉なほどの美しさをいつのまにか察知していらっしゃる。
⑤　藤壺は、早く内裏に帰って帝に会いたいという思いが強まっていらっしゃる。

問４　傍線部**Ｂ**「いかさまに昔むすべる契りにてこの世にかかる中のへだてぞ」の和歌には誰のどのような心情が込められているか。その説明として最も適当なものを、次の①～⑤のうちから一つ選べ。解答番号は **6** 。

①　命婦の君にもう藤壺との逢瀬を仲介してもらえないということに対する、源氏の嘆き。
②　藤壺を慕う気持ちを世間に公表することができないことに対する、源氏のもどかしい思い。
③　帝を差し置いて一途に皇子に会いたがる源氏の思慮のなさに対する、命婦の君の諫める気持ち。

④ 密会の手引きという女房にあるまじき行為をした命婦の君に対する、藤壺の非難の心情。

⑤ 自分と藤壺との間の子である若宮に自由に会うことができないことに対する、源氏の嘆き。

問5 傍線部C「こや世の人のまどふてふ闇」はある和歌を踏まえた表現である。その和歌はどれだと考えられるか。次の①〜⑤のうちから一つ選べ。解答番号は 7 。

① 闇にのみまどふ身なればすみ染めの袖はひるとも知られざりけり

② 春の夜の闇はあやなし梅の花色こそ見えね香やは隠るる

③ 恋しきにわびて魂まどひなばむなしき骸《から》の名にや残らむ

④ 人の親の心は闇にあらねども子を思ふ道にまどひぬるかな

⑤ 人を思ふ心は我にあらねばや身のまどふだに知られざるらむ

問6　本文の内容と合致するものを、次の①〜⑤のうちから一つ選べ。解答番号は **8** 。

① 藤壺の出産が予定よりも異常に遅れたために、世間では物の怪のせいではないかと噂をしたが、帝の御修法により、ほどなく無事に出産を終えた。

② 源氏は、藤壺の女房である命婦の君に対して、せめて藤壺にだけでも会わせてほしいと懇願したが、命婦は、藤壺はまだ意識不明だから無理である、と歌で訴えた。

③ 人の噂が煩わしいので藤壺は一人辛い思いをしていたが、命婦にだけは心を開き、目立たないように相談していた。

④ 帝は四月に参内した皇子を自分にそっくりだと喜んでたいそうかわいがったが、藤壺は、帝が実はすべてを知っていて演技しているのではないかと不安になった。

⑤ 皇子は源氏に生き写しであったが、皇子が実は源氏の子であるとは帝は予想だにせず、優れた者同士というのは似ているものなのだな、と納得していた。

古文２

次の文章は『蜻蛉日記』の一節で、夫兼家の足が次第に作者のもとから遠ざかっていく場面である。これを読んで、後の問い（**問１〜６**）に答えよ。（配点　50）

かくて、四月にⓐなりぬ。十日よりしも、また五月十日ばかりまで、「いとあやしく悩ましき心地になむある」とて、例のやうにもあらで、七八日の程にて、「念じてなむ。おぼつかなさに」など言ひて、「夜の程にてもあれば。かく苦しうてなむ。内裏へも参らねば、かく歩きけりと見えむも便《びん》なかるべし」とて、帰りなどせし人、(ア)おこたりてと聞くに、待つ程過ぐる心地す。あやしと人知れず今宵を試みんと思ふ程に、はては消息だに無くて久しくⓑなりぬ。めづらかにあやしと思へど、(注1)つれなしを作り渡るに、夜は(注2)世界の車の声に胸うちつぶれつつ、時々は寝入りて、明けにけるはと思ふにぞ、ましてあさましき。(注3)幼き人かよひつつ聞けど、さるは、なでふ事もなかなり。いかにぞ、とだに問ひ触れざなり。まして、これよりは何せむにかは、あやしとも物せむ、と思ひつつ暮らし明かして、格子など上ぐるに、見出したれば、夜、雨の降りける気色にて、木ども露かかりたり。見るままにおぼゆるやう、

A　夜のうちは松にも露はかかりけり明くれば消ゆる物をこそ思へ

かくてふる程に、その月のつごもりに、小野の宮の大臣かくれ給ひぬ、とて世は騒ぐ。ありありて、「世の中いと騒がしかⓒなれば、つつしむとて(イ)えものせぬなり。(注4)服になりぬるを、これらとくして」とはあるものか。いとあさましければ、「このごろ、ものする者ども里にてなむ」とて返しつ。これに、まして心やましきさまにて、絶えてことづてもなし。さながら六月になりぬ。

かくて数ふれば、夜見ることは三十余日、昼見ることは四十余日になりにけり。いとにはかに、あやしといへばおろかⓓなり。心もゆかぬ世とはいひながら、(ウ)まだいとかかる目は見ざりつれば、

見る人々も、あやしうめづらかⓔなりと思ひたり。Bものしおぼえねば、ながめのみぞせらるる。人目もいと恥づかしうおぼえて、落つる涙おし返しつつ、臥して聞けば、うぐひすぞ折はへて鳴くにつけておぼゆるやう、

　うぐひすも期《ご》もなきものや思ふらむみなつき果てぬ音《ね》をぞ鳴くⓕなる

かくながら二十余日になりぬる心地、せむ方知らず、あやしく置き所なきを、いかで、涼しき方もやあると、心ものべがてら、浜づらの方に祓《はら》へもせむと思ひて、唐崎へとてものす。

寅の時ばかりに出で立つに、月、いとあかし。わが同じやうⓖなる人、また供に人一人ばかりぞあれば、ただ三人乗りて、馬に乗りたる男ども七八人ばかりぞある。賀茂川の程にて、ほのぼのと明く。うち過ぎて、山路にⓗなりて、京にたがひたるさまを見るにも、このごろの心地なればにやあらむ、いとCあはれなり。いはむや、関に至りて、しばし車とどめて、牛飼ひなどするに、むな車引き続けて、あやしき木こり下ろして、いと小暗き中より来るも、心地ひきかへたるやうにおぼえて、いとをかし。

（注）１　つれなしを作り渡るに――平気な風を装ってはいたが。
２　世界の車の声――女のもとに通う牛車の音。
３　幼き人――作者の息子道綱を指す。
４　服になりぬるを、これらとくして――喪中になったので、この喪服を早く仕立ててほしい。

問1 傍線部(ア)～(ウ)の語句の解釈として最も適当なものを、次の各群の①～⑤のうちから、それぞれ一つずつ選べ。解答番号は 1 ～ 3 。

(ア) おこたりてと聞くに 1
① 妻を訪問するのを怠けるので
② 勤行三昧であると聞いては
③ 職務怠慢の噂が流れたので
④ 体調は快復したらしいのに
⑤ 帝に拝謁したと聞いたのだが

(イ) えものせぬなり 2
① 不愉快なことである
② 行けないのである
③ 参内できないのだ
④ 外出はしないつもりだ
⑤ 食事を取れずにいる

(ウ)　まだいとかかる目は見ざりつれば　3

①　季節はずれのうぐいすの鳴き声はまだ聞いたことがなかったので
②　夫が頻繁に来訪してくれるのは過去にはなかったことなので
③　気が晴れない夫婦仲なのは結婚当初からの常態であるので
④　侍女たちが里下がりしてからかなり経つので
⑤　夫が通ってこないのがこれほど続くのは初めてのことなので

問2　波線部ⓐ〜ⓗの「なり」の中に、伝聞・推定の助動詞が二つある。その組合せとして正しいものを、次の①〜⑤のうちから一つ選べ。解答番号は 4 。

①　ⓐとⓗ
②　ⓑとⓖ
③　ⓒとⓕ
④　ⓓとⓔ
⑤　ⓔとⓒ

問3 傍線部A「夜のうちは松にも露はかかりけり明くれば消ゆる物をこそ思へ」の解釈として最も適当なものを、次の①～⑤のうちから一つ選べ。解答番号は 5 。

① 夜の間は松に露がかかるほど、私は泣いてしまったなあ。でも夜が明けたらその涙もすっかり消えてしまうような私の心変わりを思って下さい。

② 夜の間は松に露がかかっていた。私も夕べはあの人を待って涙にかきくれていたなあ。夜が明けると露は消えてしまうが、私も今朝は消え入りそうなほど辛いもの思いをしていることだ。

③ 夜の間は松にも露がかかる時刻になったらあの人はきっと来るだろう。でも夜が明けるとその露が消えていくのと同じようにあの人も去っていくことを辛く思う。

④ 夜の間は松に露がかかるように、泣きながら待ち続けるだろう。でも夜が明けたら露のようにはかなく消えてしまいそうな我が身を思って下さい。

⑤ 夜の間は松ではないが露に濡れそぼちながらあの人を待ち続けていた。でも夜が明けたら露も消えて、ずっと待ち続ける私にも期待の思いがわくだろう。

問4 傍線部B「ものしおぼえねば、ながめのみぞせらるる」の解釈として最も適当なものを、次の①～⑤のうちから一つ選べ。解答番号は 6 。

① 不愉快な気持ちになったので、目をそらしてしまった。

② 考えはまとまらないが、ぼんやりもの思いにふけることぐらいはできる。
③ 茫然となってしまったので、ついもっぱらもの思いにふけってしまう。
④ 物を考えられなくなって、人から不審の目を向けられてしまう。
⑤ 記憶にないことなので、つい遠くを見つめて思い出を探ってしまう。

問5 傍線部Ｃ「あはれなり」とあるが、この時の作者の心情を説明したものとして最も適当なものを、次の①～⑤のうちから一つ選べ。解答番号は［7］。

① 家の中にこもって夫の訪れを待ち続けながら近頃ふさぎこんでいたこともあってか、何を見るにつけても心にしみる思いがしている。
② 来ない夫の訪れをずっと待ち続けて近頃ふさぎこんでいたが、悲しんでばかりいても仕方ないと気持ちを切りかえて、自然の美しさを趣深く感じている。
③ 以前は夫がなかなか訪れないことをこらえきれずにいたが、近頃は夫に対する愛情も薄れていったせいか、それほど辛くはなくなっている。
④ ふさぎこんでばかりいた以前とはうってかわって、ずいぶん気分が変わって今では心にも余裕ができ、夫が訪れないことなど何でもなくなっている。
⑤ あまりにも辛くて旅に出たが、やはりここ数日の辛い心地には変わりなく、ひなびた風景によっていっそうみじめな気分になっている。

問６ 本文の内容と合致するものを、次の①～⑤のうちから一つ選べ。解答番号は 8 。

① 作者は家を訪れない夫の言いわけを信じながらも、やはり疑わしい思いを捨てきれず、「夜のうちは………」の和歌を詠んで夫のもとに届けた。

② 夫は、作者が遣わした幼い子に「どうしているか」などと話のついでに作者の様子を尋ねたりして、作者の安否だけは気遣っていた。

③ 夫は小野の宮の大臣が亡くなった時、作者に喪に服する為の準備をするよう頼んだが、作者は家の者たちが里に下がっていることを理由に断った。

④ 夫が訪れない辛さに作者が耐えかねている時にうぐいすの鳴く声が聞こえてきて、時節や気持ちに合っていたので感極まり歌を詠んだ。

⑤ 涼しい所で気分を変えようと考え、同じような身の上の人や供の者をつれて、昼頃に唐崎に向けて出発し、賀茂川に着いた時は夜が明けていた。

古文3

歌人や和歌の評価は、人や時代によって異なるものである。次の【文章Ⅰ】と【文章Ⅱ】にはともに、平安時代の歌人である和泉式部《いずみしきぶ》と赤染衛門《あかぞめえもん》の評価をめぐる、四条大納言（藤原公《きん》任《とう》）とその息子・藤原定頼《さだより》のやりとりが記されている。【文章Ⅰ】は藤原清輔《きよすけ》によって書かれた『袋草紙』の一節で、公任と定頼のやりとりを引用した上で、良暹《りょうせん》の意見を掲げ、さらに筆者自身が意見を述べている。また、【文章Ⅱ】は鴨長明によって書かれた『無名抄』の一節で、藤原父子のやりとりについて、「ある人」の発した疑問をもとに、筆者自身が意見を述べている。【文章Ⅰ】と【文章Ⅱ】を読んで、後の問い（問1～6）に答えよ。（配点　50）

【文章Ⅰ】

和歌は人の心々なり。定頼卿、四条大納言に問ひて云はく、「式部、赤染何《いつ》れか優《すぐ》れたる歌よみに候ふや」。答へて云はく、「一つ口《くち》の論に非ず。式部は、『こやとも人を云ふべきに』（注1）と云ふ歌よむ者なり」と云々。定頼云はく、「式部の歌には『はるかに照らせ山のはの月』（注2）をこそ世もつて秀歌と称すと云々、如何」。答ふ、「（ア）<u>案内を知らざるなり</u>。『くらきよりくらきみち』は経文なり。いかで思ひ寄りけんとも思ふべからず。末の『はるかに照らせ』はかれに引かれて出で来《きた》れる詞なり。『こやとも人を』と云ひおきて、末に『ひまこそなけれ』とよむは、凡夫の思ひ寄るべきことにあらず」と云々。而して江記《がうき》（注3）に云はく、「良暹《りやうせん》云はく、『式部・赤染共にもつて歌仙なり。ただし赤染は鷹司殿《たかつかさどの》の御屏風の歌十二首中十首は秀歌なり。また賀陽院《かやのゐん》歌合の時秀歌多し。屏風の如きは式部かの人に及ぶべからず』と云々」。

予これを案ずるに、仰ぎて大納言の説を信ずべし。何ぞ良暹の儀に付かんや。ただし誠にも歌合の如きは赤染慥《たし》かなる歌よみなり。また式部の歌度々の歌合に入らず。いはゆる、花山院（注4）ならびに

長元等なり。ただし長元歌合の時、中宮亮為善《ちゅうぐうのすけためよし》（注5）・権亮兼房《ごんのすけかねふさ》・大進義通《だいじんよしみち》・蔵人橘季通《すゑみち》・源頼家《よりいへ》・平

経章《つねあき》有り。この輩の歌入らずと云々。

（注）１　こやとも人を云ふべきに――「津の国のこやとも人をいふべきにひまこそなけれ蘆《あし》の八重葺《やへぶ》き」という和歌を指す。この歌では、「こや」が摂津国の地名「昆陽《こや》」と「来てくださいよ」の意の「来《こ》や」との掛詞になり、さらに「ひまこそなけれ」が、「会う暇《いとま》がない」の意と、「屋根を葺く葦の隙間がない」の意とを表している。

２　はるかに照らせ山のはの月――「暗きより暗き道にぞ入りぬべきはるかに照らせ山の端の月」という和歌を指す。この歌の「暗きより暗き道にぞ入りぬべき」は、『法華経』の一節、「冥《くら》きより冥きに入りて　永く仏の名を聞かざりしなり」を踏まえている。

３　江記――大江匡房《おおえのまさふさ》の日記。

４　花山院ならびに長元――歌合の名。『花山院歌合』、『長元歌合』のこと。

５　中宮亮為善・権亮兼房・大進義通・蔵人橘季通・源頼家・平経章――当時有力だった歌人。

【文章Ⅱ】

ある人いはく、「これに二つの不審あり。一つには、式部を勝《まさ》れるよしことわられたれど、その頃のしかるべき会、晴れの歌合などを見れば、赤染をばさかりに賞して、式部は漏れたること多かり。一つには、式部が二首の歌を今見れば、『はるかに照らせ』といふ歌は、言葉も姿もことのほかにたけ高く、また景気もあり。いかなれば大納言はしかことわられけるにや。かたがたおぼつかなくなむ侍る」といふ。

予、試みにこれを会釈《ゑしやく》す。

式部・赤染が勝劣は、大納言一人定められたるにあらず。世こぞりて、式部をすぐれたりと思へり。しかあれど、人のしわざは主《ぬし》のある世には、その人柄によりて劣り勝ることあり。歌の方は式部さうなき上手なれど、身のふるまひ、もてなし、心用ゐなどの、赤染には及びがたかりけるにや。紫式部が日記といふものを見侍りしかば、「和泉式部はけしからぬ方こそあれど、うちとけて文走り書きたるに、その方の才《ざえ》ある方も、はかなき言葉のにほひも見え侍るめり。歌はまことの歌よみにはあらず。口に任せたることどもに、かならずをかしき一節《ひとふし》目とまる、詠み添へ侍るめり。されど、人の詠みたらむ歌難じことわりゐたらむ、いでやさまでは心得じ。ただ口に歌の詠まるるなめり。恥かしの歌よみやとは覚えず。(注1)丹波の守の北の方をば、宮・殿などわたりには、匡衡《まさひら》衛門とぞいひ侍る。ことにやごとなきほどならねど、(イ)まことにゆゑゆゑしう、歌よみとて、よろづのことにつけて詠み散らさねど、聞こえたるかぎりは、はかなき折節のことも、それこそ恥かしき口つきに侍れ」と書けり。かかれば、その時は人ざまにもて消たれて、歌の方も思ふばかり用ゐられねど、まことには上手なれば、秀歌も多く、ことに触れつつ、間《ま》のなく詠みおくほどに、撰集どもにもあまた入れるにこそ。

(注2)曾禰好忠《そねのよしただ》といふ者、人数《ひとかず》にもあらず、円融院《ゑんゆうゐん》の子日《ねのひ》の御幸に推参をさへして、をこの名をあげたる者ぞかし。されど今は歌の方にはやむごとなき者に思へり。一条院の御時、道々の盛りなることを江帥《がうそち》(注3)の記せる中にも、「歌よみには、道信《みちのぶ》・実方《さねかた》・長能《ながよし》・輔親《すけちか》・式部・衛門・曾禰好忠」と、この七人をこそは記されて侍るめれ。Aこれもみづからによりて、生ける世には世覚えもなかりけるなるべし。

　さて、かの式部が歌にとりての劣り勝りは、公任卿のことわりのいはれぬにもあらず、今の不審のひがことなるにもあらず。これはよく心得て思ひ分くべきことなり。歌は、作り立てたる風情たくみはゆゆしけれど、その歌の品を定むる時、さしもなきこともあり。また思ひ寄れるところは及びがたくしもあらねど、うち聞くにたけもあり、艶にも覚えて、景気浮かぶ歌も侍りかし。されば、詮は、歌よみのほどをまさしく定めむには、「こやとも人を」といふ歌を取るとも、式部が秀歌はいづれぞと選《えら》むには、「はるかに照らせ」といふ歌の勝るべきにこそ。たとへば、道のほとりにてなほざりに見つけたりとも、黄金《こがね》は宝なるべし。いみじく巧みに作り立てたれど、櫛・針などのたぐひは、さらに宝とするに足らず。また心ばせをいはむには、黄金求めたる、さらに主の高名にあらず。B針のたぐひ宝にあらねど、これをものの上手のしわざとは定むべきがごとくなり。しかれば、大納言の、その心を(ウ)会釈せらるべかりけるにや。もしはまた、歌の善悪も世々に変はるものなれば、その世に「こやとも人を」といふ歌の勝る方もありけるを、なべて人の心得ざりけるにや。後の人定むべし。

(注) 1　丹波の守の北の方――赤染衛門のこと。丹波の守は大江匡衡《おおえのまさひら》。
2　曾禰好忠――平安時代の歌人。
3　江帥の記せる中――大江匡房が書いた『続本朝往生伝』のこと。

問１　傍線部(ア)〜(ウ)の解釈として最も適当なものを、次の各群の①〜⑤のうちから、それぞれ一つずつ選べ。解答番号は［１］〜［３］。

(ア)　案内を知らざるなり　［１］
①　本質を理解していないのである
②　表現を体得していないのである
③　方法を意識していないのである
④　工夫を想像していないのである
⑤　先例を把握していないのである

(イ)　まことにゆゑゆゑしう　［２］
①　まったくそつがなく
②　ひどくもったいぶり
③　非常に慎重で
④　じつに気品があり
⑤　たいそう堅苦しく

(ウ)　会釈せらるべかりけるにや　［３］
①　想像することがなかったのだろうよ
②　理解なさるのがよかったのだろうか
③　解釈することはできたはずであるよ
④　配慮しておけばよかったのだろうか
⑤　判断なさる必要はなかったのだろう

問2 波線部「また思ひ寄れるところは及びがたくしもあらねど、うち聞くにたけもあり、艶にも覚えて、景気浮かぶ歌も侍りかし」についての文法的な説明として最も適当なものを、次の①～⑤のうちから一つ選べ。解答番号は 4 。

① 「思ひ寄れる」の「る」は、可能の助動詞「る」の連体形である。
② 「しも」は、強意の副詞である。
③ 「うち聞くに」の「に」は、接続助詞である。
④ 「覚え」は、ア行下二段活用の動詞の連用形である。
⑤ 「かし」は、疑問の終助詞である。

問3 傍線部A「これもみづからによりて、生ける世には世覚えもなかりけるなるべし」とはどういうことか。その説明として最も適当なものを、次の①～⑤のうちから一つ選べ。解答番号は 5 。

① 曾禰好忠も、自分の才能に自信があって、世間に対する配慮を欠いていたのだろう、ということ。
② 曾禰好忠も、本人の不注意のために、宮廷社会で登用されることがなかったのだろう、ということ。
③ 曾禰好忠も、自ら望んで、在世中は世間に注目されないようにしていたのだろう、と

いうこと。

④　曾禰好忠も、本人の資質として、社会生活に必要な才覚をもっていなかったのだろう、ということ。

⑤　曾禰好忠も、自身の振る舞いのために、在世中は世評が芳しくなかったのだろう、ということ。

問４　傍線部Ｂ「針のたぐひ宝にあらねど、これをものの上手のしわざとは定むべきがごとくなり」とあるが、これはどのようなことを言おうとしたものか。その説明として最も適当なものを、次の①～⑤のうちから一つ選べ。解答番号は 6 。

①　針などのたぐいは宝ではないが、巧みに作られたものは名人の所業であるとは判定できるように、和歌の場合も、巧みな表現で詠まれたものは、その歌を、品格のある優れた歌であると評価できるということ。

②　針などのたぐいは宝ではないが、巧みに作られたものは名人の所業であるとは判定できるように、和歌の場合も、巧みな表現で詠まれたものは、その作者を、優れた技量の歌人であると評価できるということ。

③　針などのたぐいは宝ではないが、名人の手によって作り込まれたものは宝と同じ価値があるように、和歌の場合も、巧みな表現で詠まれたものは、その作者を、優れた歌人と同等であると見なせるということ。

④ 針などのたぐいは宝ではないが、巧みな仕掛けが凝らされた点は認められるように、和歌の場合も、複雑な修辞を詠み込んだものは、その歌を、品格のある優れた歌であると認定してよいということ。

⑤ 針などのたぐいは宝ではないが、巧みな仕掛けが凝らされた点は認められるように、和歌の場合も、複雑な修辞を詠み込んだものは、その作者を、優れた品格の持ち主であると認定してよいということ。

問5 和泉式部の二首の和歌について、**【文章Ⅰ】**の「四条大納言」、**【文章Ⅱ】**の「ある人」及び**【文章Ⅱ】**の著者は、それぞれどのように考えているか、その説明として**適当でないもの**を、次の①～⑤のうちから一つ選べ。解答番号は 7 。

① 「はるかに照らせ」の歌について、**【文章Ⅰ】**の「四条大納言」は、上の句の「くらきよりくらきみち」は、仏教の経典に拠ったものであり、着想の工夫はとくにないと考えている。

② 「はるかに照らせ」の歌について、**【文章Ⅰ】**の「四条大納言」は、下の句の「はるかに照らせ」は、上の句の「くらきよりくらきみち」という内容から自然と詠まれたものだと考えている。

③ 「こやとも人を」の歌について、**【文章Ⅰ】**の「四条大納言」は、上の句の「こやとも人を」と下の句の「ひまこそなけれ」は、一般の人々には理解できない表現だと考えて

いる。

④「はるかに照らせ」の歌について、【文章Ⅱ】の「ある人」は、言葉も風体も特別に格調高く、詩的な雰囲気もあり、「こやとも人を」の歌よりも優れていると考えている。

⑤「こやとも人を」の歌について、【文章Ⅱ】の著者は、歌人としての技量を正しく測る際にはよい歌であるが、歌としては、「はるかに照らせ」の方が優れていると考えている。

問６　【文章Ⅰ】【文章Ⅱ】の内容についての説明として最も適当なものを、次の①～⑤のうちから一つ選べ。解答番号は［8］。

①【文章Ⅰ】の「四条大納言」は、息子の「定頼」から和泉式部と赤染衛門の優劣を問われたが、そのような問題は軽々しく論じてはならないと「定頼」を戒め、自らの見解はまったく示さなかった。

②【文章Ⅰ】の「良暹」は、和泉式部も赤染衛門も優れた歌人であるが、赤染衛門は屏風歌での秀歌が多く、和泉式部は歌合での秀歌は多いものの、屏風歌では赤染衛門の方が優れているとした。

③【文章Ⅰ】の著者は、「四条大納言」の見解に全面的に従った上で、和泉式部が歌合に採られていない点は認め、他の歌人の例を挙げながら、「四条大納言」の見解が誤りである可能性も示唆した。

④【文章Ⅱ】の「紫式部」は、和泉式部には感心できない点があるものの、ちょっとした手紙や即興の和歌では、注目すべき表現を用いており、人々が彼女の歌を非難するのは行き過ぎだと擁護した。

⑤【文章Ⅱ】の著者は、和泉式部は優れた歌人であるが、身の処し方や態度が赤染衛門に劣っていたのではないかと推測し、そのために、当時、彼女は歌人として十分に評価されなかったとした。

漢文1

次の文章を読んで、後の問い（**問1～6**）に答えよ。なお、設問の都合で送り仮名を省いたところがある。（配点　50）

朋友者《とは》 (1)何謂也。朋者、党也、友者、有《たす》クル也。『礼記《らいき》(注1)』ニ曰ク「同門ヲ曰ㇾヒ朋ト、同志ヲ曰ㇾフト友ト。」朋友之交《まじはり》ハ、近ケレバ則チ謗《そし》リ二其ノ言ヲ一、遠ケレバ則チ不二相ヒ誹《そし》ラ一。Aー人有ㇾレバ善、其ノ心好《よろこ》ビㇾ之ヲ、一人有ㇾレバ悪、其ノ心痛ムㇾ之ヲ。貨ハ則チ通ジテ而不ㇾ計(注2)ラ、共ニシテ二憂患(注3)ヲ一而相ヒ救フ。

故ニ『論語(注4)』ニ曰ク「子路《しろ》(注5)云フ、願ハクハ車馬衣軽裘《けいきう》(注6)ハ、与二朋友一共ニシテ敝《やぶ》(注7)ラントㇾ之ヲ。」又タ曰ク「朋友無ㇾキトキハ所ㇾ帰スル、生キテハ於ㇾテ我ニ乎《か》館《やど》ラセ、死シテハ於ㇾテ我ニ乎《か》殯《ひん》(注8)セント。」

朋友之道ニ、親存スレバ不ㇾル得ㇾ行フ者《こと》二アリ。B不ㇾ得三許ㇾ友以二其身一、不ㇾ

得レ専ラニスルヲ二(注9)通財之恩ヲ一。友飢ウレバ則チ(2)白二之ヲ於父兄一ニ、父兄許レサバ之ヲ、乃チ称二シテ父兄一ト与レヘ之ニ、不レレバ聴《ゆる》サレ則チ止ム。故ニ曰ク「友飢ウレバ為レニ之ガ減レジ餐《さん》ヲ(注10)、C友寒《こご》ユレバ為レニ之ガ不レト重レネ裘ヲ。」

（班固《はんこ》『白虎通義《びゃっこつうぎ》』による）

（注）
1　礼記――礼に関する説を集めた書物。
2　計――恩の大きさを比べること。
3　憂患――心配し悩むこと。
4　論語――孔子とその弟子たちの言行を記録した書物。
5　子路――孔子の弟子。
6　軽裘――軽くて暖かい皮衣。
7　敝――壊れたり破れたりするまで使うこと。
8　殯――遺体を棺《ひつぎ》に納めて安置しておくこと。
9　通財之恩――親から財産をもらった恩。
10　餐――食事のこと。

問1　(1)「何謂也」・(2)「白」の意味として最も適当なものを、次の各群の①～⑤のうちから、それぞれ一つずつ選べ。解答番号は 1 ・ 2 。

(1)「何謂也」 1
① どのような意味だ
② 何を伝える者か
③ 言うまでもない
④ なぜ問うのか
⑤ 大したものではない

(2)「白」 2
① しらを切る
② 申し上げる
③ たたえる
④ 期待する
⑤ 弁解する

問2 傍線部A「一人有レ善、其心好レ之、一人有レ悪、其心痛レ之」の表現効果を説明するものとして最も適当なものを、次の①～⑤のうちから一つ選べ。解答番号は 3 。

① これまでの抽象的な説明を中断し、一人一人の場合に即した具体的な事例の説明をすることで読者の理解を助ける効果がある。

② 直前に述べたことの具体的な例を二つ示し、無理なくより正確な理解を読者にうながす効果がある。

③ それまで述べてきたことの論点を転換し、新たな論を展開しようとしていることを読者に気づかせる効果がある。

④ これまでの一般論に部分的な修正を加えることで、筆者独自の見解を述べていると読者に悟らせる効果がある。

⑤ 直前に述べたことと並列して、新たに別の具体例をもち出すことで、読者の理解を深める効果がある。

問3　傍線部B「不㆑得㆔許㆑友以㆓其身㆒」について、(i)書き下し文・(ii)その解釈として最も適当なものを、次の各群の①～⑤のうちから、それぞれ一つずつ選べ。解答番号は 4 ・ 5 。

(i)　書き下し文　4

①　友を許して其の身を以て得ず
②　友と許すに其の身を以てするを得ず
③　友の許しは其の身を以てするを得ず
④　友に許すに其の身を以てするを得ず
⑤　友は許すも其の身を以ては得ず

(ii)　解釈　5

①　友人を許すために自分自身の身体を傷つけることはできない。
②　親からもらった自分の身体を友人の意志にまかせることはできない。
③　友人が許してくれても、自分の身体を使って罪をつぐなうことはできない。
④　友人に認められようとして、親の身体を損なうようなことはできない。
⑤　友人が彼自身の身体を傷つけるようなことを許すことはできない。

問4 傍線部C「友寒為レ之不レ重レ裘」とはどういうことか。その説明として最も適当なものを、次の①～⑤のうちから一つ選べ。解答番号は 6 。

① 友人が凍えている時は、友人のことを思いやって自分も一緒に寒い思いをする。
② 友人が寒がっている時でも、友人のためを思ってむやみに重ね着をさせない。
③ 友人が凍えている時は、友人のために親から衣服を借りて友人に貸し与える。
④ 友人が凍えているのを自分の責任とみなして、自分の衣服を友人に提供する。
⑤ 友人が寒い思いをするのは食事が足りないからだとして、自分も食事をとらない。

問5 筆者は論を進める上で『論語』を用いている。筆者がそのような論の進め方をする意図の説明として最も適当なものを、次の①～⑤のうちから一つ選べ。解答番号は 7 。

① 筆者の主張と同様のことを述べている『論語』に、よりいっそうの親しみをもってもらい、それに付随する形で筆者の主張への関心を高めようとしている。
② 『論語』に書かれている考え方を示すことで、朋友とのつき合いの重みを伝え、筆者自身の主張に説得力を与えようとしている。
③ 『論語』の中に登場する子路の思想が筆者の考え方の出発点であることを示すことで、筆者の主張に対する読者の信用を高めようとしている。

④『論語』の中にある子路のいきすぎた考えを先に提示し、それを是正する改善案を段階的に述べ、自然と筆者の主張へと論を導こうとしている。

⑤筆者の主張と異なる考えを述べた『論語』を引用し、そのあとで反論を述べるという構成にすることで、論に深みを与えようとしている。

問6　本文の趣旨として**適当でないもの**を、次の①〜⑤のうちから一つ選べ。解答番号は 8 。

①友人を前にして批判をするのはよいが、本人が知らないところで陰口にあたるようなことを言ってはいけない。

②日頃から友人の長所をほめて伸ばすようにし、仮に欠点がある時にはそれを案じて直すための批判もするという態度を保つべきだ。

③友人に心配ごとがあれば協力して助けようという精神で、友人同士で支え合っていくのが望ましい態度である。

④親が存命の時には勝手に財産を使ってはいけないが、親が他界していれば友人のために親の遺産を提供してもよい。

⑤友人が飢えていたら、親の許可を得た上で食事を提供してもよいが、その場合は親からの物だという体裁で提供すべきだ。

漢文２

次の文章を読んで、後の問い（**問１〜６**）に答えよ。なお、設問の都合で送り仮名を省いたところがある。（配点　50）

(注1)公任ズルコトレ事ニ久シ。人有リ下謗《そし》ル二公ヲ於上《しやう》ニ(注2)一者上。公[Ⅰ]引キテレ咎《とが》ヲ、未ダ二嘗テ自ラ弁ゼ一。至レバ三人ノ有ルニ二過失一、雖モ二人主盛怒スト一、可キレ弁ズ者ハ弁ジレ之ヲ、必ズ得テ而後ニ已(1)。

(注3)日者《につしや》上書シテ、言ヒ二宮禁(注4)ノ事ヲ一、坐シテレ誅《ちゆう》ニ。籍(注5)スルニ二其ノ家ヲ一、得タリ下朝士(注6)ノ所三与ニ往還シテ占二問スル吉凶ヲ一之説ヲ(注7)上。真宗《しんそう》(注8)怒リ、欲ス下付シテ二御史(注9)ニ一問ハシメント上状ヲ。公曰ク、「此レ人之常情ナリ。[Ⅱ]語不レバレ及バ二朝廷ニ一、不レ足ラレ罪スルニ。」真宗ノ怒リ不レ解ケ。公[Ⅲ]自ラ取リテ下嘗テ所ノ二占問スル一之書ヲ上、進ミテ曰ク、「臣少賤ノ時、不レ免レレ為スヲレ此ヲ。必ズ以テ為サバレ罪ト、願ハクハ并《あは》セテレ臣ヲ付セトレ獄ニ。」真宗曰ク、「此ノ事(A)已ニ発ス。

何《ゾ》可《ケンヤト》レ免《ル》。」公曰《ク》、「臣為《リ》二宰相《ト》一、執《ル》二国法《ヲ》一。B豈可下自為レ之幸二於不レ発而以罪上レ人。」真宗《ノ》意解《ク》。公至《リ》二中書《ニ》（注10）一、C悉《ことごとク》焚《やク》二所《ノ》レ得《ル》書《ヲ》一。(2)既而真宗悔《イ》、**Ⅳ**馳《はセテ》取《ラシム》レ之《ヲ》。公曰《ク》、「臣已《ニ》焚《ケリト》レ之《ヲ》矣。」由《リテ》レ是《ニ》獲《えタル》レ免《ルルヲ》者衆《おほシ》。

（朱熹《しゅき》『宋名臣言行録《そうめいしんげんこうろく》』による）

（注）
1　公——文正公《ぶんせいこう》。真宗の臣下。
2　上——皇帝のこと。あとに出てくる「人主」も同じ。
3　日者——占い師のこと。当時は臣下が個人的に吉凶を占うことを禁じていた。
4　宮禁——宮中のこと。
5　籍——財産を没収すること。
6　朝士——朝廷の役人。
7　説——ここでは文書のこと。
8　真宗——宋の皇帝。
9　御史——官吏の不正を取り締まる役所。「御史台《ぎょしだい》」という。
10　中書——中央官庁である「中書省《ちゅうしょしょう》」のこと。宮中の文書の保管などをしている。

問1 (1)「已」の読み・(2)「既而」の意味として最も適当なものを、次の各群の①～⑤のうちから、それぞれ一つずつ選べ。解答番号は 1 ・ 2 。

(1)「已」 1

① のみ
② すでに
③ やむ
④ おさむ
⑤ おのれ

(2)「既而」 2

① 結局
② その後
③ 少しずつ
④ もはや
⑤ ふと突然に

問2 空欄 Ⅰ ～ Ⅳ に入る語の組合せとして最も適当なものを、次の①～⑤のうちから一つ選べ。解答番号は 3 。

① Ⅰ 輒《チ》　Ⅱ 復《タ》　Ⅲ 且《ツ》　Ⅳ 因《リテ》
② Ⅰ 輒《チ》　Ⅱ 且《ツ》　Ⅲ 因《リテ》　Ⅳ 復《タ》
③ Ⅰ 因《リテ》　Ⅱ 復《タ》　Ⅲ 且《ツ》　Ⅳ 輒《チ》
④ Ⅰ 復《タ》　Ⅱ 因《リテ》　Ⅲ 輒《チ》　Ⅳ 且《ツ》
⑤ Ⅰ 復《タ》　Ⅱ 且《ツ》　Ⅲ 因《リテ》　Ⅳ 輒《チ》

問３　傍線部**Ａ**「此事」とはどのようなことか。その説明として最も適当なものを、次の①〜⑤のうちから一つ選べ。解答番号は［４］。

①　臣下という者は、若くて身分が低い境遇にいる時には将来を不安視し、つい占問の罪を犯してしまうということ。

②　占い師が個人的に占問を行ったとしても、それが朝廷のことへの批判でなければ、罪に問うほどのことではないということ。

③　朝廷の役人たちが占い師の所に行き来して、禁止されているはずの占問を勝手に行っていたということ。

④　長年信頼してきた公までもが、お金に困った時には、占い師の所で今後の自分の吉凶を占ってもらっていたということ。

⑤　占い師が朝廷の役人の家に占問の文書を預けて、過去に犯したたくさんの罪を隠していたということ。

問4 傍線部B「豈可下自為レ之幸二於不一レ発而以罪上人」について、(i)書き下し文・(ii)その解釈として最も適当なものを、次の各群の①～⑤のうちから、それぞれ一つずつ選べ。解答番号は 5 ・ 6 。

(i) 書き下し文 5

① 豈に自《みづか》ら之を為《な》して発せざるを幸ひとして以て人を罪《つみ》すべけんや
② 豈に自《みづか》ら之が為《ため》に発せざることの幸ひを以て人を罪《つみ》すべけんや
③ 豈に自《みづか》ら之を為《な》して発せざるを幸ひとして以て人を罪《つみ》すべきか
④ 豈に自《おのづか》ら之を為《な》すを発せざる幸ひを以て人を罪《つみ》すべきか
⑤ 豈に自《おのづか》ら之を為《な》して発せざるは幸ひなるを以て人を罪《つみ》すべけんや

(ii) 解釈 6

① 自分が犯した占いの罪が発覚しなかったことをよいことにして、他の人に自分の罪を着せても構わないのはなぜなのでしょうか。
② 自分の占いが当たらず問題視されなかったことを幸いとして、平然と他の人の罪を裁くことができるのはどうしてなのですか。
③ 偶然、自分が占いをしたことが露見しなかったことはありがたいことなのに、他の人が占いをしたことをなぜ罰することができましょうか。
④ ごく自然にしていた占いが、なぜか見つからなかったという幸運を重んじるからこそ、人を裁くわけにはいきません。

⑤ 自分も占いをしていながら発覚しなかったことを幸運として、どうして他の人の罪を裁くことができましょうか。

問5 傍線部C「悉焚㆓所㆑得書㆒」とあるが、公がこのような行動をとった理由の説明として最も適当なものを、次の①～⑤のうちから一つ選べ。解答番号は 7 。

① 現状、明るみになっている占い師の罪に対してはすべて弁護を終えたので、これ以上、いらぬ容疑を増やしたくなかったから。

② 占問による吉凶を記した文書が残っていることで、朝廷の役人がその文書の存在を知り、新たな事件を引き起こすことになっては困るから。

③ 朝廷の役人の罪には情状酌量の余地があると真宗が勝手に思い込んでいるうちに文書を処分して、新たな罪が露見するのを防ぎたかったから。

④ 弁護すべきところを弁護し、妥当な判断が真宗とともに下せたと思ったため、真宗が思い直す前に証拠を処分した方がよいと判断したから。

⑤ 真宗が再び朝廷の役人を処罰しようと意見を翻した時に、公が犯した過去の罪までもが一緒に処分の対象にされては困ると思ったから。

問6 筆者は「公」という人物をどのように描いているか。本文の構成を踏まえた説明として最も適当なものを、次の①～⑤のうちから一つ選べ。解答番号は 8 。

① 第一段落では公の仕事の経歴を紹介し、第二段落では公の仕事への情熱が何に由来するのかという裏話を一つの事件と絡めて説明するという展開になっている。

② 第一段落では公の仕事への姿勢を示し、第二段落ではある事件の処罰をめぐる皇帝との会話を通して、その具体的な仕事ぶりを紹介するという構成をとっている。

③ 第一段落では仕事に対する公の厳格さを示す一方、第二段落では公の意外な秘密を垣間見るエピソードを挟むことで、読者にとって親しみのある人物像を描き出している。

④ 第一段落では皇帝に毛嫌いされるほど自分の判断を譲らない公の姿勢を示し、第二段落では実例を挙げて、公が皇帝の独裁から役人を守ってきたことを紹介している。

⑤ 第一段落では公の仕事に対する頑固さを示し、第二段落では単なる堅物ではなく、時には柔軟な対応で職務を遂行していたことを示すという構成になっている。

漢文3

次の【文章Ⅰ】は、中国古代の越《えつ》の国の重臣、范蠡《はんれい》について述べたものである。漢文研究会に所属する白鳥さんは、この文章を題材に漢詩を作ろうと思い、参考となる漢詩を探したところ、朝川善庵《あさかわぜんあん》の詩（【文章Ⅱ】）を見つけ、考えたことをメモとしてまとめた。【文章Ⅰ】・【文章Ⅱ】・メモを読んで、後の問い（問1～7）に答えよ。なお、設問の都合で返り点と送り仮名を省いたところがある。（配点　50）

【文章Ⅰ】

越既滅呉。范蠡《はんれい》去之。遣《おくリテ》(注1)大夫種《しよう》書曰、「越王(ア)為人長頸《ちやうけい》ニシテ烏喙《うかい》(注2)ナリ。可与共患難、不可与共安楽。A子何不去」。種、称疾不朝《てうせ》。B或讒種且作乱。賜剣死。范蠡、装其軽宝珠玉、与私従(注3)乗舟江湖、浮海出斉(注4)、変姓名、自謂鴟夷子皮《しいしひ》。父子治産、至数千万。斉人聞其賢、以為相。蠡喟然《きぜん》(注5)曰、「居家致千金、居官致卿

相ヲ一。此レ布衣《ふい》（注6）之極也。久シク受クルハ二尊名ヲ一不祥ナリト」。(1)乃帰シ二相ノ印（注7）ヲ一、(2)尽散ジ二其ノ財ヲ一、懐《いだ》キ二重宝ヲ一、間行《かんかう》シテ（注8）止マル二於陶《たう》（注9）ニ一。自ラ謂フ二陶朱公《たうしゅこう》ト一。貲《し》（注10）(3)累ヌ二鉅万（注11）ヲ一。魯人猗頓《いとん》往キテ、問フレ術ヲ焉。蠡曰ク、「畜《か》ヘト二五牸《じ》（注12）ヲ一」。乃大イニ畜フ二牛羊ヲ於猗氏（注13）ニ一。十年ノ間ニシテ、貲(イ)擬シ二王公ニ一。故ニ天下ノ言フレ富ヲ者、称ス二陶朱・猗頓ヲ一。

（曾先之《そうせんし》『十八史略《じゅうはっしりゃく》』による。）

（注）
1 大夫種――越王の側近、文種のこと。范蠡と共に越王を支えた。
2 烏喙――カラスのくちばしのように口が尖っていること。
3 私従――家族や従者。この中には絶世の美女の西施がいたとされる。西施は、范蠡によって呉王のもとに遣わされ、呉王は西施の容色に溺れて国政をおろそかにし、その結果呉は越によって滅ぼされた。
4 斉 ――国の名。
5 喟然――ため息をつくさま。
6 布衣――平民、または身分の低い者。

7　印　――官職。
8　間行――抜け道を行くこと。またはひそかに行くこと。
9　陶　――地名。
10　貲　――財産のこと。
11　鉅万――巨万に同じ。
12　五牸――「牸」は牝牛のこと。ここでは牝牛五頭を飼う、という意。
13　猗氏――地名。

【文章Ⅱ】

范蠡の載スルノ㆓西施ヲ㆒図　　朝川善庵

安ンズルノ㆑国ヲ忠臣傾クルノ㆑国ヲ色《いろ》
片帆《へんぱん》倶《とも》ニ趁《お》フ五湖《ごこ》ノ風《かぜ》
人間ノ倚伏《いふく》君知ルヤ否ヤ
呉越ノ存亡一舸《いっか》ノ中《うち》

国を安定させた忠臣と国を滅ぼした美女が
共に五湖の風に吹かれて一片の帆船に乗っている
人生の幸福が不幸の中に、不幸が幸福の中に潜んでいることをあなたは知っているか
呉越両国の存亡に関わる者が今や同じ舟に乗っているのだ

《白鳥さんのメモ》

【文章Ⅰ】の内容

・越の国を去った范蠡は、斉の国で商才を発揮して大金持ちとなり、国政にまで携わった。しかし財産を処分してC斉の国を去り、今度は陶の地でも大金持ちになった。猗頓は范蠡のアドバイスに従って大金持ちになった。

【朝川善庵の詩について】

・この詩の作者朝川善庵（一七八一〜一八四九）は、当時の第一級の儒学者で、江戸で私塾を開いて多くの門弟を教え、幕府からも表彰された人物。

・この詩の「安国忠臣」は范蠡、「傾国色」は西施のこと。西施は呉が滅亡した後、范蠡の所に戻って一緒に行動したらしい。

・この詩は、范蠡のことなのに、D【文章Ⅰ】とはずいぶん違う視点から書かれているようだ。この詩の主題と同じことを言っていることわざが何かあったような気がする。

問1　波線部(1)「乃」、(2)「尽」、(3)「累」の漢字の読みの組合せとして最も適当なものを、次の①～⑤の中から一つ選べ。解答番号は 1 。

	「乃」	「尽」	「累」
①	すなはち	きはめて	かさぬ
②	ただちに	つくして	うれふ
③	すなはち	ことごとく	かさぬ
④	よりて	ことごとく	こゆ
⑤	ただちに	つくして	こゆ

問2　二重傍線部(ア)「為レ人」、(イ)「擬」の本文中の意味として最も適当なものを、次の各群の①～⑤のうちから、それぞれ一つずつ選べ。解答番号は 2 ・ 3 。

(ア)「為レ人」 2
① これまでの生い立ち
② ここまでの所業
③ 人への接し方
④ 生まれつきの人柄
⑤ これからの運勢

(イ)「擬」 3
① まさる
② 越える
③ 見間違う
④ 並ぶ
⑤ なぞらえる

問3 傍線部A「子何不レ去」の意味として最も適当なものを、次の①～⑤のうちから一つ選べ。解答番号は **4** 。

① あなたが立ち去らない理由は何なのか、わからない。
② あなたがどうして立ち去ることがあろうか、いや立ち去る必要はない。
③ あなたはどうして立ち去らないのか、立ち去ればよいのに。
④ あなたの立ち去る所がどこにあるだろう、どこにもない。
⑤ あなたはどこに立ち去ろうとしているのか、わからない。

問4 傍線部B「或譏種且作乱」の返り点の付け方と書き下し文との組合せとして最も適当なものを、次の①～⑤のうちから一つ選べ。解答番号は **5** 。

① 或譏レ種且作レ乱　　或ひと、種を譏《ざん》し且《か》つ乱を作《な》す
② 或譏種且レ作レ乱　　或ひと譏して、種は且《まさ》に乱を作すべしと
③ 或譏レ種且作レ乱　　或ひと、種を譏して且《しば》らく乱を作す
④ 或譏二種且一レ作レ乱　　或ひと、種は且《まさ》に乱を作さんとすと譏す
⑤ 或譏二種且作一レ乱　　或ひと、種に且《まさ》に乱を作せと譏す

問5　**【文章Ⅱ】**の漢詩についての説明として正しいものを、次の①～⑥のうちからすべて選べ。解答番号は［6］。

① この詩の形式は七言絶句で、偶数句末に韻を踏んでいる。
② この詩の形式は七言律詩で、起・承・転・結の構成に従っている。
③ この詩の形式は七言絶句で、二句と三句が対句になっている。
④ この詩は**【文章Ⅰ】**の「越既滅レ呉」と対応し、呉を滅ぼすために、范蠡が西施を送り込んだ時を題材としている。
⑤ この詩は**【文章Ⅰ】**の「乗二舟江湖一」と対応し、越の国を見限った范蠡が西施と共に国を去る時を題材としている。
⑥ この詩は**【文章Ⅰ】**の「治レ産、至二数千万一」と対応し、富裕になった范蠡が西施と舟遊びをする様子を題材としている。

問6　《白鳥さんのメモ》に、傍線部C「斉の国を去り」とあるが、范蠡が斉の国を去った理由の説明として最も適当なものを、次の①～⑤のうちから一つ選べ。解答番号は［7］。

① 平民の立場で、富や権力をもつ立場に長くいることは不吉だと考えたから。
② あまりに名声がありすぎて、自分の正体が明らかになることを恐れたから。
③ 平民の立場から富と権力を手中にし、これ以上の出世は望めないと考えたから。

模擬試験　漢文3

④ 斉の国での世俗的な名声よりも、陶の地での清貧な生活に魅力を感じたから。
⑤ 宰相の地位にありながら、莫大な富を独占するのはよくないと考えたから。

問7 《白鳥さんのメモ》の傍線部**D**について、次の(i)・(ii)の問いに答えよ。

(i) 「**【文章Ⅰ】**とはずいぶん違う視点から書かれているようだ」とあるが、**【文章Ⅱ】**の漢詩からうかがえる視点と主題はどのようなものか。その説明として最も適当なものを、次の①〜⑤のうちから一つ選べ。解答番号は **8** 。

① 落ちぶれて国を出ていく范蠡と西施に焦点をあて、人生の浮き沈みの激しさに思いをはせている。
② 范蠡と西施が行動を共にしたことに焦点をあて、人生の吉凶禍福の不思議さを二人の姿に投影している。
③ 敵の重臣に従うしかなかった西施の立場に焦点をあて、人間の運命のはかなさに思いをはせている。
④ 自分の運命を予測できなかった范蠡に焦点をあて、運命に対する人間の無力さを強調している。
⑤ 范蠡と西施が一緒にいることに焦点をあて、敵対する者同士が手を組む面白さを二人の姿に投影している。

(ii)　白鳥さんが思い出せない、**【文章Ⅱ】**の漢詩の主題と同じ内容のことわざ・成句として最も適当なものを、次の①〜⑤のうちから一つ選べ。解答番号は **9** 。

①　顰《ひそみ》に倣《なら》う
②　一寸先は闇
③　呉越同舟
④　塞翁《さいおう》が馬
⑤　盛者必衰

■プラス1　一覧表

◎古文

◎漢文

ハイスコア！共通テスト攻略　国語 古文・漢文　新装版

2019年７月10日　初版第１刷発行
2021年７月10日　新装版第１刷発行

編者　Ｚ会編集部
発行人　藤井孝昭
発行　Ｚ会
〒411-0033 静岡県三島市文教町1-9-11
【販売部門：書籍の乱丁・落丁・返品・交換・注文】
TEL 055-976-9095
【書籍の内容に関するお問い合わせ】
https://www.zkai.co.jp/books/contact/
【ホームページ】
https://www.zkai.co.jp/books/
装丁　犬飼奈央
印刷・製本　日経印刷株式会社
DTP　株式会社 デジタルプレス

ISBN978-4-86531-421-2 C7081

Z-KAI

ハイスコア！

共通テスト攻略

国語 古文・漢文
新装版

別冊解答

模擬試験 古文１

解　答

（50点満点）

設問	解答番号	正解	配点	備考	自己採点
1	1	⑤	5		
	2	①	5		
	3	②	5		
2	4	④	5		
3	5	③	7		
4	6	⑤	7		
5	7	④	8		
6	8	⑤	8		

合計点	

模擬試験 古文1

【出典】 紫式部『源氏物語』「紅葉賀」

『源氏物語』は、「桐壺」から「夢浮橋」までの五十四巻（帖）から成る長編物語。全体は三部に分けられ、第一部・第二部では光源氏の華麗な女性遍歴が、第三部では薫の恋物語が描かれる。第七帖「紅葉賀」では、光源氏の義母である藤壺の出産と立后が中心の話題。

【ねらい】 問題文部分の登場人物は、光源氏・藤壺・帝（桐壺帝）・弘徽殿女御・命婦の君、と多い。そのため、敬語や注をヒントに、誰のどのような言動や心情なのかを丁寧に押さえて読み進める必要がある。

問1 語句問題

(ア)

ステップ1

■キーとなる単語

・**つれなし**〈＝a冷淡だ・薄情だ／b平然としている・さりげない／c平気である・何の変化もない／d思うに任せない〉

・**立つ**〈＝月が立つ（月が改まる）〉

ステップ2 まず、「つれなし」の解釈が誤っている①・②・③を消去し、残った④・⑤で吟味する。5行目に「二月十余日のほどに、男皇子生まれ給ひぬ」とあるので、冒頭の「この御事」が藤壺の出産のことであるとわかる。「十二月も過ぎ」ているのであるから「この月」とあるのは「一月」と考えられ、「立ちぬ」とあるのが「月立ち（月が改まる）」の意であることをつかむ。「御物の怪にや、と世人も聞こえ騒ぐ」という記述と、リード文から、藤壺の出産が傍目にも妙に思われるほど遅延していることを読み取ろう。一月こそはと皆が待ち望んでいたのに、一月にも生まれないまま、二月を迎えたということである。藤壺自身も身に覚えがあることなので「いとわびしう、……思し嘆」いているのであるから、④「平然としたご様子で」は文脈に不適合である。

ステップ3

× ①「待ち遠し」いは「心もとなし」などの訳語。

× ②「つれなし」「立ちぬ」の解釈が誤り。

× ③「手持ち無沙汰」は「つれづれなり」の訳語。

× ④「つれなし」の語義は合っているが、文脈に不適合。

○ ⑤「つれなし」の解釈と「立つ」の解釈が文脈に適合している。

↓**正解**【⑤】

(イ)

ステップ1

■**指示語**―「かく」

■**キーとなる単語**

・**はかなし**〈＝a頼りない・あっけない／bほんのちょっとだ・取るに足りない／cとりとめがない・無益だ〉

※「はかなくなる」で〈死ぬ〉の意。

■**文法事項**

・**なむ**―「やみ／な／む」で「な」は動詞「やむ」の連用形に続いているので完了の助動詞「ぬ」の未然形。また、「む」は推量の助動詞。ここは「な＋む」で〈きっと～だろう〉と、推量の意を強める働き。

・**や**―疑問の係助詞。

ステップ2

「かく」は〈このように〉という意味で、直前の記述を受ける。疑問の係助詞「や」に注意して逐語訳すると〈このように（はかなくて）終わってしまうのだろうか〉となる。

「なむ」は、願望の終助詞であれば未然形に接続するはずだが、ここでは連用形に続いている。よって、〈～てほしい〉の意となる願望の終助詞と取っている②・④を消去する。また、疑問の「や」を訳出していない③も消去し、残った①・⑤で問題文と照合する。

傍線部の直前直後を見ると、「世の中の定めなきにつけても」「取り集めて嘆き給ふ」とある。この部分の主語は、「中将の君は、いとど思ひ合はせて……」から源氏となっている。「思ひ合はせて」「嘆く」源氏の心中は、皇子が不義の子であることを確信しての悩みである。藤壺が「このことにより、身のいたづらになりぬべきこと〈＝このことで、我が身を滅ぼすことになるに違いない〉」と悩んでいるのに対応している。「世の中」はここでは藤壺との「男女の仲」の意と取るのがよい。不義の子が生まれ、事の真相が世間にばれてしまえば、藤壺への思慕も今後は行動に表すわけにはいかなくなる。二人の関係はもうこれまでか、というのが傍線部の源氏の心中なのである。

ステップ3

○ ① 着眼箇所の解釈に誤りがなく、かつ文脈に照らして内容的に適合する。

× ②・④ 「なむ」を願望の終助詞と取っている。

× ③ 疑問の係助詞「や」の訳語を欠き、〈はかなし〉の意もとらえていない。

× ⑤ 「出産の苦しみ」は前後の文脈からは読み取れない。

↓正解 ［①］

(ウ)

ステップ1

■「同じ光」の解釈（とくに問題となる単語や文法事項がなく、文脈から解釈するしかない）。

ステップ2

傍線部を逐語訳すると〈同じ光で出ていらっしゃったので〉となる。とくに問題となる古語や文法や指示語はないので、文脈読解が鍵となる。五肢すべて「光」を肯定的な意味で解釈しているが、誰と誰が「同じ」であるのかという点は五肢それぞれ違う。ここが選定のポイント。

傍線部前後を見ると「かうやむごとなき御腹」「思ほしかしづく」とある。「かしづく」は〈（子供を）大切に育てる〉という意味である。第四段落の「思し寄らぬことにしあれば〈＝思いも寄らないことでいらっしゃるので〉」の主語は上（帝）なので、この部分は帝の心中として読解する。傍線部の直前には「源氏の君」にこの上もなく愛情がありながら、東宮にもせず、「ただ人」のままにしておいたことを心苦しく思っている帝の心中が記されている。源氏を東宮にできなかったのは、（注）にあるように「世の人」が承認するはずがなかったからだが、それは源氏の母親の身分が低いことが関係している。若宮は皇女である藤壺から生まれていて、「瑕なき玉」とは、身分の高い藤壺から生まれた若宮を指す。一方、源氏には「瑕〈＝母親の身分の低さ〉」があり、この部分は、帝が源氏と若宮という二人の子を比較して感慨にふけっている場面なのである。

以上のことから、「同じ光」は「源氏と皇子」が同じ美質をもっていることを指すと解する。

ステップ3

× ①・③・④・⑤　帝が源氏と若宮という二人の子を比較している場面であることを理解していない。

○ ②　「同じ光」の解釈が文脈に照らして適切。

➡**正解**［②］

問2　文法問題

ステップ1

■**敬語**
a　**参る**—謙譲の動詞。客体尊敬
a・b　**給ふ**—尊敬の補助動詞。主体尊敬
b　**奉る**—謙譲の補助動詞。客体尊敬

ステップ2　**a**　波線部前後の読解が必要となる。まずは誰と誰が相対している場面であるのかをつかむ。**a**の直前には「かの人知れぬ御心にも、いみじう心もとなくて」とある。この人物は、「人間《ひとま》〈＝人のいない時〉」を見はからって参上する人物、かつ、若宮のことを「いみじう心もとなく」思う人物（「心もとなし」は、1待ち遠しい／2不安だ／3ぼんやりしている、の意があるが、この人物は「いみじう心もとなく」思うゆえに参上しているので、文脈から1の意に取る）、ということで、リード文からも源氏と判断する。つまり**「参り給ひ」の動作の主体は源氏**。また、この源氏に相対している客体は、源氏が「人間」を見はからって会う必要があり、かつ源氏に「参り」という謙譲語が使われていることから、**皇子の母である藤壺である**。「上」は「(皇子を) おぼつかながり聞こえさせ給ふ」人物なので、皇子を自分の子供だと信じている「帝」であるとわかるが、帝は藤壺と皇子が里から宮中に帰った第四段落で初めて登場するのでここでは問題にならない。また、ここは**地の文であるから、敬語はすべて「作者」からの敬意**となる。よって、「参り」は作者から動作の客体である藤壺への、「給ひ」は、作者から動作の主体である源氏への敬意となる。

b　波線部の直前「上のおぼつかながり聞こえさせ給ふ……と聞こえ給へど」と言った主体は、その前にある波線部**a**「参り給ひて」と同じ源氏である（「参り給ひて」↓

接続助詞「て」の前後は主体が変わらないため）。「まず（私が）（皇子を）見申し上げて（その様子を「上」に）奏上しましょう」と源氏は言っているのである。ａでも見たように、源氏に相対しているのは、藤壺なのだから、「むつかしげなる程なれば」と言って「（皇子をこの人物に）見せ申し上げなさらない」の**動作の主体は藤壺**ということになり、その**動作の客体にあたるのが源氏**となる。ａ同様、ここも地の文なので「奉り」は作者から動作の客体である源氏への、「給は」は作者から動作の主体である藤壺への敬意ということになる。

ちなみに、藤壺が皇子を源氏に見せないのは、「めづらかなるまで写し取り給へる様、違ふべくもあらず」とあるように、皇子が源氏にそっくりだったからである。

ステップ3

×　①・②・③・⑤　動作の主体、客体を正しく把握できていない。会話内容の読み取りを正確に行うこと。また、敬語の用法も押さえること。

○　④　人物関係の把握が正しい。

↓正解　［④］

問３　解釈問題

ステップ１

■傍線部の述語と主語

・述語―「思し召したること限りなし」

・主語―「上」（ここでは主語の省略はない）

■キーとなる単語

・**上**―人を指す場合は**〈天皇・主上・上皇・貴婦人・奥方（奥様・北の方）〉**

・**いつしか**〈＝ａいつ～か《疑問》／ｂいつの間にか・早くも・さっそく／ｃ（願望・意志の表現を伴い）はやく～したい・しよう《願望》〉

・**ゆかし**〈＝ａ見たい・知りたい・聞きたい／ｂ恋しい・したわしい〉

※動詞「行く」の形容詞化した語で、そこへ行ってみたくなるほど興味や関心がひかれる気持ちを表す形容詞。

■文法事項

・**思し召す**―「思う」の尊敬語。**敬意の度合いは高く、帝・中宮・皇子が主語であることが多い。**

ステップ2　傍線部の主語「上」は、**問2**で確認した「上」と同じであると考えるのが自然なので、「帝」。ここで主語を取り違えている①・⑤を消去し、残った②・③・④を検討する。

　傍線部は逐語訳すると〈上が、(いつしか)と心惹かれてお思いになっていることこの上もない〉となるので、「ゆかし」を「ゆゆし」と混同している④を消去する。次に②・③を問題文と照合する。②・③は、「上」の解釈が正しく、「ゆかし」の解釈も明白な誤りといえるものはない。②は「いつしか」を〈いつ〜か〉と《疑問》に解し、③は「いつしか」を〈早く〜したい〉と《願望》に解している。第二段落で「かの人知れぬ御心にも、いみじう心もとなくて」と、皇子に会いたがっている源氏が描かれている（**問2**）。「御心にも（「も」は同様の事柄を並列する働き）」とあるので、その直前の傍線部Aの「上（帝）」も、同様と解するべき。

ステップ3

× ①　主語を取り違えている。また、「ゆかし」の解釈が不適切。

× ②　「いつしか」の解釈が文脈に照らして不適切。また、「ゆかし」の意味も取り違えている。

○ ③　着眼箇所の解釈が文脈に照らして適切。

× ④　「ゆかし」を「ゆゆし」の意と混同している。

× ⑤　主語を取り違えている。

↓**正解**　[③]

問4　内容説明問題

ステップ1

■設問の吟味―「誰の」「どのような心情が込められているか」

↓傍線部の場面における登場人物の設定を確認。登場人物は「中将の君」と「命婦の君」。（注）から「中将の君」＝「光源氏」、「命婦の君」＝「源氏を藤壺のところへ手引きした女房」、であることを押さえておく。

■和歌の解釈

・第三段落を集中的に読解し、人物関係と詠者をつかむ。

・返歌があるので、二首セットで考える。

ステップ2

まず傍線部の和歌を逐語訳してみる。〈どのように昔結んだ契りゆえにこの世ではこのような仲の隔てなのか〉となる。とくに難しい単語も文法もない。「この世」とあることから「昔の契り」は〈前世の宿縁〉と解釈する。

次に第三段落全体を見て人物関係を把握し、この歌の詠者を考える。「中将の君、命婦の君に、たまさかに逢ひ給ひて……」とあることから、ここは源氏と命婦の君との対面場面と考える。人物関係図から、源氏は帝の子であるので、身分から考えると、尊敬語が用いられているほうが源氏、用いられていないほうが命婦の君である。敬語を手掛りにすると、**傍線部の歌のあとに「とのたまふ」と尊敬語が用いられているので、この歌の詠者は源氏**となる。ここで、源氏の心中と取っている①・②・⑤に絞る。

次に、「どのような心情」かについてであるが、この源氏の歌には命婦の君（（注）から、命婦の君は源氏と藤壺との事情を知っていると考えられる）が続けて歌を返しているので（「見ても思ふ……」）、二首をセットで読解する。命婦の歌の上の句に「見ても思ふ見ぬはたいかに嘆くらむ」とあるので、何を「見」るのかを考える。ここで話題になっているのは生まれたばかりの若宮のことである。母である藤壺は第二段落で見たように若宮とともにいる（「むつかしげなる程なれば……見せ奉り給はぬも」）から判断できる）ので、若宮を「見ても思ふ」のは母である藤壺である。一方、若宮を「見ぬ」ために思いが募っているのが父親である源氏、ということになる。命婦の君は、〈宮は若宮のおそばにいてもものの思いにふけり、一方若宮といまだ会えずにいる源氏の君もまた深いもの思いにふけっている〉と上の句で詠んで、源氏の心中に理解を示しているのである。命婦の君の返歌から源氏の心中を考えると、⑤が適切である。

ステップ3

× ① 「逢瀬を仲介してもらえない」が、命婦の君の歌との照応関係からずれる。

× ② 「世間に公表することができない」が、命婦の君の歌との照応関係からずれる。

× ③ 歌の詠者を取り違えている。

× ④ この場面に登場していない藤壺を詠者としている。

○ ⑤ 命婦の君の歌との照応関係が文脈的に適合する。

↓**正解**［⑤］

問5　和歌問題

ステップ1

■引歌についての設問―踏まえられている和歌を文脈との照合から指摘。

■選択肢相互の共通要素・相違点―「闇」の有無。

「闇」が含まれている―①・②・④

含まれていない―③・⑤

ステップ2

まず傍線部を逐語訳すると〈これこそ世の人がまどうという闇であることよ〉となる。この「闇」が何を意味するのか、それを示している歌を選択肢から探していけばよい。

各歌の解釈を行う前に、選択肢を見比べてみると、③・⑤には「闇」という表現が含まれていない。ここでは「闇」が何を意味するのかをつかみたいのだから、「闇」という表現がないこの二つは消去することができる。残った①・②・④について、解釈する。

① （悲しみの）闇にひたすらまどっている身なので、すみ染めの袖（喪服）が乾く間もなくいつが昼やらもわかりません（ひる→「干る」・「昼」の掛詞）。

② 春の夜の闇は（闇として）わけがわからない。梅の花の色は見えないがその香りで梅の花がそこにあることが一目瞭然だから。

④ 人の親の心は闇ではないけれど子を思う道にまどってしまっていることよ（心は盲目的な（＝ものが見えない）ものである）。

それぞれの「闇」は、《①→悲しみにくれている状態。②→光の反対の意味としての「闇」。④→子を思う心が盲目的であること。》となる。

傍線部の直前「見ても思ふ見ぬはたいかに嘆くらむ」は**問4**で押さえたように、母である藤壺と父である源氏の若宮への思いを表していた。よって、傍線部の「闇」は、子を思う親心について詠んだ④の意で用いられているとわかる。「こや」とある指示代名詞「こ〈＝これ〉」には「子」の意が掛けられているのである。

ステップ3

× ①・② 「闇」に「子」という要素が欠けている。

× ③・⑤ 「闇」という要素そのものが欠けている。

○ ④ 「闇」が子を思う親心についてのもので、傍線部直前との文脈に適合する。

問6　大意把握問題　　　↓正解［④］

ステップ1

■各段落ごとに場面・人物を把握する。選択肢の文を見て、本文のどのあたりを読解することが求められているのかを考える。

ステップ2　①　藤壺の宮が出産をした第一段落と照らし合わせて考える。予定よりも大幅に遅れた藤壺の出産に対し、世間の人々は「御物の怪にや」と噂していた。そこで、源氏は「御修法など、さとはなくて所どころに」させたのである。

②　第三段落前半の読み取り。**問4**で見たように、源氏が命婦の君に対して詠んだ歌は、若宮に会うことができない嘆きであるので、「藤壺にだけでも会わせてほしいと懇願した」はおかしい。また、命婦の君の歌に、「藤壺はまだ意識不明」という意味はない。

③　第三段落後半の読み取り。宮（藤壺）が辛い思いをしているのは誤りではないが、「命婦にだけは心を開き」が「命婦をも、……うちとけ睦び給はず」にはずれる。また「相談していた」も、記述がない。

④　第四段落前半の読み取り。「自分にそっくりだと」が不適切。若宮の顔が「あさましきまで、紛れどころなき」とあるが、「あさまし」とは〈aあきれたことだ・驚くばかりだ・意外だ／b情けない〉という意味の形容詞で、ここではaの意味。「紛れどころ」とは、〈はっきりと見分けにくい部分〉のことであるから、ここで若宮の顔が誰かにそっくりであったと言っていることがわかる。さらに「並びなきどちは、げに通ひ給へるにこそは、と思ほしけり」とあるが、この「思ほしけり」の主語は帝（上）。帝は「並ぶものがないほど優れている人同士は、なるほど似通っていらっしゃるのだなあ」と思っているのである。なぜこのように思うのか、その理由は、直前の「上、思し寄らぬことにしあれば」に表れている。（注）より帝は、「若宮が源氏と藤壺の子であると知らないので」「並びなきどちは……」と思うのである。よって、「そっくり」なのは若宮と源氏である。

⑤　④で見た通り。帝は、若宮が源氏と藤壺の子であると

知らないので、若宮が源氏にそっくりでも、優れた者同士は似るのだなと納得しているのである。

ステップ3

× ①「帝の御修法により」が誤り。御修法をさせたのは源氏。

× ②・③ 後半部分が内容を読み違えている。

× ④「自分にそっくり」が誤読。また、「帝が実はすべてを知っていて演技しているのではないかと不安になった」も深読みしすぎ。

○ ⑤ 第四段落の「あさましきまで……げに通ひ給へるにこそは、と思ほしけり」と合致。

➡正解［⑤］

【全訳】

この御事（＝藤壺の出産のこと）が、十二月も過ぎてしまったのが不安なのだが、今月（年が明けた一月）はいくらなんでも、と藤壺の里邸の三条宮で藤壺に仕える人々もお待ち申し上げ、帝におかれてもしかるべきご準備などをなさっている。（しかし）依然として変化がないまま翌月になった。（出産の遅れは）物の怪のせいなのだろうか、と世間でも噂して申し上げ騒ぐのを、宮（＝藤壺）はとてもやりきれない思いで、このこと（＝源氏との密通）のせいで、きっと身を滅ぼすことになるに違いない、とお嘆きになるので、ご気分もたいそう苦しくてお具合がお悪い。中将の君は、ますます（自分の子であると）思い当たって、御修法などを、それと目立たぬようにあちらこちらの寺でさせなさる。藤壺との仲の定めなさにつけても、このようにあっけなくて関係が終わってしまうのであろうかと、さまざまに嘆きなさっていると、二月十余日のころに、男皇子がお生まれになったので、（それまでの疑惑も）すっきりとして、帝も中宮付きの人々も、お喜び申し上げなさる。（藤壺は、皇子が誕生したのだから）これからは長く生きなければ、とお思いになるのも（皇子を妊娠した経緯を考えると）憂鬱であるが、弘徽殿女御などが、（出産遅延について）呪いがましいことをおっしゃっていると耳にしたので、（お産のことで）死んだとお聞き及びになったとしたら物笑いの種であろうか、と気を強くお思いになって、だんだん少しずつ元気におなりになったのであった。

帝が、早く（皇子と対面したい）とお気持ちがはやっていらっしゃるのはこの上もない。あの（源氏の）人知れぬ（悩みをもつ）御心にも、たいそう気がかりで、人目のない時に（藤壺の三条宮に）参上なさって、（源氏は）「帝が待ち遠しくお思い申し上げなさっておいでですので、まず（私が皇子を）拝見して（ご様子を帝に）奏上いたしましょう」と（藤壺に）申し上げなさるのだが、（藤壺は）「（生まれたばかりなので）気味が悪い時ですので」と言って、（皇子を）見せ申し上げなさらないのも、もっともなことである。（藤壺が）そのように源氏と皇子との対面を拒むのは、とてもあきれたことに、めったにないくらいに（源氏に）生き写しでいらっしゃる様子なので、（皇子が源氏の子であることは）見紛うべくもないからなのである。宮は、良心のとがめでとても苦しく、人が（皇子を）見申し上げるのにつけても、不思議であったあの時の誤り（＝源氏との密会）を、まさに人が思いとがめないことがあろうか（、いや、人も気付いているだろう）、それほどでもないちょっとしたことでさえ、あらさがしをする世の中であるから、どのような悪い評判がついには世に漏れだすのであろうか、と思い続けなさると、我が身ばかりがたいそう辛い。

源氏は、命婦の君に、時たまお会いになって、激しい思いのたけを言葉を尽くして訴えなさるのだが、何も甲斐があるはずもない。若宮のご様子を、どうしようもなく会いたがり申し上げなさるので、（命婦は）「どうして、こんなにも一途におっしゃるのでしょう。すぐに、自然と見申し上げなさるでしょうに」と申し上げるものの、ものを悩めるご様子は（事情を知る者同士であるから）お互いに一通りのことではない。周囲をはばかることなので、はっきりともおっしゃることができず、（源氏は）「どのような世なら、人づてでなくじかに（藤壺に）申し上げるのだろうか」と言って、お泣きになる様はおいたわしい。

（源氏は）「前世で結んだどのような宿縁ゆえに現世ではこのような仲の隔てなのか。このような隔てこそ納得しがたい」とおっしゃる。命婦も、宮のもの思わしげな様子などを拝見しているので、そっけなく拒み申し上げることができない。

（命婦は）「若宮を見ている宮様ももの思わしげであるし、若宮を見ていないあなたはまたどんなに嘆いておいででしょう。これこそ子ゆえにまどうという親心の闇でございましょう。お気の毒に（お二方とも）お心の休まることのない御事ですことよ」と、ひそかに申し上げるのであった。このようなことばかりで（源氏は）言い遣わす方法もなくてお帰りになるのであるが、（一方）宮は、人の口の端も煩わしいので、耐えがたく辛いこととおっしゃり、またお思いになり、命婦をも、昔お思いになっていたようには、うちとけお親しみにならない。人目に立たないように、穏やかにふるまっていらっしゃるのだが、気に入らないとお思いになる時もあるようで、（命婦は）とてもやり切れず心外な気持ちであるに違いない。

（若宮と藤壺は）四月に（里邸を出て）参内なさる。年頃よりも大きくご成長なさって、そろそろ起き返りなどなさる。あきれるほど、（源氏と）見紛うことのない（そっくりな）御顔つきを、帝は、（藤壺と源氏との密通を）思いも寄らないことなので、また比類ない者同士は、なるほど似通っていらっしゃるものだ、とお思いになるのであった。たいそう（皇子を）かわいがり大切にお世話なさることこの上ない。（帝は）源氏の君を無上のものにお思いになりながらも、（源氏の母親の身分の低さゆえに）世の人が承認申し上げるはずがなかったために、東宮にもお立て申し上げられずじまいになってしまったことを、心残りで残念（に思っておいで）で、臣下としてはもったいない御様子や容貌に（源氏が）成長していらっしゃるのを御覧になるにつけて、心苦しくお思いになるが、（藤壺という）このような高貴な方を母として、（皇子が源氏と）同じく光輝く美質をもって誕生なさったので、（母親の身分と本人の美質がともに備わっている皇子なので）瑕なき玉とお思いになり大切に養育なさるので、（何も知らない帝の喜びようを見て）宮は何事につけても、胸が晴れる暇がなく、不安なもの思いに沈んでいらっしゃる。

模擬試験　古文２

解　答

（50点満点）

設問	解答番号	正解	配点	備考	自己採点
1	1	④	5		
	2	②	5		
	3	⑤	5		
2	4	③	5		
3	5	②	7		
4	6	③	7		
5	7	①	8		
6	8	③	8		

合計点	

模擬試験 古文2

【出典】藤原道綱母『蜻蛉日記』

『蜻蛉日記』は、作者の身の上の記録であり、女流日記文学のさきがけである。成立は九七四～九九五年頃と推測されている。

【ねらい】問題文に用いたのは、夫の兼家の来訪が途絶えがちになる場面。和歌の内容も押さえて、作者の夫に対する心情を丁寧に読み取ろう。

問1 語句問題

(ア)

ステップ1

■キーとなる単語
・おこたる〈＝a病気が快方に向かう／b怠ける・気がゆるむ〉

ステップ2 傍線部の前後を直訳すると〈……といって帰ったりなどした人は、「おこたりて」と聞くのに、待つ時間を過ぎている気がする〉となる。リード文により、問題文は「夫兼家の足が次第に作者のもとから遠ざかっていく場面」から始まっているため、「待つ」は「作者が夫を」待つことであるとわかる。つまり、作者は夫が「おこたった」と聞いたので夫の来訪を待っていたのだが、夫はなかなか来ないという場面なのである。

さて、少し前に「いとあやしく悩ましき心地になむある」とある。「悩まし」は、動詞「悩む」から派生した形容詞。「悩む」は「おこたる」と対で記憶するべき語で、〈a病気や出産で苦しむ・病む／b苦労する・困る〉という意味である。つまり、兼家は「病気なので行けない」と言っていたのである。それが「おこたりて」と聞いて作者は夫を待っていたというのだから、「おこたる」は〈病気が快方に向かう〉意で使われていると判断する。

ステップ3

× ①・③・⑤ 「おこたる」の解釈が誤り。
× ② 「おこたる」を「おこなふ」と混同している。
○ ④ 「おこたる」の解釈が的確。

↓正解 [④]

(イ)

ステップ1

■キーとなる単語
・ものす〈＝aある・いる・行く・来る・生まれるなどの代動詞／bする・行う〉

■文法事項
・え〜（打消）—呼応の副詞。〈〜できない〉の意。
・なり—断定の助動詞。〈〜だ・〜である〉の意。

ステップ2　品詞分解すると「え／ものせ／ぬ／なり」となる。不可能の意味が訳出されている②・③・⑤に絞ってから、文脈を確認する。

「　」のあとには「とはあるものか。いとあさましければ」とあり、また『……』とて返しつ」とあるため、夫からの消息（＝手紙）を作者が受け取って憤慨している場面である。ここで、もう少し前の文までたどって「かくてふる程に」から見てみると、「かくれ給ひぬ」「つつしむ」「服」などから、小野の宮の大臣が亡くなって世の中が騒然としていることがわかる。これらの状況を押さえて、夫が大臣の死去を口実に作者を訪問できないと言ってきていることだと見当をつける。ここでの「ものす」は〈行く〉の意である。

ステップ3
× ①「え〜打消」の解釈がなく、文脈上不適切。
○ ②「え〜打消」の解釈と「ものす」の解釈が文脈上適切。
× ③「え〜打消」の解釈はよいが、敬語は用いられていないので「参内」は不適切。
× ④「え〜打消」の解釈がなく、「なり」の解釈が「断定」ではなく「意志」の意になっている。
× ⑤「ものす」の文脈上の具体的意味として「食事する」は不適切。

➡正解［②］

(ウ)

ステップ1

■指示内容
・かかる（このような）—指示内容把握がポイント。

※「かかる」はかく《副詞》＋ある《動詞》

ステップ2 傍線部を直訳すると〈まだ本当にはこのような目は見なかったので〉となる。「このような目」にあうという経験が初めてだということを押さえ、「このような目」の具体的な内容を読解する。

傍線部の直後に「見る人々も、あやしうめづらかなりと思ひたり」とあるが、第一段落5行目にも「めづらかにあやしと思へど」とあることに注意する。「はては消息だに無くて久しくなりぬ」、つまり、**夫からの手紙すらないまま久しく時が経過したことについてこのように言っている**ので、リード文も参照し、傍線部も同方向で解釈すべきではないかと見当をつけて読解する。

傍線部直前には「心もゆかぬ世とはいひながら」とあるが、「世（世の中）」は〈a世間・俗世・社会／b男女の仲・夫婦の仲／c時代・天皇の御代〉という意味であり、リード文を踏まえてここでは〈夫婦仲〉と解釈する。〈思い通りにならない夫婦仲ではあっても、まだ本当にはこのような目にあったことはなかったので〉となる。ここで夫婦仲の意で解釈している②・③・⑤に絞り込む。「かかる」は直接には「夜見ることは三十余日、昼見ることは四十余日になりにけり」を受けているので、②かと考えがちだが、「ながめのみぞせらるる」「人目もいと恥づかしうおぼえて」「落つる涙」なども総合的に考えて判断するなら⑤が正解となる。「夜見る」は〈頻繁に来訪してくれる〉ではなく、その逆で**〈夜逢うことは三十余日、昼に逢うことは四十余日もの間があいてしまった〉と解釈する**のである。

ステップ3

× ① 「かかる」は、ここは直前の内容を指す。また、「うぐいす」はここではまだ出てきていない。

× ② 「夫が頻繁に来訪してくれる」が文脈上不適切。

× ③ 「結婚当初からの常態」かどうかは本文で触れられていない。

× ④ 「侍女たちが里下がり」は、夫の依頼を断る口実にしただけのもの。

○ ⑤ 直前の「世」を考慮に入れており、文脈上適切な解釈である。

↓正解［⑤］

問2 文法問題

ステップ1

■**文法事項**

・**「なり」の識別**―a伝聞・推定の助動詞
b断定の助動詞
c形容動詞の連用形・終止形の活用語尾
d四段動詞「なる（成る）」の連用形

ステップ2 ここで「なり」の識別方法を確認しよう。

a伝聞・推定の助動詞

・活用語の終止形（ただしラ変型の語の場合は連体形）に接続。
・撥音便を受けている場合。
・「推定」の助動詞は周囲の音や声、気配などが判断材料となる。

b断定の助動詞

・活用語の連体形・体言に接続。

c形容動詞の連用形・終止形の活用語尾

・「なり」の上にくる語が物の性質や状態を表している。

d四段動詞「なる（成る）」の連用形

・「なら・**なり**・なる・なる・なれ・なれ」と活用する。

ステップ3 各傍線部を検討していく。

ⓐは〈四月になった〉意、ⓑは〈久しくなった〉意、ⓗ〈山路になって〉の意で、ともに「動詞」の「成る」。

ⓒ「騒がしかなれば」は「騒がしかるなれば」で、「騒がし」の連体形「騒がしかる」の撥音便「騒がしかん」の「ん」の無表記である。撥音便を受ける「なり」は伝聞・推定の助動詞。

ⓓ「おろかなり」、ⓔ「めづらかなり」はこれで一語の形容動詞。

ⓕ「鳴くなる」の「なる」は「うぐひす」の「音」を判断材料とした推定の助動詞「なり」。

ⓖは〈同じようである人〉という意で、比況の助動詞「やうなり」の一部。

↓**正解**［③］

問3 和歌問題

ステップ1

■**独詠歌の解釈**―この歌は、「（見るままに）おぼゆるやう」という叙述によって導かれているので独詠歌だとわかる。独詠歌は自己の心中を吐露するもの。よって、独詠歌を含む段落（第一段落）を重点的に読解し、作者の心中を考える。

ステップ２　この歌は第一段落の最終部に位置しているので、第一段落全体を見渡して作者の心中を読解する。

心中表現に焦点を合わせると、４行目「待つ程過ぐる心地」、５行目「（手紙すらないまま久しくなって）めづらかにあやしと思へど」、などが見つかる。リード文より、**作者の煩悶はすべて〈夫に見捨てられつつありながらも来訪を待つ妻の嘆き〉**である。以上の点を押さえた上で歌を解釈する。直訳すると、〈夜のうちは松にも露はかかっていた。夜が明けると露は消えた。もの思いをすることよ〉となる。ここで前述の作者の置かれた状況から「松」に「待つ」が掛けられていると判断し、「露」は涙をたとえていると判断する。次に選択肢を見て、「松」「待つ」両方の意に触れられている②・④・⑤に絞り、その中から、文脈に適合する②を正解とする。

ステップ３

× ①「私の心変わりを思って」は文脈からはずれる。また、「こそ思へ」の「思へ」は「こそ」の結びで已然形。「〜して下さい」では命令形に解している。

○ ②「松」「待つ」両方の意を解釈しており、文脈に適合する。

× ③「あの人はきっと来るだろう」と判断するだけの根拠は本文中に見出せない。

× ④①と同様に、「こそ思へ」の「思へ」は「こそ」の結びで已然形なので、「〜して下さい」と命令形のように解すのは誤り。

× ⑤「期待の思いがわくだろう」が文脈に不適合。

↓正解［②］

問４　解釈問題

ステップ１

■**キーとなる単語**

・**ながめ**〈＝ａ物思いにふけること／ｂはるか遠くを見渡すこと〉

■文法事項
・し—強意の副助詞。
・ねば—〈～ないので〉の意。
※「ね」（打消の助動詞「ず」の已然形）＋「ば」（順接の接続助詞）
・のみ—a限定の副助詞「～だけ」。
b強意の副助詞「ひどく・とくに・まったく」などの意を副詞のように添えて、下の用言に続く。
・らる—自発の助動詞。〈つい・自然と～してしまう〉の意。

ステップ2　まず、「ものしおぼえねば」であるが、この「し」は抜いても文意が変わらないので強意の副助詞である。「ものしおぼえねば」を直訳すると〈ものをおぼえないので〉となる。ここで「ものし」を〈不愉快である〉という意味の一語の形容詞と取っている①が消える。

次に「ながめのみぞせらるる」について見ていく。この作品はリード文にあるように「日記」であるから、傍線部に主語を補うと「私は」となる。「らる」は一人称に付き、かつ、「ながめ」という心情を表す語に付いているので、「自発」と取る。残っている②・③・④・⑤のうち「らる」を自発の意味に訳していない②・④を消去し、残った③・⑤を問題文と照合する。

直前に「まだいとかかる目は見ざりつれば、見る人々も、あやしうめづらかなりと思ひたり」とある。問1とも関係してくるが、仮に問1で誤答を選んでいたとしても、〈このような目にまだあったことがないので、見ている人々も、不思議に珍しいことだと思っていた〉ということは理解できるし、直後の「人目もいと恥づかしうおぼえて、落つる涙……」などから、作者の、この時の心の状態はマイナスの方向にあることがわかるので、〈茫然・もの思いにふける〉とした③の方がぴったりする。⑤の「思い出を探ってしまう」は、「思い出」の具体的内容が本文から読み取れない。

ステップ3
× ① 副助詞「し」を形容詞「ものし」の一部として解釈し、大きく内容からはずれる。
× ② 助動詞「らる」を可能に取り、文脈からもはずれる。

○ ③ 助動詞「らる」を自発と取り、内容も文脈に照らして適切。

× ④ 助動詞「らる」を受身に取り、文脈からもはずれる。

× ⑤ 文脈に照らしても本文中に該当する記述がない。

⬇正解 [③]

問5 内容説明問題

ステップ1

■キーとなる単語

・あはれなり〈＝a しみじみと感動的だ／b 深い趣がある・情趣がある／c いとおしい・かわいい／d 気の毒だ・不憫だ・悲しい〉

■指示内容の把握―傍線部直前の「このごろの心地」の内容をつかむ。

ステップ2 選択肢のうち、③「それほど辛くはなくなっている」、④「夫が訪れないことなど何でもなくなっている」は、「あはれなり」のニュアンスをとらえきれていないと判断できるので消去し、残った①・②・⑤を問題文と照合する。

手順としては、まず、傍線部直前に着目し、次に傍線部を含む段落全体の内容をつかむ。それでも不十分な場合はその前の段落まで遡って内容を押さえることになる。

傍線部の直前には「このごろの心地なればにやあらむ」とあり、「なれば」は「已然形＋ば」の確定条件〈＝～ので・から〉になるので、この「このごろの心地」の内容を押さえることが、そのまま本問の解答を導く上でのポイントになる。そこでまず、「このごろの心地」を示す表現を探す。一つ前の段落の冒頭に「かくながら二十余日になりぬる心地、せむ方知らず、あやしく置き所なき」とあることに着目する。次に、この「かくながら〈＝こうした状態のまま〉」について、さらに前の段落までたどると「ながめのみぞせらるる」「人目もいと恥づかしう覚えて」「落つる涙」など、そうした「心地」を具体的に言い表した箇所が見出せる。作者がこのような思いを抱くに至ったきっかけは、冒頭の段落に「はては消息だに無くて久しくなりぬ〈＝夫の訪れがないばかりか手紙さえよこさなくなった〉」とあった通り。そして、さらにそれが、「絶えてことづてもなし」、「夜見る……四十余日にもなりにけり」となって、二人の間が一層間遠になっていることがわかる。つまり、「二十余日になりぬる心地」とは、夫の訪れを待ちわびる状態のまま六月も「二十余日」になってしまったということなのである。作者は、このように夫に見放された孤独感から神経が過敏になり、山路の景色を見るにつけても、「あはれなり」と感じるのである。したがって、②のように「気持ちを切りかえて……趣深く感じている」とするには無理があることになろう。

残った①・⑤で「あはれなり」のニュアンス（①「心にしみる」、⑤「いっそうみじめな気分」）を絞り込む。いずれも考えられなくもない心情だが、⑤は「ひなびた風景によって」とあるのが誤り。ここは、あくまで作者の精神的な要因によるものと押さえる。

ステップ3

○ ①「あはれなり」の解釈が文脈に照らして適切。

× ②「気持ちを切りかえて」とは読み取れない。

× ③「あはれなり」の解釈が誤り。「それほど辛くはな」いは内容からはずれる。

× ④「あはれなり」の解釈が誤り。③と同様「何でもなくなって」が内容からはずれる。

× ⑤「あはれなり」と感じるのは、「ひなびた風景」のせいではなく、作者の精神的な要因によるもの。

↓正解 ①

問6 大意把握問題

ステップ1

■この問題文は日記であるが、**夫との関係に焦点が当てられている**。読解に際しては**各段落ごとに場面・時間の流れ・登場人物を把握し、人物相互の言動や作者の心中を考える**。選択肢を見て、本文のどのあたりを読解することが求められているのかを考えるようにしよう。

ステップ2 これまでの設問解説で、ほぼ全体の内容をつかめたはずである。したがってここでは各選択肢で着眼すべき箇所を指摘するにとどめる。

★着眼する箇所

①・②→第一段落（かくて、四月に……独詠歌〈夜のうちは〉の歌）

③→第二段落（かくてふる程に、……六月になりぬ）
④→第三段落（かくて数ふれば、……独詠歌〈うぐひすも〉の歌）
⑤→第四段落（かくながら……唐崎へとてものす）
第五段落（寅の時ばかりに……いとをかし）

ステップ3

× ①「夫のもとに届けた」という内容はない。独詠歌を贈歌と解している。

× ②「いかにぞ、とだに問ひ触れざなり」と矛盾する。

○ ③ 第二段落の内容と合致している。

× ④「時節に……合っていて」が第三段落の「折はへて（＝時節はずれに）」と矛盾する。

× ⑤「昼頃に出発」とあるが、第五段落には「寅の時ばかりに出で立つに、月、いとあかし」とある。昼頃に出発して「月あかし（月が明るい）」は、おかしい。
（※寅の時＝午前四時くらい）

↓正解［③］

【全訳】

こうして、四月になった。（四月）十日から、またしても五月十日頃まで、（夫兼家は）「とても妙に体調が悪くて気分がすぐれない」と言って、いつものようにはこず、七、八日ごとの来訪で、「がまんして（来たのだよ）。（あなたのことが）気掛りでね」などと言って、「夜分だから（来られたんだよ）。こんなに苦しくて、参内もしていないので、こんなふうに出歩いていると（人に）見られるのも不都合であろう」と言って、帰りなどした人は、体調は回復したらしいのに（来訪はなく）、待ちあぐねる心地がする。おかしいと思い、人知れず今夜は来てくれるだろうかと待ってみようと思っているうちに、ついに手紙さえなくて久しくなってしまった。めったになく変なことだと思うが、平然とした顔をして過ごしているが、夜はあらゆる車の音にどきどきしつつ、時々は寝入って、夜が明けたことよと思うにつけて、いよいよあきれはてた気分になる。幼い子（＝道綱）が（夫のところに）通っては（どういうことなのかと）聞くのだが、そのようである（＝訪問しない）のは、なんという理由もないようだ。（夫は私のことを）「どうしているか」とさえ尋ねないそうだ。（夫がそのつもりなら）ましてこちらからはどうして、妙ですねとも言ってやることがあろうか、と思いながら日を過ごし夜を明かして、格子などを上げる時に、(外を)見たところ、夜、雨が降った様子で、木々に露がかかっている。見るにつれて心に思われたことは

夜のうちは……〈夜のうちは松に露がかかっていた。私も夕べはあの人を待って涙にかきくれていたなあ。夜が明けると露は消えてしまうが、私も今朝は消え入りそうなくらい辛いもの思いをしていることだ。〉

こうして過ごすうちに、その月の月末ごろに、小野の宮の大臣がお亡くなりになった、というので世の中が騒然とする。(夫は)ずっと来ない状態で、「世の中が大騒ぎしているので、つつしんでいて、そちらに行けないのだ。喪中になってしまったので、これら(=喪服)を早く仕立てておくれ」と言ってきたものよ。あきれ返ったので、「このところ、仕えている者どもが里下がり中ですので(できません)」と言って返した。このことで、いっそう不愉快になった様子で、まったくことづてもない。そのまま六月になった。

こうして数えると、(夫を)夜見てから三十余日、昼見てからは四十余日もの間があいてしまった。急にうって変わって、妙だという言葉では言い尽くせない。思い通りにならない夫婦仲とは言っても、まだ本当にはこのような(ひどい)目にあったことはなかったので、周りで見ている人々も、めったになく妙なことと思っている。(私は)茫然となってしまったので、ついもっぱらもの思いにふけってしまう。人目もとても恥ずかしく思われて、落ちる涙をこらえながら、横になって聞くと、うぐいすが時節はずれに鳴いているのにつけても思われることは、

うぐひすも……〈うぐいすも私のようにいつ果てるとも知れないもの思いをしているのかしら。水無月も果てだというのにいつまでも鳴いているようだ。〉

こういう状態で二十余日になってしまった心地は、どうしたらよいのかわからず、どうしようもなく身の置き所がない感じなので、なんとかして、涼しいところがないだろうかと、気晴らしがてら、浜辺でお祓いでもしよう、と思って、唐崎へと出かける。

寅の時(午前四時)頃に出立すると、月が、とても明るい。私と同じような境遇の人と、またお供に人一人だけなので、ただ三人だけで同車して、(その他は)馬に乗った従者ども七、八人だけで出かける。賀茂川のあたりで、ほのぼのと夜が明ける。(賀茂川を)過ぎて、山路になって、

都とは違った景色を見るにつけても、この頃のふさいだ気分のせいなのだろうか、とてもしみじみと心にしみる。まして、関所に着いて、しばらく車を停めて、牛に飼料をやったりしていると、荷車を引き連ねて、見知らぬ木を山から運び下ろして、とても小暗い中から出てくるのも、気分がうって変わって思われて、とてもおもしろい。

模擬試験 古文3

解　答

（50点満点）

設問	解答番号	正解	配点	備考	自己採点
1	1	①	5		
	2	④	5		
	3	②	5		
2	4	③	5		
3	5	⑤	7		
4	6	②	7		
5	7	③	8		
6	8	⑤	8		

合計点	

模擬試験 古文3

【出典】【**文章Ⅰ**】藤原清輔《きよすけ》『袋草紙』、【**文章Ⅱ**】鴨長明『無名抄』。

『袋草紙』は、平安時代後期の歌学書で、歌会や歌合、歌集編纂などの作法や故実、歌人の逸話などを記す。上下二巻から成り、上巻は、平治元年（一一五九）以前に成立したとみられる。著者の藤原清輔は、平安時代後期の歌人で、歌学者でもあった。『無名抄』は、鎌倉時代初期の歌論書。『方丈記』の著者でもある鴨長明が、作歌の心得や和歌説話などを記したもので、建暦元年（一二一一）頃に成立。

【ねらい】今回の文章は、公任・定頼父子のやりとりを発端として、藤原清輔と鴨長明がそれぞれの意見を述べたものである。しかも、清輔・長明はともに、他の人の見解を引用し、それを踏まえながら自らの考えを示している。著者自身の意見を正確に読み取るのはもちろん、引用された他の人の見解についても、どのような論点からどのような判断が示されているのかを確実に読み取っていこう。

問1 語句の問題

(ア)

ステップ1

> **■キーとなる単語**
> ・**案内《あない》**〈＝a文書の草案／b（物事の）事情・内容〉

ステップ2

今回は「文書の草案（＝下書き）」に関する話題ではないので、「案内」はbの**〈（物事の）事情・内容〉の意**であり、ここでは歌の奥といった意味。

ステップ3

○ ①「案内」の意を的確に捉えていて、「知る」も適切に訳出できている。

× ②・③・④・⑤「案内」を「表現」「方法」「工夫」「先例」とするのは、語義から外れている。

➡**正解**［①］

(イ)

ステップ1

■キーとなる単語

・**ゆゑゆゑし**〈＝気品がある・風格がある〉

ステップ2

「ゆゑゆゑし」は、〈由緒・風情・趣〉などの意の名詞「ゆゑ」を重ねた形容詞。〈いかにも「ゆゑ」のある感じだ〉という意を表し、そこから、**〈気品がある・風格がある〉**といった意になる。本文では、赤染衛門を誉める言葉として用いられている。

ステップ3

× ①「そつがなく」は〈無駄や手抜かりがなく〉という意の言葉で、「ゆゑゆゑし」とは異なる。

× ②「もったいぶり」は、〈仰々しく見せる〉という意味で、通常は誉め言葉としては用いない。

× ③「慎重で」は、「ゆゑゆゑし」の語義から外れる。

○ ④「気品があり」は、「ゆゑゆゑし」の訳として適切で、文意も通る。

× ⑤「堅苦しく」は、「ゆゑゆゑし」の内容と近接した言葉だが、誉め言葉として用いることは少ない。

⬇正解　[④]

(ウ)

ステップ1

■キーとなる単語

・**会釈す**〈＝a理解する／b思いやる／cあいさつする・おじぎする〉

■文法事項

・らる━尊敬の助動詞。〈～なさる〉の意。

・や━疑問・反語の係助詞。〈～か（疑問）〉〈～か、いや～ない（反語）〉の意。

ステップ2

「会釈す」は、現代語でもcの意で用いるが、今回は、和歌・歌人の優劣に関する話題なので、aの意。

「らる」は〈受身・尊敬・可能・自発〉の意の助動詞であるが、今回は、**四条大納言の動作を示す言葉のあとにあるため、〈尊敬〉の意**。大納言は、大臣に次ぐ高官で、**【文章Ⅱ】**の著者である鴨長明よりも身分が高く、「大納言一人定められたるにあらず（**【文章Ⅱ】** ℓ7）」の「らる」も尊敬の用法である。

「や」は、〈疑問・反語〉の係助詞で、**疑問・反語のどちらになるかによって、文脈が逆転するので注意が必要**である。本文では、「会釈せらるべかりけるにや。もしはまた、……なべて人の心得ざりけるにや」と、「〜けるにや」を二つ並べ、さらに、「後の人定むべし」という後人の判断に委ねる表現で結んでいる。著者は二つの可能性についてどちらが正しいか判断を保留している文脈のため、「や」は疑問の用法と見るのが適切である。

ステップ3

× ①・③・④　尊敬の「らる」が訳出されていない。

○ ②　「会釈」の訳も尊敬の「らる」の訳出も適切。

× ⑤　尊敬の「らる」は訳されているが、末尾の「や」を反語と考え、全体を否定文にしている点が誤り。

↓**正解**　［②］

問2　文法問題

ステップ1

■文法事項

・る—「る」の識別（a受身・尊敬・可能・自発の助動詞「る」の終止形／b完了の助動詞「り」の連体形）。

・しも—副助詞（強意）。

・に—「に」の識別（aナリ活用の形容動詞の連用形活用語尾／b完了の助動詞「ぬ」の連用形／c断定の助動詞「なり」の連用形／d格助詞／e接続助詞）。

・覚ゆ—ヤ行下二段活用の動詞。

・かし—終助詞（念押し）。

ステップ2

「る」は、未然形接続の場合はa、サ変の未然形・四段の已然（命令）形に接続している場合はb。

「しも」は、副助詞の「し」に係助詞の「も」がついてできた副助詞で、〈強意〉の用法である。

「に」は、「いと〈＝とても〉」を前に置いて意味が通る場合はa、連用形に接続する場合はb、体言・連体形に接続する場合はc・d。連体形に接続する場合はeである。c・d・eを接続だけで区別するのは難しいが、cは下に多く「あり」「はべり」などがつく。「時」「所」などの意味あいを補うことができて、訳す時に「に」のままで意味が通る場合はd。下にそのまま意味が続く時にはe、と判断する。

「覚ゆ」は、ヤ行下二段活用の動詞。一方、ア行で活用するのは「得《う》」（「心得《こころう》」「所得《ところう》」を含む）のみ。

終助詞「かし」は、〈～よ・～ね〉と〈念押し〉の意味。

ステップ3

× ①「る」の前の「思ひ寄れ」は、ラ行四段活用「思ひ寄る」の已然形である。よって、この「る」は完了の助動詞「り」の連体形。

× ②「しも」は、副詞ではなく副助詞である。

○ ③「うち聞くに」の「に」は、「うち（接頭語）」＋「聞く（連体形）」に接続し、そのまま「に」で下に意味が続くので接続助詞。

× ④「覚え」は、ア行ではなくヤ行の動詞である。

× ⑤「かし」には「疑問」の用法はない。↓正解　③

問3　傍線部の内容説明問題

ステップ1

■キーとなる単語

・**世覚え**〈＝世評・人望〉

■「みづからによりて」の内容

・訳―〈自分自身によって〉

・内容―「自分自身によって」とは、どのようなことをいうのか、本文を踏まえて理解する。

■「生ける世」の意味

・生ける世―「生け」は、カ行四段活用の「生く」の已然形で、已然形に接続する「る」は、完了の助動詞「り」の連体形。よって「生ける世」は、〈（その人が）生きていた世〉の意。

ステップ2

まず、傍線部前半「これもみづからによりて」であるが、「これ」は、この段落の話題の中心である「曾禰好忠」を指し、直訳すると〈曾禰好忠も自分自身によって〉の意となる。「自分自身によって」の内容をつかむために本文をさかのぼると、一つ前の段落で、和泉式部の歌人としての評価が赤染衛門に劣るのは、和泉式部の「身のふるまひ、もてなし、心用ゐ〈＝身の処し方や態度、心がけ〉（【文章Ⅱ】ℓ9）」などが、赤染衛門に劣るからではないか、と述べられている。さらに、「その時は人ざまにもて消たれて、歌の方も思ふばかり用ゐられね〈＝その当時は人柄によって否定されて、歌の方面でも思うように用いられない〉（【文章Ⅱ】ℓ17）」、ともある。【文章Ⅱ】の筆者は、**和泉式部の歌人として評価が、彼女の人柄や振る舞いに影響されていると見ており、好忠の例も、このことの傍証として挙げられている。**よって、先の「みづからによりて」も、〈好忠自身の人柄や振る舞いによって〉、の意と考えられる。

次に、傍線部後半「生ける世には世覚えもなかりけるなるべし」であるが、「生ける世」は〈（その人が）生きていた世〉、「世覚え」は〈世評・人望〉の意である。また、「なかりけるなるべし」は、ク活用の形容詞「なし」の連用形「なかり」に、過去の助動詞「けり」の連体形「ける」がつき、さらに、断定の助動詞「なり」の連体形「なる」＋推量の助動詞「べし」からできた連語「なるべし〈＝〜であるに違いない・〜であろう〉」がついた形。そのまま訳すと〈なかったのであろう〉となる。

以上を踏まえて、傍線箇所を解釈すると、〈曾禰好忠も、好忠自身の人柄や振る舞いによって、本人が生きていた世には世評もよくなかったのであろう（・よくなかったに違いない）〉となる。

ステップ3

× ①「みづからによりて」を「自分の才能に自信があって」、「世覚え」を「配慮」とする点が誤り。

× ②「世覚え」を「登用」とする点が誤り。

× ③「みづからによりて」を「自ら望んで」とする点や、傍線部後半を「世間に注目されないようにしていたのだろう」とする点が誤り。好忠は、円融院の子の日の御幸に一方的に押しかけたと記されており、世間に注目されないようにしていたとはいえない。

× ④「世覚え」を「社会生活に必要な才覚」とする点が誤り。

○ ⑤「みづからによりて」「生ける世」「世覚え」のいずれも適切。

↓正解［⑤］

問4 傍線部の内容説明問題

ステップ1

■**キーとなる単語**
・**ものの上手**〈＝名人・（芸能などの）達人〉
・**しわざ**〈＝所業・行為〉
■**文法事項**
・**ごとくなり**―比況の助動詞で〈～のようである〉の意。

ステップ2

まずは、傍線部そのものを解釈しよう。傍線部前半の「針のたぐひ宝にあらねど」は、「ね」が打消の助動詞「ず」の已然形、「ど」が逆接の意味の接続助詞で、そのまま訳すと〈針などのたぐいは宝ではないが〉となる。各選択肢とも、この部分に違いはない。

一方、後半部には注意が必要である。「これをものの上手のしわざとは定むべきがごとくなり」のうち、「これ」は、直前の「針などのたぐひ」を指す。また、「ものの上手」は〈名人〉の意の連語で、それに続く「しわざ」は〈所業・行為〉の意の名詞である。現代語の「しわざ」は、通常、よくない行為について用いるが、古語では、よい行為についても用いる。今回の「ものの上手のしわざ」は、全体として〈名人の所業〉という意味と見るのがよく、名人によってなされた優れた所業、すなわち、〈名人のよい業績〉といった意味である。末尾の「定むべきがごとくなり」は、「定む」が〈判定する・決める〉の意の動詞、「べき」が可能の助動詞「べし」の連体形、「が」が格助詞。「ごとくなり」は比況の助動詞「ごとくなり」の終止形である。よって該当箇所を直訳すると、〈判定できるようなものである〉となる。以上をもとに、傍線部の訳をまとめると、〈針のたぐいは宝ではないが、これを名人の所業とは判定できるようなものである〉となる。

それでは、この「針」は、何を例えたものであろうか。これを理解するためには、この段落で説明されている、次の**三種類の対比**を押さえることが必要である。

A「黄金」と「針」との対比
・「黄金」…「道のほとりにてなほざりに見つけたりとも、黄金は宝なるべし（**【文章Ⅱ】** ℓ30）」

↓**偶然見つけたとしても宝**

・「櫛・針」…「いみじく巧みに作り立てたれど……さらに宝とするに足らず（【文章Ⅱ】ℓ31）」

→**巧みに作られたとしても宝ではない**

B和解一般の対比

・「作り立てたる風情たくみはゆゆしけれど……（【文章Ⅱ】ℓ26）」

→**飾り立てた風情や技巧がすばらしくとも、その歌の品格を決めるにはたいしたことのない歌**

・「思ひ寄れるところは及びがたくしもあらねど……（【文章Ⅱ】ℓ27）」

→**着想はありふれていても、格調があり詩的な雰囲気も浮かび上がる歌**

C和泉式部の和歌二首

・「こやとも人を」の歌…「歌よみのほどをまさしく定めむ（【文章Ⅱ】ℓ29）」

→**歌人の程度を正しく決めるのに適している**

・「はるかに照らせ」の歌…「式部が秀歌……勝るべきにこそ（【文章Ⅱ】ℓ29）」

→**和泉式部の秀歌としてふさわしい**

A～Cの三種類の対比は、**技巧的に優れてはいるが本来の価値が低いもの**と、**特別な技巧はないが本来の価値が高いもの**、という対比になっている。よって「針」は、和歌一般でいえば、**技巧的に優れているが歌の品格としては劣る歌**、和泉式部の和歌でいえば、**歌人の程度を決めるのには適した「こやとも人を」の歌**を例えていることになる。

ステップ3

× ① 選択肢後半「巧みな表現で……評価できる」が誤り。技巧の優れた和歌は、その和歌自体が秀歌であるとはいえない。

○ ② 「ものの上手のしわざ」を正確に押さえ、また、「針」の比喩の理解も正しい。

× ③ 選択肢中ほどの「名人の手によって……宝と同じ価値がある」が誤り。名人によって作り込まれていても、針の類は宝ではない。また、「ものの上手のしわざ」に該当する説明がない点も誤り。

× ④ 「複雑な修辞を……認定してよい」が誤り。①と同じく、技巧的に優れた和歌であっても、秀歌であるとはいえない。また、③と同じく、「ものの上手のしわざ」に該当する説明がない。

× ⑤「ものの上手のしわざ」に該当する説明がない。

↓正解［②］

問5 全体の内容把握問題

ステップ1

■**【文章Ⅰ】の四条大納言・【文章Ⅱ】のある人・【文章Ⅱ】の著者の意見を、正確に押さえる。**

■**キーとなる単語**

・**凡夫**〈＝a煩悩に囚われた人／b凡人・普通の人〉

・**思ひ寄る**〈＝a思いつく・気づく／b心がひかれる〉

ステップ2

【文章Ⅰ】の四条大納言の見解は、「『くらきよりくらきみち』は経文なり。……凡夫の思ひ寄るべきことにあらず（ℓ4～7）」の箇所に示されている。

A「はるかに照らせ」の歌

↓上の句の「くらきよりくらきみち」は、経文に拠っており、**どうして思いついたのだろうと思う必要もない**

↓下の句の「はるかにてらせ」は**上の句に引かれて出て来た言葉**である

B「こやとも人を」の歌

↓上の句に「こやとも人を」と言い、下の句に「ひまこそなけれ」と詠むのは、**凡人の思いつくはずのないこと**である

「はるかに照らせ」の歌では、上の句の表現には典拠があること・下の句の表現は上の句の表現に引かれて詠まれたものである点を挙げ、**着想が独創的なものではない**ことを指摘している。また、「こやとも人を」の歌では、**歌の措辞《そじ》（＝語句の配置の仕方）が、凡人の発想を越えている**として絶賛している。「凡夫」とは、もともと仏教語で〈煩悩に囚われた人〉をいうが、そこから、〈凡人・普通の人〉の意でも用いられるようになった。また、「思ひ寄

る」は〈思いつく・心がひかれる〉の意だが、今回は〈思いつく〉の意である。

【文章Ⅱ】での「ある人」の見解は、「式部が二首の歌を今見れば、……おぼつかなくなむ侍る（ℓ3〜5）」の箇所に示されている。

> C「はるかに照らせ」の歌
> ↓言葉も風体も特別に格調高く、また詩的な雰囲気もある。**大納言の判断には疑問**がある

「はるかに照らせ」の歌を、言葉・風体・詩的な雰囲気（＝景気）の点から賞賛し、**「こやとも人を」が優れているとした大納言の判断に、疑問を呈している。**

さらに【文章Ⅱ】の著者の見解は、「歌よみのほどを……といふ歌の勝るべきにこそ（ℓ29〜30）」の箇所にある。

> D二首について
> ↓歌人の程度を正しく決める場合には、「こやとも人を」という歌を取るとしても、**式部の秀歌としては「はるかに照らせ」が勝る**

問4で確認したように、歌人の程度を決めるのに適しているのは「こやとも人を」の歌、式部の秀歌としてふさわしいのは「はるかに照らせ」の歌、という主張である。

ステップ3

× ①・②　Aの内容とほぼ合致しており、不正解である。

○ ③　「凡夫の思ひ寄るべきことにあらず」を「一般の人々には理解できない表現だ」とする点が本文と合致しない。本文では、「こやとも人を」と「ひまこそなけれ」の語句の配置が、凡人の発想を越えていると誉めているのであり、一般の人々には理解不能であるとは言っていない。よって、③が正解である。

× ④　Cの内容とほぼ合致しており、不正解である。

× ⑤　Dの内容とほぼ合致しており、不正解である。

↓正解［③］

問6 内容合致問題

ステップ1

■【文章Ⅰ】と【文章Ⅱ】の該当箇所の内容を正確に押さえる。

■キーとなる単語

・さうなし〈＝比べるものがない〉

ステップ2

① 【文章Ⅰ】の「定頼卿、四条大納言に……『一つ口の論に非ず。……』と云々（ℓ1〜3）」と関わる。「一つ口」は、〈まとめて言うこと・一緒に言うこと〉の意の名詞で、「一つ口の論に非ず」は〈一緒に議論することはできない〉という意味。大納言は、このあとの文で、和泉式部の「こやとも人を」の歌を高く評価しており、それを踏まえると、〈和泉式部は、赤染衛門と一緒に議論することはできないほど優れている〉、という考えを示唆したものとわかる。

② 【文章Ⅰ】の「良暹云はく、『式部・赤染共にもつて歌仙なり。……かの人に及ぶべからず』と云々（ℓ7〜9）」と関わる。良暹は、和泉式部と赤染衛門がともに歌仙（＝すぐれた歌人）であるとした上で、赤染衛門が、鷹司殿の屏風歌と賀陽院歌合で秀歌が多いと指摘し、和泉式部は、屏風歌などでは赤染衛門に及ばない、としている。

③ 【文章Ⅰ】の「予これを案ずるに、……この輩の歌入らずと云々（ℓ10〜13）」と関わる。【文章Ⅰ】の著者は、まず大納言説支持を表明し、そのあとで、和泉式部が複数の歌合に採られていない点は認めるものの、同時代の他の有力歌人六名を挙げて、彼らも長元歌合には採られていないと指摘している。これらの例から、有力歌人であっても歌合に採られない場合があることがわかり、和泉式部も、歌合に採られていないからといって歌人として劣るわけではない、ということになる。すなわち、これは大納言説の弱点を補強する材料といえる。

④ 【文章Ⅱ】の「和泉式部はけしからぬ方……いでやさまでは心得じ（ℓ10〜13）」と関わる。紫式部はまず、和泉式部には感心できない点があると述べ、そのあとで、ちょっとした手紙などはよいが、歌については本物の歌人とはいえない、とする。さらに、和泉式部の歌は口に任せて詠んだもので、目に留まる表現はあるものの、他人の詠んだ歌を批評する点では歌がわかっているとはいえないと

している。

⑤【文章Ⅱ】の「人のしわざは、……赤染には及びがたかりけるにや（ℓ8～10）」と関わる。【文章Ⅱ】の著者は、人の所業の評価が、その人の人柄によって影響されるとした上で、和泉式部が、歌人としては比類なき名手（＝さうなき上手）でありながら、身の処し方や態度・心がけなどで、赤染衛門に及ばなかったのだろうか、としている。

ステップ3

× ①「そのような問題は軽々しく論じてはならないと『定頼』を戒め、自らの見解はまったく示さなかった」が誤り。「一つ口の論に非ず」は〈一緒に論じることはできない〉という意で、「軽々しく論じてはならない」という意ではない。また、「こやとも人を」の歌を挙げており、自らの見解の一部は示している。

× ②「和泉式部は歌合での秀歌は多いものの」が誤り。和泉式部の歌合の歌については本文では触れられていない。

× ③「『四条大納言』の見解が誤りである可能性も示唆した」が誤り。他の歌人の例は、大納言の説を補強する材料であった。

× ④「人々が彼女の歌を非難するのは行き過ぎだと擁護した」が誤り。紫式部は、和泉式部の和歌に目の留まる表現のある点は認めているが、他の人々が彼女の歌を非難しているという記述はない。

○ ⑤ 本文の内容と合致している。

↓**正解**［⑤］

【全訳】

【文章Ⅰ】

和歌は人の心ごとに評価の異なるものである。定頼卿が、四条大納言に尋ねて言うことには、「式部と赤染はどちらが優れた歌人ですか」。答えて言うことには、「一緒に論じることはできない。式部は、『こやとも人を云ふべきに』という歌を詠んだ者である」としかじか。定頼が言うには、「式部の歌では『はるかに照らせ山のはの月』を世間では秀歌と呼んでいるとか言いますが、いかがですか」。（四条大納言が）答える、「（それは歌の）本質を理解していないのである。『くらきよりくらきみち』（という言葉）は経文である。どうして思いついたのだろうとも思うはずもない。下の句の『はるかに照らせ』はそれに引かれて出て来た言葉である。『こやとも人を』と(上の句に)言い置いて、下の句に『ひまこそなけれ』と詠むのは、凡人の思いつくはずのないことである」としかじか。そうして『江記』に言うことには、「良暹が言うことには『式部・赤染ともにすぐれた歌人である。ただし赤染は鷹司殿の御屏風の歌十二首中十首は秀歌である。また賀陽院歌合の時に秀歌が多い。屏風歌のようなものは、式部はその人に及ぶはずがない』としかじか」。

私がこれを考えるに、敬って大納言の説を信ずるべきである。どうして良暹の意見に従おうか。ただし本当にも、歌合のようなものでは赤染はしっかりとした歌人である。また式部の歌は度々の歌合に入っていない。世間で言われている、花山院の歌合や長元の歌合などである。ただし、長元歌合の時に、中宮亮為善・権亮兼房・大進義通・蔵人橘季通・源頼家・平経章など(の歌人)がいる。この人々のも入っていないとしかじか。

【文章Ⅱ】

ある人が言うことには、「この話に二つの疑問がある。一つ目には、和泉式部を勝っている旨が判定されたけれども、その当時の相応の歌会や、晴れがましい儀式の歌合などを見ると、赤染を盛んに賞賛して(歌人に選び)、式部は漏れたことが多い。もう一つには、式部の二首の歌を今見ると、『はるかに照らせ』という歌は、言葉も風体も特別に格調高く、また詩的な雰囲気もある。どういうわけで(四条)大納言はそのように判断なさったのだろうか。あれやこれや疑わしくございます」と言う。

私が、試しにこれを解釈する。

式部・赤染の勝劣は、大納言一人がお定めになったわけではない。世の中の人すべてが、式部を勝れていると思っている。そうではあるけれども、人の所業は本人が生きている折には、その人柄によって劣るとされたり勝るとされたりすることがある。歌の方面は式部が比類なき名手であるが、身の処し方や態度、心がけなどが、赤染には及びがたかったのだろうか。紫式部の日記というものを見ましたところ、「和泉式部は感心できない点はあるが、気を許して手紙を走り書きした時に、その方面の才能も、ちょっとした言葉の魅力も見えるようです。歌は本物の歌人とはいえない。口に任せた様々な言葉に、必ず趣深い一言が目に留まるように、詠み添えてあるようです。そうではあるけれども、他の人の詠んだような歌を批判したり判定したりしたような場合は、いやもうそれほどまでは（歌を）理解していないだろう。ただ自然と口に任せて歌を詠んでいるようだ。こちらが恥ずかしくなるほどの歌人であるなあとは思われない。丹波の守の北の方を、中宮や殿などの辺りでは、匡衡衛門と呼んでいます。とくにこの上ないほど（の歌人）ではないが、じつに気品があり、歌人として、様々なことにつけて詠み散らすことはないが、世間に知られている限りでは、ちょっとした機会の歌も、それはまさにこちらが恥ずかしくなるほどの詠みぶりでございます」と書いてある。このようであるので、その当時は人柄によって否定されて、歌の方面でも思うように用いられないけれども、本当には名手であるので、秀歌も多く、機会あるごとに、絶え間なく詠み置くうちに、撰集類にもたくさん入っているのである。

曾禰好忠という者は、人並みに扱われる者でもなく、円融院の子の日の御幸に一方的に押しかけまでして、愚か者の評判を高くした者であるよ。そうではあるけれども今は歌の方面にはこの上ない者に思っている。一条院の御代に、様々な道が盛んであったことを江帥（大江匡房）が記した中にも、「歌人では、道信・実方・長能・輔親・式部・衛門・曾禰好忠」と、この七人をとくに記しなさったようです。これも自分自身によって、生きていた世には世評もよくなかったのであろう。

さて、例の式部の歌にとっての劣り勝りは、公任卿の判定が不当であるわけでもなく、今の疑問が間違っているわけでもない。これはよく理解して判断する必要のあることである。歌は、飾り立てた風情や技巧はすばらしいけれども、その歌の品格を決める時には、たいしたことのないこともある。また着想は及びがたいこともないけれども、ふと聞くと格調もあり、優美にも思われて、詩的な雰囲気も浮かび上がる歌もあることですよ。そうであるので、結局は、歌人の程度を正しく決めるような場合には、「こやとも人を」という歌を取るとしても、式部の秀歌はどれかと選ぶ場合には、「はるかに照らせ」という歌が勝るであろうよ。例えて言えば、道端でいい加減に見つけたとしても、黄金は宝であるだろう。非常に巧みに飾り立てていても、櫛や針などのたぐいは、まったく宝とするには及ばない。また（それを求める）心の働きをいうような場合には、黄金を求めたのは、まったくその本人の手柄ではない。針のたぐいは宝ではないが、これを（その道の）名人の所業とは判定できるようなものである。そうであるので、大納言が、その心を理解なさるのがよかったのだろうか。もしくはまた、歌の善し悪しも時代ごとに変わるものであるので、その時代に「こやとも人を」という歌が勝る点もあったのを、一般の人が理解しなかったのだろうか。後の時代の人が決めてほしい。

模擬試験 漢文 1

解　答

（50点満点）

設問	解答番号	正解	配点	備考	自己採点
1	1	①	5		
	2	②	5		
2	3	⑤	7		
3	4	④	6		
	5	②	6		
4	6	①	7		
5	7	②	7		
6	8	④	7		

合計点	

模擬試験 漢文１

※（↓p○）は、本体の参照ページを示している。

【出典】 漢・班固《はんこ》『白虎通義《びゃっこつうぎ》』

後漢の皇帝・章帝《しょうてい》の時、白虎観《びゃっこかん》という宮殿にさまざまな儒家を招集し、古典の字義について広く議論させ、その成果を班固が整理・編集したもの。『白虎通』ともいう。

【ねらい】 本文は**抽象的な分析をしている文章**。**朋友〈＝友人〉とはどのようなつき合い方をすべきか**を問うたものだ。**まず中心となる主題を読み取り、それについて筆者がどう分析しているかを確認しよう**。その際の注意点は二つ。

①人物などの固有名詞は、あくまでも**分析のための具体例**。その人物のストーリーがメインではない。

②分析内容は、**対句的に展開されていくことが多い**。**ストーリー中心の文章とは読み方が違う**ので気をつけよう。

問１　語句の意味問題

ステップ１

■慣用表現―(1)「何謂也」

■知識＋文脈―(2)「白」は動詞としてどう読むかを知っておく。ここは、文脈からも推測可能。

ステップ２

(1)「何謂也」は、「なんノいひゾや」と読み、〈どのような意味か〉という意味。「何《なんノ》［名詞］也《ゾや》」で〈どのような［名詞］なのか〉という疑問表現となる。

(2)「白」は、動詞として「まうス」と読み、〈申し上げる〉の意味。現代語の「白状」の「白」はこの意味。また、傍線部の前後は〈食事を与える許可を求める〉という文脈だから、〈友人が飢えたことを親に伝える・申し上げる〉といった意味になることがわかるだろう。

ステップ３

(1)

○　①　傍線部後に、「朋友」の定義を述べていることからも文脈に矛盾しない。

× ②・③・④・⑤　「何《なんノ》 名詞 也《ゾや》」を踏まえられていないし、文脈にも合わない。　↓正解［①］

(2)

× ①・③・④・⑤　「白」の意味になく、文脈にも合わない。

○ ②　意味・文脈ともに合致。　↓正解［②］

問２　文章構成問題

ステップ1

■第一段落の文同士のつながりを意識

ステップ2　第一段落の構成は、

朋友者……有也。　→テーマ語（朋友）の定義づけ

『礼記』……曰友。　→引用による定義の確認

朋友……相誹。　→朋友との接し方の具体例ａ

一人……痛之。　→朋友との接し方の具体例ｂ

貨則……相救。　→朋友との接し方の具体例ｃ

となる。このように段落全体の構成から傍線部を意識しよう。傍線部は並列された具体例の一つ（具体例ｂ）となっている。

ステップ3

× ①　傍線部直前は「抽象的な説明」ではなく具体例。傍線部は「一人一人の場合に即した」例でもない。

× ②　「直前に述べたこと」も傍線部と同列の具体例である。

× ③　「論点を転換し」ていない。傍線部前後は同一趣旨の内容となっている。

× ④　傍線部前までの内容に「修正」など加えていない。

○ ⑤　ステップ2で確認した構成に合致している。　↓正解［⑤］

問３　書き下し文と解釈の問題

ステップ1

■句形の確認

ａ　**「以」の倒置形**（↓p228）

【—（連体）ニ レ～以《もつテス》ニ……ヲ】

ｂ　「—レ～」の「～」に付く主な送り仮名は「ヲ・ニ・

ト」（↓p218）

c「不《ず》レ得《え》二――（連体）ヲ一」〈＝―できない〉（↓p220）

■**文脈判断**―句形の知識だけで決められない部分は前後の文脈から決める。

ステップ2

(i)「以」は、本来「以テ二～一ヲ[用言]」の形で、「以テ二～一ヲ」の下にある用言を修飾する語（↓p228）。しかし今回はその用言が上にあるので、ここは「以」の倒置形と判断し、「**許スニレ～以テスニ…ヲ一**」と読む。「～」に「ヲ・ニ・ト」のどの送り仮名がくるかは文脈判断が必要。(ii)の解釈とあわせて考えていく。

なお、「不レ得二――（連体）ヲ一」の句形は「得ず」の前に必ず「**ヲ**」という送り仮名が付くので注意しよう。ここでは「…を以てする**を**得ず」と読む。

(ii) 傍線部直前の「朋友之道、親存スレバ不レ得レ行フヲ者二アリ一」に着目。ここから傍線部は〈親がいると友人にできないこと〉を述べているとわかる。また、傍線部直後では〈財産を自分勝手にできない〉とある。これは、たとえ友のためとはいえ、〈親からもらったものは、親が存命の時には自由にできない〉ということ。よって「許レ友以二其身一」は、〈親からもらった自分の身を友人**に**自由にはできない〉という意味だとわかる。「許」はここでは〈自由にさせる・まかせる〉といった意味である。ここから、(i)で保留にしていた送り仮名は「**ニ**」とわかり、「友**に**許すに」と書き下す。

ステップ3

(i)

× ①「許して」「以て得ず」が、句形を無視している。

× ②「友と許す」では〈友人と一緒に何かを許す〉という意味になり文脈に合わない。

× ③「許しは」が句形無視の読み方。また「友の許し」だと語順は「許友」ではなく「友許」となる。

○ ④文脈に合った句形の読み方をしている。

× ⑤「許すも」「以ては得ず」が句形無視の読み方。また、「友は許すも」なら語順は「友許」となる。

↓**正解**［④］

(ii)

× ①「友人を許す」「傷つける」という解釈は文脈に合わない。

○　② 「以二其身一」を前にもってきて訳出しているが、文脈に合った解釈となっている。

×　③ 「友」が「許」の主語になっているが、その場合「友許」の語順となる。また、「～ても」と逆接で訳している点や「罪をつぐなう」という解釈も誤り。

×　④ 「許」を〈認める〉の意味で解釈している点が誤り。また、「認められよう」では受身の訳だが、受身を表す助動詞「る・らる」は書き下し文中にない。さらに「其身」を「親の身体」としている点も誤り。

×　⑤ 「其身」を「彼〈＝友人〉自身の身体」としている点が誤り。また、「傷つけるようなことを許す」という解釈も誤り。

⬇正解 〔②〕

問4　内容把握問題

ステップ1

> **■中心テーマの確認**
> 〈個人の姿勢＝**朋友との接し方**〉を説いたもの。
> **■傍線部を含む段落全体を丁寧に読み取る**

ステップ2　傍線部は「友飢《ウレバ》則《チ》白《ス》……」からの一連の流れの中にある。ここでは、親に友への援助が許可されなかった時（不レ聴《サレバ》）の対応の仕方を述べている。傍線部の直前とあわせて解釈すると、〈友人が飢えていれば食事を減らし、友人が凍えていれば衣服を重ねない〉となる。これはつまり**〈友人に施しができない分、友人と同じ境遇になって思いを共有する〉**ということを述べている。

ステップ3

○　① 「不レ重《ネ》レ裘《ヲ》」とは〈衣服を重ねない〉、つまり「一緒に寒い思いをする」ということなので正しい。

×　② 衣服を着せてあげられない時を述べているので、あえて「重ね着をさせない」のではない。

×　③ ここは親から物を与える許可が下りない場合の話。

×　④ 「為《ニ》レ之《ガ》」は〈友人のために〉の意で、「自分の責任」という意味ではない。また、③と同じ理由で「衣服を……提供する」も誤り。

×　⑤ 傍線部直前の「減《ジ》レ餐《ヲ》」は、「不レ重《ネ》レ裘《ヲ》」と対句の関係。友人が「寒い思い」をする原因ではない。また、「自分も食事をとらない」も「不レ重《ネ》レ裘《ヲ》」の説明になっていない。

問5　文章構成問題

ステップ1

■筆者の主張を理解
■引用部分と筆者の主張との関係を押さえる

ステップ2　第一段落の構成は**問2**で確認した通り。第一段落では『礼記』の引用があるが、これは「朋」と「友」の定義の確認をするために用いられている。その引用のあと筆者は、具体的に友人との接し方を述べているが、まとめると〈友人のためにできる限りのことをすべきだ〉といったことを述べたいのだとわかる。第二段落で引用されている『論語』でも〈「車馬衣軽裘」を友人と共用する〉〈友人が帰るところがない時は自分のところにおいてやる〉といったことが述べられており、筆者の考えに通ずる内容となっている。よってこの引用は、**筆者の主張に厚みを与え、説得力を増すためのもの**といえよう。

ちなみに、漢文では、今回のような古典の使い方がよく見られる。「断章取義《だんしょうしゅぎ》」というが、自分の主張に合っていそうな箇所だけを引用し、原典で使われていた本来の意味と食い違っていても筆者は気にしないことが多い。

ステップ3

× ①　この引用は筆者の主張に説得力をもたせるためのものである。読者に引用元への「親しみ」を与えるためのものではないし、また、筆者の主張がそれに「付随する」というわけでもない。

○ ②　ステップ2で確認した『論語』の引用意図と合致する。

× ③　筆者の考えが『論語』から生じたとはどこにも書かれていない。

× ④　「子路のいきすぎた考え」ではなく、筆者と同様の考えである。また、子路の考えを示したあとで「改善案」を提案してもいない。

× ⑤　「筆者の主張と異なる」「反論を述べる」が誤り。

↓正解　①

↓正解　②

問6　趣旨把握問題

ステップ1

■設問形式に着目―「適当でないもの」を選ぶ。

■文章全体に目を通して、筆者が述べていることを確認する

ステップ2　文章全体に関わる問題は、〈適当なものを答えさせる場合〉もあれば、〈適当でないものを答えさせる場合〉もあるので、まずはきちんと設問文を確かめることから始めよう。今回は「適当でないもの」を問うている。

本文は具体例を挙げながら友人との関わり方を述べていた。それら一つ一つに目を配っていこう。入試問題はゲームではないのだから、本文を軽視して選択肢ばかりを見比べ、カンで解くようなことをしてはいけない。解き方としては、本文を読みながら選択肢に該当する箇所を一つずつ検討していく方法が、より正確かつ短時間で解答できることが多い。

ステップ3

× ①　本文中の「朋友之交ハ、近ケレバ則チ謗リ二其ノ言ヲ一、遠ケレバ則チ不二相ヒ誹ラ一」をまとめたもの。

× ②　本文中の「一人有レバレ善、其ノ心好ビレ之ヲ、一人有レバレ悪、其ノ心痛ムレ之ヲ」をまとめたもの。

× ③　本文中の「共ニシテ二憂患ヲ一而相ヒ救フ」をまとめたもの。

○ ④　前半は本文中の「親存スレバ……不レ得レ専ラニスルヲ二通財之恩ヲ一」をまとめたもの。しかし後半の「親が他界」したあとのことは、本文でとくに明示されていない。不適切な選択肢となり、これが正解となる。

× ⑤　本文中の「友飢ウレバ則チ白シ二之ヲ於父兄ニ一、父兄許サバレ之ヲ、乃チ称シテ二父兄ト一与ヘレ之ニ、不レバレ聴サレ則チ止ム」をまとめたもの。

↓正解　［④］

【書き下し文】

朋友《ほういう》とは何《なん》の謂《いひ》ぞや。朋《ほう》とは、党《たう》なり、友《いう》とは、有《たす》くるなり。『礼記《らいき》』に曰《いは》く「同門《どうもん》を朋《ほう》と曰《い》ひ、同志《どうし》を友《いう》と曰《い》ふ」と。朋友《ほういう》の交《まじはり》は、近《ちか》ければ則《すなは》ち其《そ》の言《げん》を謗《そし》り、遠《とほ》ければ則《すなは》ち相《あ》ひ誹《そし》らず。一人善有《いちにんぜんあ》れば、其《そ》の心之《こころこれ》を好《よろこ》び、一人悪有《いちにんあくあ》れば、其《そ》の心之《こころこれ》を痛《いた》む。貨《くわ》は則《すなは》ち通《つう》じて計《はか》らず、憂患《いうくわん》を共《とも》にして相《あ》ひ救《すく》ふ。

故《ゆゑ》に『論語《ろんご》』に曰《いは》く「子路《しろ》云《い》ふ、願《ねが》はくは車馬《しやば》衣軽裘《いけいきう》は、

朋友《ほういう》と共《とも》にして之《これ》を敝《やぶ》らん」と。又《ま》た曰《いは》く「朋友《ほういう》帰《き》する所《ところ》無《な》きときは、生《い》きては我《われ》に於《おい》てか館《やど》らせ、死《し》しては我《われ》に於《おい》てか殯《ひん》せん」と。

朋友《ほういう》の道《みち》に、親存《おやそん》すれば行《おこな》ふを得《え》ざる者二《ことふたつ》あり。友《とも》に許《ゆる》すに其《そ》の身《み》を以《もつ》てするを得《え》ず、通財《つうざい》の恩《おん》を専《もつぱ》らにするを得《え》ず。友飢《ともう》うれば則《すなは》ち之《これ》を父兄《ふけい》に白《まう》し、父兄之《ふけいこれ》を許《ゆる》さば、乃《すなは》ち父兄《ふけい》と称《しよう》して之《これ》に与《あた》へ、聴《ゆる》されざれば則《すなは》ち止《や》む。故《ゆゑ》に曰《いは》く「友飢《ともう》うれば之《これ》が為《ため》に餐《さん》を減《げん》じ、友寒《ともこご》ゆれば之《これ》が為《ため》に裘《きう》を重《かさ》ねず」と。

【全訳】

「朋友」とはどのような意味か。「朋」とは、仲間であり、「友」とは、助けるという意味である。『礼記』で言うことには「同じ師のもとで学んだ者を『朋』と言い、志を同じくする者を『友』と言う」と。友人との交際は、身近にいる時は相手の言葉を非難しても、離れている時は相手を悪く言わない。ある人に長所があれば、心からその長所をほめたてるし、ある人に欠点があれば、心からその欠点を心配するものである。金銭については（困った時に）融通してやるが（恩を）計って比べることはせず、心配ごとを一緒に（解決しようとして）互いに助け合うものである。

だから『論語』で言うことには「子路が、『ぜひ車や馬などの乗り物や衣服や軽くて暖かい皮衣は、友人と共同で使用して壊したり破ったりしたい〈＝壊れ破れるまで一緒に使いたい〉』と言った」と。さらに（『論語』で）言うことには「友人に帰る場所がない時は、（友人が）生きているなら自分の家に泊まらせてやり、（友人が）死んでいるなら自分のところで遺体を棺に納めて安置してやろう」と。

友人関係の道理において、（自分の）親が生存しているならば（友人に）してやれないことが二つある。（一つは親からもらった）自分の身を友人の意志にまかせることはできない、（また一つは）（親から）もらった財産を自分勝手に（友人に融通）することはできない。友人が空腹で苦しんでいればそのことを（自分の）親に申し上げて、親がこれ〈＝友人に食べ物を与えること〉を許可してくれたら、そこで初めて親の名を使って友人に（食べ物を）与えてやり、（もし親が）聞き入れてくれなければ取りやめる。だから言うことには「友人が空腹で苦しんでいれば彼のために（自分の）食事を減らし、友人が寒さに凍えていれば彼のために（自分の）皮衣を重ねて着ない（で友人と同じ境遇を味わう）」と。

模擬試験 漢文２

解　答

（50点満点）

設問	解答番号	正解	配点	備考	自己採点
1	1	③	5		
	2	②	5		
2	3	②	7		
3	4	③	7		
4	5	①	6		
	6	⑤	6		
5	7	④	7		
6	8	②	7		

合計点	

模擬試験　漢文２

【出典】　宋《そう》・朱熹《しゅき》『宋名臣言行録《そうめいしんげんこうろく》』

　朱子学の大成者の朱熹が編集したもの。『宋名臣言行録』とは、前集の『五朝名臣言行録』と後集『三朝名臣言行録』の総称で、多くの名臣たちの言行を記したエピソード集である。

【ねらい】　今回の文章は、**ストーリー中心**の文章。**君主に対する臣下のあり方を説く政治モノ**のジャンルからの出題である。このような文章を読解する時のコツは、文章の根底に**人民・国家を幸せにするという目的**があることを意識して、**その目的のために君主・臣下がどうあるべきだ**〈＝中心テーマ〉と述べられているのかを読み取ることである。

問１　語句の読みと意味の問題

ステップ１

■複数の読みをもつ重要語

(1)「**已**」は複数の読みがある重要語（↓p236）。

a **已**《すでニ》＋用言　↓〔副詞〕**すでニ**〈＝すでに〉

b **已**《やム》（レ―）　↓〔動詞〕**やム**〈＝やめる・終わる〉

c ……**已**《のみ》。　↓〔助詞〕**のみ**〈＝だけだ〉

※**文末**にあり、その一文を**強調**。

■慣用表現

(2)「**既而**」は慣用表現（↓p236）

〔読み〕**すでニシテ**　〔意味〕**やがて・その後**

（参考）他の注意すべき慣用表現

a 所謂《いはゆる》　＝一般で言うところの（↓p229）

b 如《ごと》〔若《ごと》〕シレ是《か》〔此《か》〕クノ　＝このようだ（↓p235）

c **是**《ここ》ヲ以《もつ》テ　＝このようなわけで（↓p235）

d 於《おイテ》レ**是**《ここニ》　＝そこで（↓p235）

★c・dの「是」は「これ」ではなく「ここ」と読む。

ステップ２

(1)「已」は複数の読みがあるので文脈判断が必要。まず「已」は文末にあるのでaではない。また、〈弁護すべき者は弁護して、必ず（正当な結果を）得たあとで～〉という文脈だから、ここでc「のみ」はおかしい。〈結果を得てから弁護を**やめる**〉なら文脈に合う。ここはb動詞の用法。

(2) **ステップ1**で確認した通り、「既而」は〈やがて・その後〉の意味。〈罪を許した**あとで**後悔した〉という文脈。

ステップ3

(1)

× ①・② 「已」の読みではあるが、文脈に合わない。

○ ③ 「已」の読みであり、文脈にも合っている。

× ④ 「已」の読みにない。

× ⑤ 「已」と取り違えている。

↓正解 [③]

(2)

× ① 文脈的にはおかしくないが、「既而」の意味からずれている。

○ ② 「既而」の意味に合っている。

× ③・⑤ 「既而」の意味から大きくはずれている。

× ④ 「もはや」は「すでニ」と読んだ時の訳といえるが、「すでニ」と「すでニシテ」では意味が違う。

↓正解 [②]

問2　空欄補充問題

ステップ1

■選択肢から空欄に入る語を確認

空欄に入る語とその意味は次の通り。

・**輒**（すなはチ）＝その度ごとに何度も／すぐに（↓p231）

・**復**（まタ）＝再び〈一度やめたことを再びする〉（↓p231）

・**且**（かツ）＝その上〈あることに加えて、さらに他のことを述べる〉（↓p235）

・**因**（よリテ）＝そのため〈前文を原因・理由・きっかけとして何かをする〉

■空欄前後のつながりを意識

ステップ2 **ステップ1**で確認した語句の意味・働きを踏まえて、空欄前後のつながりに合う語句を選んでいこう。もっとも理解しやすい空欄は[Ⅱ]。ここは公が、占いをした役人について真宗に意見を述べている箇所。空欄前では「此ㇾ人之常情ナリ〈＝占いをするのは人の普通の気持ちだ〉」と役人を弁護している。また、空欄後では「語不《レバ》ㇾ及《バ》二朝廷《ニ》一〈＝占いの言葉（の内容）は朝廷のことに触れていないので〉」と別の角度から役人の弁護を重ねている。**前に述べたことに加えて別のことを述べた箇所**なので、「且《ツ》」が入る。ここで選択肢は②と⑤に絞られる。

次に理解しやすいのは［Ⅳ］。真宗は占いをした役人に怒っていたが、公の忠告によって一旦は役人を許した。しかし、「既而《ニシテ》真宗悔《イ》〈＝その後、真宗は後悔し〉」、そして、「馳《セテ》取《ラシム》ㇾ之《ヲ》〈＝馬を走らせて占いの文書を取りに行かせた〉」とある。**一度やめたことを再びしている**ことから［Ⅳ］には「復《タ》」が入る。よって②が解答とわかる。

ちなみに［Ⅰ］は〈人が公を非難すると、公は**【その度ごとに】**その非難を引き受けた〉で「輒《チ》」。［Ⅲ］は〈真宗の怒りがおさまらない。**【そのため】**公は昔、自分がやった占いの文書を見せて真宗を説得しようとした〉という文脈なので、「因《リテ》」。

ステップ3

× ①・③・④　**ステップ2**で見た通り、**Ⅱ**で真っ先に除外される選択肢。

○ ②　文脈に矛盾なく合致。

× ⑤　**ステップ2**で見た通り、**Ⅳ**で除外。〈悔いる度ごとに占いの文書を取りに行かせる〉では文脈に合わない。なお、「輒《チ》」を〈すぐに〉で解釈するとおかしくはないように見えるが、**Ⅰ**を見れば誤りだとわかる。「復《タ》」を空欄に入れてみると、〈公は再び非難を引き受けて〉となるが、その前に一度非難を引き受けているということは書かれていない。

↓正解　［②］

問3　指示語把握問題

ステップ1

■**話の設定・文章の流れを押さえる**

■**（注）に着目**

ステップ2　傍線部を含むこのセリフは「真宗」の発言。真宗は、「此《ノ》事已《ニ》発《ス》〈＝このことはすでに発覚している〉」のだから「何《ゾ》可《ケンヤ》ㇾ免《ル》〈＝どうして罪を免除することができようか、いやできない〉」と怒っている。この真宗の怒りの対象は、占いを頼んでいた「朝士」たちへのもの。なぜ占いをしたことを怒っているかと言えば、（注2）にあるように、臣下は占いを禁じられていたのである。

なお、公が怒りの対象ではないと判断できる根拠は、傍線部前の公のセリフにある。ここで公は〈自分も占いをしたことがあるので罰してください〉と真宗にお願いしているが、真宗は素直に応じようとはしていない。よって、傍線部で真宗が処罰を考えているのは「公」ではないということになる。

したがって「此ノ事」とは、〈朝廷の役人が、占いをするという罪を犯したこと〉である。

ステップ3

× ①「臣下」が「若くて身分が低い境遇にいる時には将来を不安視」するなどとは本文に書かれていない。若く身分が低い時に占ったというのは、「臣下」ではなく「公」自身の話である。

× ②・⑤ 怒りの対象が「占い師」になっている。

○ ③ 真宗の怒りの対象を適切に押さえている。

× ④ 怒りの対象が「公」になっているのが誤り。**ステップ2**で確認したように、ここでは「朝士」たちを罰すべきかどうかが問題になっている。

↓**正解**［③］

問４　書き下し文と解釈の問題

ステップ1

■**最重要句形を確認**

「豈（あニ）」は疑問詞。基本的には反語の句形を作るが、疑問で使われることもある。

【疑問と反語の識別】（↓p139）

疑問→単純な疑問を表す。
よって、多くの場合に**返答がある**。

反語→語り手の主張を強調した表現。
よって、多くの場合に**返答はない**。

【読み方】（↓p140）

疑問→最後に読む用言が「**連体形**」。
豈ニ可キ下……。→豈に～**べき**（か）。

反語→最後に読む用言が「**未然形＋ン**」。
豈ニ可ケン下……。→豈に～**べけん**（や）。

※「べし」の反語形は「べけん」と読むという決まりがある（「べからん」ではない）。

■接続が正しいか確認

【送り仮名・接続】（→p218）

読み上がる送り仮名→ヲ・ニ・ト

例 用言 or 前置詞レ ――ヲ・ニ・ト

※返り点は一・二点の時も同じ。

読み下がる送り仮名→｛**テ・シテ（順接）** ／ **ドモ・ニ・モ（逆接）**｝

例 **（順接）** 用言テ・シテ 用言／**（逆接）** 用言ドモ・ニ・モ 用言

※この時、用言と用言の間に「而」が入ることも多い。

■重要語句を確認

「自」の意味がポイント（→p236）。

a **みづから　→自分から・自分で**

b **おのづから→自然と・ひとりでに**

c **より　→**「自レ～」の形で〈**～から**〉の意味。《場所・時間の起点》を示す。

ステップ２

(i)　傍線部の場面は、公が真宗に〈朝士が占いをしたことは無罪だ〉と主張・説得しているところ。傍線部のセリフを聞いた真宗が、そのことに返答せず、納得して怒りをおさめた（真宗ノ意解ク）とあることからも、それは理解できる。よってここは反語の句形。選択肢の末尾を見ると反語形になっているのは①・②・⑤。

続いて傍線部の「幸ニ於不レ発而……」の「幸」に着目する。「幸」は上の文字に返ることなく読み下がっており、また、そのあとに「而」があることから、「幸」には「テ・シテ／ドモ・ニ・モ」のいずれかの送り仮名が付く。①・②・⑤のうち、これを踏まえているのは①だけである。

(ii)　①の書き下し文をもとに解釈していく。「自《みづか》ら」とは〈自分から〉という意味。「之」の指示内容は選択肢を見ると〈占い〉のことだとわかる。よって〈どうして自分から占いをして発覚しなかったことを幸運として、（同じ過ちを犯した）人を罰することができるだろうか、いやできない〉と解釈できる。占いをした役人が罰せられるのなら、かつて占いをした自分も罰せられなければつじつまが合わない、というわけだ。この解釈に合うものを選択肢の中から探せばよい。

ステップ3

(i)

○ ①　文末が「べけんや」と反語の読みになっているし、「幸」の送り仮名も正しい。

×　②　「幸」の送り仮名が「を」となっているので誤り。「を」と読むのは読み上がる時。

×　③　文末が「べきか」と疑問の読みになっている。

×　④　「幸」の送り仮名が「を」となっている点、文末が「べきか」と疑問の読みになっている点が誤り。

×　⑤　「幸」の送り仮名が「なるを」となっているので誤り。

↓正解　①

(ii)

×　①　「なぜなのでしょうか」が疑問の訳になっているので誤り。また、「他の人に自分の罪を着せても」が「人を罪す」の解釈として誤り。

×　②　「どうしてなのですか」と疑問の訳になっている点が誤り。また、「占いが当たらず問題視されなかった」も「之を為して発せざるを」の解釈として不適切。

×　③　「偶然」が「自《みづか》ら」の訳と合わない。また、「幸ひとして」を「ありがたいことなのに」と逆接として解釈しているのも誤り。

×　④　「ごく自然に」が「自《みづか》ら」の訳と合わない。また、「幸運を重んじる」も「幸ひとして」からずれている。

○ ⑤　文脈に合った反語の訳。

↓正解　⑤

問5　理由把握問題

ステップ1

■傍線部前後の流れを丁寧に確認する

ステップ2

傍線部は**問4**の流れを受けた内容。真宗は、占問をしていた役人を罰する必要はないという公の説得を受け入れて処罰を思いとどまった。しかし、傍線部のあとの文章展開を見てみると、真宗は再度考えを改め、役人を罰するために占問の証拠文書の回収を命じている。公は、そのような真宗の心変わりを見越して、「悉ク焚ク二所レノ得ル書ヲ一〈＝押収した関係書類をすべて燃やした〉」と考えられる。

ステップ3

× ①　処罰の対象が「占い師」となっているので誤り。

× ②　役人が「新たな事件を引き起こす」ことを、公が懸念しているような記述は本文にない。

× ③　役人の罪を免除しようと真宗が考えたのは、公の説得を受け入れたから。「勝手に思い込んで」いたわけではない。また、「新たな罪」の露見を公が気にかける描写も本文にはない。

○ ④　話の流れにかなっている。

× ⑤　問３・４で見たように、公は、かつて占いをした自分を罰せよと真宗に述べている。よって自分も「処分の対象にされては困る」とは思っていない。

⬇正解［④］

問6　文章構成問題

ステップ1

■文章全体から登場人物の特徴を確認
■その特徴をどのような構成で述べているか確認

ステップ2

今回はストーリー中心の文章。主人公に当たる「公」の特徴を述べ、続いてその人物に関する具体的なエピソードを紹介している。この手の文章の展開で注意したいことは、始めに述べられた人物の特徴が、どのように具体的なエピソードに反映されているか、である。ほとんどの場合、エピソード中での主人公の言動はその特徴を具体的に表したものになっている。本文は、次のような構成で述べられている。

第一段落＝自己弁護はせず、他者弁護では正当な処置が得られるまで弁護をやめない「公」の態度。

第二段落＝役人の弁護のため、自分の過失まで明かして正当な処置を求めようとする「公」の様子。

第一段落で確認した公の特徴が、第二段落では具体的なエピソードとともに詳しく語られているのがわかるだろう。

ステップ3

× ①　第一段落で「公の仕事の経歴」は述べられていない。また、公の仕事への情熱の由来も本文でとくに述べられていない。

○ ②　簡潔にまとめられていて、誤りはとくにない。

× ③　第二段落のエピソードが「公の意外な秘密」かどうか判断できない。また、「親しみのある人物像」が本文の主題ではない。

×

④　第一段落で公が「皇帝に毛嫌いされ」ているとは書かれていない。〈皇帝がどれほど怒っても、正当な処置を受けるまで自分の意見を変えない（雖二モ人主盛怒一スト、可レキ弁ズ者ハ弁レジ之ヲ、必ズ得テ而後ニ已ム）〉と述べられているだけである。また、後半の「皇帝の独裁」はいいすぎ。

×

⑤　「頑固さ」「単なる堅物」は、公に対するマイナスの表現。本文では公の性格を好意的に評価している。また、第一・二段落は一貫して、正当な処置を求めようとする公の態度が述べられており、〈頑固⇔柔軟〉というような対比的な構図になっていない。

↓正解　［②］

【書き下し文】

公事《こうこと》に任《にん》ずること久《ひさ》し。人公《ひとこう》を上《しやう》に謗《そし》る者有《ものあ》り。公輒《こうすなは》ち咎《とが》を引《ひ》きて、未《いま》だ嘗《かつ》て自《みづか》ら弁《べん》ぜず。人《ひと》の過失《くわしつ》有《あ》るに至《いた》れば、人主盛怒《じんしゆせいど》すと雖《いへど》も、弁《べん》ずべき者《もの》は之《これ》を弁《べん》じ、必《かなら》ず得《え》て而《しか》る後《のち》に已《や》む。

日者上書《につしやじやうしよ》して、宮禁《きゆうきん》の事《こと》を言《い》ひ、誅《ちゆう》に坐《ざ》す。其《そ》の家《いへ》を籍《せき》するに、朝士《てうし》の与《とも》に往還《わうくわん》して吉凶《きつきよう》を占問《せんもん》する所《ところ》の説《せつ》を得《え》たり。真宗怒《しんそういか》り、御史《ぎよし》に付《ふ》して状《じやう》を問《と》はしめんと欲《ほつ》す。公曰《こういは》く、「此《こ》れ人《ひと》の常情《じやうじやう》なり。且《か》つ語朝廷《ごてうてい》に及《およ》ばざれば、罪《つみ》するに足《た》らず」と。真宗《しんそう》の怒《いか》り解《と》けず。公因《こうよ》りて自《みづか》ら嘗《かつ》て占問《せんもん》する所《ところ》の書《しよ》を取《と》りて、進《すす》みて曰《いは》く、「臣少賤《しんせうせん》の時《とき》、此《これ》を為《な》すを免《まぬか》れず。必《かなら》ず以《もつ》て罪《つみ》と為《な》さば、願《ねが》はくは臣《しん》を幷《あは》せて獄《ごく》に付《ふ》せ」と。真宗曰《しんそういは》く、「此《こ》の事已《ことすで》に発《はつ》す。何《なん》ぞ免《まぬか》るべけんや」と。公曰《こういは》く、「臣宰相《しんさいしやう》と為《な》り、国法《こくはふ》を執《と》る。豈《あ》に自《みづか》ら之《これ》を為《な》して発《はつ》せざるを幸《さいは》ひとして以《もつ》て人《ひと》を罪《つみ》すべけんや」と。真宗《しんそう》の意解《いと》く。公中書《こうちゆうしよ》に至《いた》り、悉《ことごと》く得《う》る所《ところ》の書《しよ》を焚《や》く。既《すで》にして真宗悔《しんそうく》い、復《ま》た馳《は》せて之《これ》を取《と》らしむ。公曰《こういは》く、「臣已《しんすで》に之《これ》を焚《や》けり」と。是《これ》に由《よ》りて免《まぬか》るるを獲《え》たる者衆《ものおほ》し。

【全訳】

文正公は政治の責任者の地位に就いて長かった。ある人が公のことを皇帝に悪く言う者がいた。公は（悪く言われる）その度ごとに（その）非難を引き受けて、今まで一度も自分から弁明することはなかった。（また）人に過失があると、皇帝が激しく怒ったとしても、弁護すべき者は弁護し、必ず（正当な処置を）受けて、そのあとで（弁護を）やめた〈＝正当な処置を受けるまで弁護をやめなかった〉。

（ある時）占い師が（皇帝に）文書を差し出して、宮中に関する事柄に言及し、（このことで）懲罰を受けた。（占い師の家に入り）その家の財産を没収したところ、朝廷の役人たちがそろって（この占い師の家に）出入りして（個人的に）吉凶を占問していた（証拠である）文書を押収した。真宗は怒り、御史台〈＝裁判所〉に託して罪状を追及させようとした。（その時）公は（真宗に）、「これ〈＝占問しようということ〉は人の普通の気持ちです。さらに（占問の）言葉（の内容）は朝廷のことには触れていないので、罰するのに充分ではありません」と言った。（しかし）真宗の怒りは解けなかった。公はそのため自分から以前に（個人的に吉凶を）占問した時の文書を取り出して、（真宗に）進言した、「私が若輩の小官だった時、（やはり）これ〈＝占問〉をせずにはいられませんでした。どうしても（この者たちを）罰するというのなら、どうか私も一緒に（罪人として）裁判にかけてください」と。（しかし）真宗は、「このこと〈＝役人が占問をしていたという事件〉はすでに発覚している。どうして（今さら彼らの罪を）免除することができようか、いやできない」と言った。公が（さらに）言った、「私は宰相となって、国家の法を司《つかさど》っています。どうして自分からこれ〈＝占問〉をして（それが）発覚しなかったことを幸いとして（同じ占問の罪を犯した）人を罰するができるでしょうか、いやできません」と。（そう言われ）真宗の（怒りの）気持ちは解けた。（すかさず）公は中書省に出向き、すべて押収した文書を焼き捨てた。その後、真宗は（公の意見によって、占問した者たちを許したことを）後悔し、再び馬を走らせて（裁判で使用するために）これ〈＝占問をしていたことの証拠文書〉を取りに行かせた。（すると）公は、「私はすでにそれ〈＝文書〉を（すべて）焼いてしまいました」と言った。このこと〈＝公の機転〉によって（罪を）免れることのできた者は大勢いた。

模擬試験 漢文３

解　答

（50点満点）

設問	解答番号	正解	配点	備考	自己採点
1	1	③	4		
2	2	④	4		
	3	⑤	4		
3	4	③	6		
4	5	④	6		
5	6	①，⑤	8	＊1	
6	7	①	6		
7	8	②	6		
	9	④	6		

＊1　過不足なくマークしている場合のみ正解とする。

合計点	

模擬試験 漢文３

【出典】【文章Ⅰ】曾先之『十八史略』、【文章Ⅱ】朝川善庵「范蠡載西施図」。

『十八史略』は中国元代の曾先之《そうせんし》の著。『史記』以下の十七正史に宋代の資料を加えて十八史とし、これらの史書から抜粋、要約して編年体的に記述したものである。日本には室町時代に伝わって以来、明治時代に至るまで初学者向けの本として盛んに読まれた。「范蠡載西施図」の作者の朝川善庵（一七八一〜一八四九）は江戸時代後期の儒学者。博学で知られ、九州の大名に儒学を教授し、後に江戸で私塾を開いて門弟を教育した。

【ねらい】大学入学共通テストに向けた、二回にわたる試行調査で出題された形式を踏まえた。試行調査では、互いに関係のある複数の文章が出題され、テキストを比較検討することで漢文の正確な読解力を問う設問が多く見られたため、本設問もこの傾向に則り、【文章Ⅰ】【文章Ⅱ】《メモ》という複数の文章を出題した。**関連ある文章を比較検討する場合に大切なのは、ある文章の内容が他の文章のどこにあるのかを読み取ること**、また、**文章同士の視点や意見の違いはどこにあるのかを読み取ること**である。そこで、**問５・問６・問７**で文章を比較検討する設問を出題した。他の問題（**問１〜問４**）は、漢文の基本的知識を問うものである。なお、二回の試行調査ともに、ことわざ・成句に関連する設問が出されたため、こうした傾向を踏まえて**問７**にことわざ・成句の設問を出題した。

ステップ１

問１　漢字の読みの問題

■**漢文頻出語の読み→「乃」・「尽」の読み**
漢字の読みの問題では、漢文独特の**「訓読み」に注意**。とくに「乃」などの接続語や「尽」などの副詞、「悪ム（にくム）」や「事フ（つかフ）」などの動詞が出題されることが多い。

■**文脈から読みを推測する→「累」の読み**
前述の頻出語ではない場合、**前後の文脈から読みを類推する**方法もある。

ステップ2

①「乃」の読みは**「すなはチ」**。順接〈＝そこで〉と強意〈＝なんと……であった〉の意味がある。「すなはチ」と読む漢字は他にも、「即」・「便」・「則」・「輒」などがあるので用法を確認しておこう。（↓p231）

②「尽」は、ここでは「散」にかかる副詞なので**「ことごとク」**と読み、〈すべて・みな〉の意。

③「累」は、動詞の時は「かさヌ」・「わづらハス」・「わづらフ」と読み、副詞の時は「しきりニ」と読む。本文を見ると「貲累二鉅万一」とあり、文脈上「財産が巨万になった」と読めるので、ここの「累」は〈増えた〉や〈積み重なった〉の意と推測できる。

ステップ3

「乃」を「すなはチ」と読んでいるのは①と③である。この段階で「累」の読みは「かさヌ」に決まる。

○ ① すなはち　きはめて　かさぬ
× ② ただちに　つくして　うれふ
○ ③ すなはち　ことごとく　かさぬ
× ④ よりて　ことごとく　こゆ
× ⑤ ただちに　つくして　こゆ

さらに、①と③のうち、「尽」を「ことごとク」と読んでいるのは③だけである。

× ① すなはち　きはめて　かさぬ
○ ③ すなはち　ことごとく　かさぬ

↓正解［③］

問2 語句の意味の問題

(ア)

ステップ1

■慣用表現を押さえる↓「為レ人」の意味

「為レ人」は頻出の慣用表現で、**「人ト為リ（ひととなり）」**と読み、意味は**〈生まれつき・人柄〉**。

ステップ2

「為レ人」の意味を踏まえて本文中の描写を確認しよう。范蠡は文種にあてた手紙の中で、越王の人柄について「長頸烏喙」と表現している。「長頸」は長い首、「烏喙」はカラスのくちばしのように口が尖っていること。「長頸烏喙」は、手紙の続きにあるように（「可キモ三与ニ共ニス二患難ヲ一、不レ可《カラ》三与《ニ》共《ニス》二安楽《ヲ》一」）、困難に立ち向かう力はあるが、平和な時代には危険な人物であると言い、**猜疑心が強く残忍な性格の人物**であることが示されている（問題文にあるように、越王は文種を一方的に疑って自殺させている）。

ステップ3

× ①「これまでの生い立ち」・②「ここまでの所業」・③「人への接し方」・⑤「これからの運勢」、いずれも「為レ人」の意味に合っていない。

○ ④「生まれつきの人柄」は「為レ人」の意味に合っている。

↓**正解**［④］

(イ)

ステップ1

■**漢字の意味を確認**

普段の勉強で同じ漢字を使う熟語をイメージするなどして、漢字本来の意味を理解するようにしていこう。

ステップ2

「擬」には、「模擬店」「擬声語」「擬人法」などの熟語があるように、**〈似せる・まねる・なぞらえる〉**などの意味がある。本文を見ても、范蠡（陶朱公）のアドバイスに従って猗頓が大金持ちになったことが「貲擬二王公一」とあり、「擬」を〈（財産は王公に）似せる・なぞらえる〉の意味で解釈しても問題はない。したがって〈似せる〉〈まねる〉〈なぞらえる〉などの意味になっている選択肢を探せばよい。

ステップ3

× ①「まさる」・②「越える」・④「並ぶ」は、文脈からすれば通りそうだが、「擬」の意味ではない。

× ③「見間違う」は「擬」の意味から外れている。

○ ⑤「なぞらえる」は、「擬」の意味としても文脈からも適切。

↓**正解**［⑤］

問３　句形を使った文章解釈の問題

ステップ１

■句形の確認→反語形（→p222）

何不レA＝盍

否定表現が含まれる反語は訳出の際に意味を間違えやすいので、慎重に解釈しよう。

■句形の訳し方→反語の訳し方を押さえる

ステップ２

傍線部に句形がないかを最初に確認すると、「何不」の部分に反語の句形が見つかる。**「何不レA」は、再読文字の「盍」と同じく、「何ゾA（セ）ざル」と読む。**次に傍線部の訳だが、「子」は敬意を含んだ二人称で〈あなた〉と訳す。「何不レA」は反語だが、通常の反語の訳〈＝どうして……だろうか、いやない〉と違い、**〈どうして……しないのか、すればよいのに〉という勧告の意**を含む。そうすると傍線部は、〈あなたはどうして立ち去らないのか、立ち去ればよいのに〉という訳になる。范蠡は文種に、自分と同じように越の国を去ることを勧めているのである。

ステップ３

× ①「理由は何なのか、わからない」が反語の訳になっていない。

× ②「立ち去ることがあろうか、いや立ち去る必要はない」は、反語の訳になっているが「不去」の「不」の意味が訳されていないので誤り。

○ ③「どうして立ち去らないのか、立ち去ればよいのに」が「何不レA」の訳し方に合っている。

× ④「立ち去る所がどこにあるだろう、どこにもない」は、②と同じく「不去」の「不」が訳出されていない。また「どこに」という訳も誤り。

× ⑤「立ち去ろうとしているのか、わからない」は、①と同じく反語の訳になっていない。

→正解［③］

問４　返り点の付け方と書き下し文の問題

ステップ１

■句形の確認→「且」の読み

・再読文字**「まさニ〜ントす」**＝今にも〜しようとする

（再読文字「将」と同じ）

・「かツ」＝その上・～しながら

・「しばラク」＝しばらく・いったん・とりあえず

■文脈を確認して読みを確定

ステップ2

「且」を再読文字で読む時は、「まさニ～ントす」と読む。

したがって「且」を「まさニ」と読んでいるのに、「ントす」と読んでいない選択肢②と⑤は除外できる。

残りの選択肢は「且」の読みは合っているので、文脈から考える。ポイントになるのは**「且作乱」の主語**、つまり誰が乱を起こそうとしているのかという点である。選択肢を見ると、①と③は「或ひと」、④は「種」である。前後の文脈では、傍線部Bの出来事に怒った越王が、「賜《ハリテ》レ剣《ヲ》死《ス》〈＝（越王は怒って文種に）剣を賜り（文種はその剣で）自殺した〉」と、文種に剣を与えて自殺を勧めている。ここから越王は、文種の行為に対して怒ったということがわかる。このような文脈からすれば**「且作乱」の主語は「種」**であって、「或ひと」ではない。よって①と③は除外され、残った④が正解となる。

この文脈を見る限り、文種が謀反の心をもっていたとは書かれていない。それなのに猜疑心の強い越王は「或ひと」の讒言を信じ、文種が自分を滅ぼすのではないかと考えて文種に自殺を命じたのである。

ステップ3

× ①「或ひと、種を讒し且つ乱を作す」と、③「或ひと、種を讒して且らく乱を作す」は、「乱を作す」の主語が違う。

× ②「或ひと讒して、種は且に乱を作すべしと」と、⑤「或ひと、種に且に乱を作せと讒す」は、「且」の読みかたが誤っている。

○ ④「或ひと、種は且に乱を作さんとすと讒す」は、「且」の読みかたも「乱を作す」の主語も適切。

➡正解［④］

問5　漢詩の規則と内容の問題

ステップ1

> **■漢詩の形式と押韻の確認**（→p194）
>
> **絶句**の特徴……**四句**（起・承・転・結）構成
>
> 　押韻は**偶数句末**
>
> **律詩**の特徴……**八句**構成
>
> 　首聯（一・二句）・頷聯（三・四句）・頸聯（五・六句）・尾聯（七・八句）
>
> 　押韻は**偶数句末**
>
> 　対句は**三句と四句、五句と六句**
>
> **■文章と詩を読み比べる際は、詩の情景と同じ情景が書かれている部分を確認**

選択肢を見ると、前半の①～③が漢詩の形式について、後半の④～⑥は詩の内容についてのものである。前半と後半とにわけて解説する。

ステップ2①

まず前半の**【文章Ⅱ】**の漢詩の形式を確認しよう。この詩は**一句の字数が七字（＝七言）で、全体で四句（＝絶句）あるので七言絶句**。絶句の押韻は偶数句末なので、**【文章Ⅱ】**の漢詩を見てみると**「風（フウ）」と「中（チウ）」と韻を踏んでいる**ことがわかる。

ステップ3①

○　①　形式の説明も押韻の説明も適切。

×　②　「七言律詩」としているので誤り。

×　③　「二句と三句が対句」が誤り。絶句は律詩と違い、対句は必須ではない。また**【文章Ⅱ】**の漢詩を見ても二句と三句は対句になっていない。

ステップ2②

続いて後半の④～⑥を検討しよう。まず《白鳥さんのメモ》を参考にして、漢詩の内容、とくに、どのような情景が描かれているか確認する。**【文章Ⅱ】**の漢詩の中で**情景が描写されているのは第一句と第二句**である（絶句では第一句と第二句に情景を描写することが多い）。そこでは「安レ国忠臣」の范蠡と「傾レ国色」の西施が、「片帆」、すなわち舟に乗って湖上にいることが描かれている。これと同じ情景を、**「舟」や「湖」という言葉をヒントに【文章Ⅰ】**から探すと、「与二私従一乗二舟江湖一」〈＝妻子や家臣などと舟に乗って河や湖を渡り〉（ℓ4）」がある。ここには【文章Ⅱ】の漢詩と同じ光景が描かれているため、【文章Ⅱ】の漢詩は、范蠡が越の国を去って斉の国に向かう情景をうたったものであることがわかる。

ステップ３②

× ④「この詩は【文章Ⅰ】の『越既滅レ呉』と対応し、呉を滅ぼすために、范蠡が西施を送り込んだ時を題材としている」→対応箇所が合っていない。また【文章Ⅰ】は呉が滅んだあとの話なので時系列も誤り。

○ ⑤「この詩は【文章Ⅰ】の『乗二舟江湖一』と対応し、越の国を見限った范蠡が西施と共に国を去る時を題材としている」→【文章Ⅰ】との対応も、題材も合っている。

× ⑥「この詩は【文章Ⅰ】の『治レ産、至二数千万一』と対応し、富裕になった范蠡が西施と舟遊びをする様子を題材としている」→【文章Ⅱ】の漢詩で描かれる情景と合っていない。

↓**正解**［①・⑤］

問６　内容読解問題

ステップ１

■**対応する箇所はどこかを確認**
傍線部の内容確認→【文章Ⅰ】のどの部分か
■**「不祥」の意味を確認**

ステップ２

まず傍線部が【文章Ⅰ】のどこと対応するか考えよう。【文章Ⅰ】で范蠡は住む所を二度変えている。一度目は越の国から斉の国へ（ℓ4）、二度目は「間行《シテ》止《マル》二於陶一《ニ》（ℓ8）」と、斉の国を出て陶の地に止まっている。范蠡は斉の国で大金持ちになり宰相にまでなったが、「居《テハ》レ家《ニ》二致《シ》二千金《ヲ》一……久《シク》受《クルハ》二尊名《ヲ》一不祥《ナリ》」と嘆き、重宝を携えて陶の地に向かった。ここから、范蠡が斉の国を去った理由は、范蠡の言葉、とくに最後の**「久《シク》受《クルハ》二尊名《ヲ》一不祥《ナリ》」**であることがわかる。「尊名」は〈名声・名誉〉の意、**「不祥」は〈不吉なこと〉の意**。范蠡は、**平民である自分がいつまでも名声を受け続けるのは何かよくないことが起こる**と考えて、斉の国を去ったのである。

ステップ3

○　①「久《シク》受《クルハ》二尊名《ヲ》一不祥《ナリ》」の内容と合っていて、「不祥」の解釈も適切。

×　②「自分の正体が明らかになることを恐れた」、③「これ以上の出世は望めないと考えた」、④「陶の地での清貧な生活に魅力を感じたから」の部分が、「久《シク》受《クルハ》二尊名《ヲ》一不祥《ナリ》」の内容と合っていない。

×　⑤「莫大な富を独占する」という内容は本文にない。また、「尊名」について触れられていないので不十分。

→正解　［①］

問7　内容を比較対照する問題、ことわざ・成句の問題

(i)内容を比較対照する問題

ステップ1

■作者の視点・漢詩の主題を読み取る→詩の後半に注意
■内容一致で選択肢を吟味→消去法が有効

ステップ2

まず、朝川善庵の漢詩の視点（各選択肢の「……に焦点をあて」の部分）を検討しよう。この漢詩は、范蠡と西施とが同じ舟に乗って越の国を出ていく情景を詠んでいる。第四句「呉越《ノ》存亡一舸《ノ》中」から考えると、**作者の焦点は国の運命に関わった二人が同じ舟に乗っていることに**あり、范蠡・西施のどちらか一方にだけ焦点があてられているわけではない。

次に漢詩の主題だが、一般的に**漢詩の主題は詩の後半にあることが多い**（絶句だと第三句か第四句、律詩だと第五句から第八句）。それを踏まえて、第三句「人間《ノ》倚伏君知《ルヤ》否《ヤ》」を見てみよう。**「倚伏」は〈わざわいの中に福があり、福の中にわざわいが潜んでいる〉**こと。この詩の作者は、**范蠡と西施が同じ舟に乗っているという情景から、人間を取り巻く幸不幸、吉凶禍福の不思議さに思いをはせている**のである。以上から、「范蠡と西施の二人に焦点をあてて」と記されていて、かつ「倚伏」の意味が適切に説明されている選択肢を選べばよい。

なお、主題・文章構成・文章表現などを問う問題が出題される際、各選択肢には、本文の内容と絡めた説明がある

場合が多い。**この説明部分が本文と一致しているか**という視点から、選択肢を吟味していくという方法も有効である。

ステップ３

× ①「落ちぶれて国を出ていく」が本文の内容と合っていない。

○ ②「范蠡と西施が行動を共にした」という作者の焦点と、「人生の吉凶禍福の不思議さ」という「倚伏」の解釈がともに適切である。

× ③「敵の重臣に従うしかなかった西施の立場」のように、焦点の対象が西施だけになっているし、本文内容とも一致しない。さらに「倚伏」の意味も誤り。

× ④「自分の運命を予測できなかった范蠡」のように、焦点の対象が范蠡だけである。「倚伏」の意味も誤り。

× ⑤「倚伏」を「敵対する者同士が手を組む面白さ」と解釈してしまっている点が誤り。

⬇正解［②］

(ii)ことわざ・成句の問題

ステップ１

■漢詩の内容を確認
■ことわざ・成句の意味を確認

ステップ２

問７(i)で見たように、**漢詩の主題は人生の吉凶禍福の不思議さ**にあった。したがって、**人生の幸不幸について言われていることわざ・成句を選べばよい**。選択肢一つ一つの意味を確認していこう。

ステップ３

× ①「**顰に倣う**」は、**いたずらに人のまねをすること、または人の言行を見習うことを謙遜していう言葉**。昔、美人の西施が苦しげに眉をひそめた姿を見た女性が、自分もそのように眉をひそめれば美しくなれると思い、そのまねをしたという故事（『荘子』）に由来する。詩の主題と合っていない。

× ②「**一寸先は闇**」は、**ほんの少し先の将来さえも予測できないことのたとえ**。人生の幸不幸という詩の主題と合わない。

× ③「**呉越同舟**」は、**敵対する者同士が同じ場所にいること、または敵対する者同士でも共通の困難に対しては協力し合うこと**。昔、仲の悪い呉と越の者が偶然同じ舟に乗り合わせたが、暴風で舟が転覆しそうになると助け合ったという故事（『孫子』）に由来する。これも、今回の詩の主題と合っていない。

○ ④「**塞翁が馬**」は、**人生は吉凶禍福が予測できないことのたとえ**。塞《とりで》のほとりに住む老人（＝塞翁）が飼っていた馬が逃げたが、その馬は駿馬を連れて戻って来た。その駿馬に乗った老人の子は落馬して足を折ったが、そのため兵役を逃れて戦死せずにすんだという故事（『淮南子《えなんじ》』）による。同じ意味をもつ言葉には、「禍福はあざなえる縄の如し」、「沈む瀬あれば浮かぶ瀬あり」などがある。

× ⑤「**盛者必衰**」は、**仏教に由来する言葉で、どんなに勢いの盛んな者も必ず衰えること**。これも人生の幸不幸の不思議さという詩の主題と合っていない。

↓正解［④］

【文章Ⅰ】書き下し文

越既《ゑつすで》に呉《ご》を滅《ほろ》ぼす。范蠡之《はんれいこれ》を去《さ》る。大夫《たいふ》種《しよう》に書《しよ》を遺《おく》りて曰《いは》く、「越王《ゑつわう》は人《ひと》と為《な》り長頸《ちやうけい》にして烏喙《うかい》なり。与《とも》に患《くわん》難《なん》を共《とも》にすべきも、与《とも》に安楽《あんらく》を共《とも》にすべからず。子何《しなん》ぞ去《さ》らざる」と。種《しよう》、疾《やまひ》と称《しよう》して朝《てう》せず。或《ある》ひと、種《しよう》は且《まさ》に乱《らん》を作《な》さんとすと讒《ざん》す。剣《けん》を賜《たま》はりて死《し》す。范蠡《はんれい》、其《そ》の軽宝珠玉《けいほうしゆぎよく》を装《よそほ》ひ、私従《しじゆう》と舟《ふね》に江湖《かうこ》に乗《じよう》じ、海《うみ》に浮《う》かびて斉《せい》に出《い》で、姓名《せいめい》を変《へん》じて、自《みづか》ら鴟夷子皮《しいしひ》と謂《い》ふ。父子《ふし》産《さん》を治《をさ》めて、数千万《すうせんまん》に至《いた》る。斉人其《せいひとそ》の賢《けん》を聞《き》き、以《もつ》て相《しやう》と為《な》す。蠡喟然《れいきぜん》として曰《いは》く、「家《いへ》に居《ゐ》ては千金《せんきん》を致《いた》し、官《くわん》に居《ゐ》ては卿相《けいしやう》を致《いた》す。此《こ》れ布衣《ふい》の極《きよく》なり。久《ひさ》しく尊名《そんめい》を受《う》くるは不祥《ふしやう》なり」と。乃《すなは》ち相《しやう》の印《いん》を帰《かへ》し、尽《ことごと》く其《そ》の財《ざい》を散《さん》じ、重宝《ちゆうはう》を懐《いだ》き、間行《かんかう》して陶《たう》に止《とど》まる。自《みづか》ら陶《たう》朱公《しゆこう》と謂《い》ふ。貲鉅万《しきよまん》を累《かさ》ぬ。魯人猗頓《ろひといとん》往《ゆ》きて、術《じゆつ》を問《と》ふ。蠡曰《れいいは》く、「五牸《ごじ》を畜《か》へ」と。乃《すなは》ち大《おほ》いに牛羊《ぎうやう》を猗氏《いし》に畜《か》ふ。十年《じふねん》の間《あひだ》にして、貲《し》王公《わうこう》に擬《ぎ》す。故《ゆゑ》に天下《てんか》の富《とみ》を言《い》ふ者《もの》、陶朱《たうしゆ》・猗頓《いとん》を称《しよう》す。

【文章Ⅰ】全訳

越の国は既に呉の国を滅ぼした。（これから論功行賞だというのに、）范蠡は越の国を去った。（范蠡が）大夫の文種に手紙を送って言うには、「越王の生まれつきの人柄は首が長くカラスのくちばしのように口がとがっているよう（な残忍なもの）である。一緒に苦難を共にすることはできるが、一緒に安楽を共にすることはできない。あなたはどうして（この国を早く）立ち去らないのか（立ち去ればよいのに）」と。（そこで）文種は、病気と称して朝廷に出仕しなかった。ある人が「文種は今にも反乱を起こそうとしています」と讒言した。（越王は怒って文種に）剣を賜り、（文種はその剣で）自殺した。（一方）范蠡は、手軽な財宝や宝石などを荷造りし、妻子や家臣などと舟に乗って河や湖を渡り、海に出て斉の国に行き、姓名を変えて、自ら鴟夷子皮と名乗った。（斉の国で范蠡は）父子で財産を作り、（その富は）数千万に達した。斉の人々は范蠡の賢明なことを聞き、彼を（斉の国の）宰相とした。范蠡が嘆息して言うには、「家にいては千金の富を作り、官に仕えては宰相の位にまで昇ってしまう。これこそ平民の出世の極みである。長い間そのような立派な評判を受け続けることは不吉である」と。そこで（范蠡は）宰相の官職を返して（宰相の職を辞任し）、その財産すべてを人々に分け与え、貴重な宝物だけを持って、ひそかに（斉の国を）抜け出て陶の地にとどまった。（その地で范蠡は名前を変えて）自ら陶朱公と名乗った。（ここでも）財産は巨万に達した。魯の国の人で猗頓という者が、（范蠡の所に）やって来て、金持ちになる方法を尋ねた。范蠡が言うには、「牝牛五頭を飼いなさい」と。そこで（猗頓は）牛や羊を猗氏という所で大規模に飼った。十年の間に、その財産は王公にもなぞらえる程になった。だから天下の人は、金持ちと言えば、陶朱と猗頓のことを言うようになった。

【文章Ⅱ】書き下し文

范蠡《はんれい》、西施《せいし》を載《の》するの図《ず》　朝川善庵

国《くに》を安《やす》んずるの忠臣《ちゅうしん》、国《くに》を傾《かたむ》くるの色《いろ》
片帆倶《へんぱんとも》に趁《お》ふ五湖《ごこ》の風《かぜ》
人間《にんげん》の倚伏《いふく》、君知《きみし》るや否《いな》や
呉越《ごゑつ》の存亡《そんぼう》一舸《いっか》の中《うち》

Z-KAI